Investitionen und Subventionen im Bereich der Einkünfte aus Vermietung und Verpachtung

Europäische Hochschulschriften

Publications Universitaires Européennes
European University Studies

Reihe II
Rechtswissenschaft

Série II Series II
Droit
Law

Bd./Vol. 4403

PETER LANG
Frankfurt am Main · Berlin · Bern · Bruxelles · New York · Oxford · Wien

Alexander Hobelsberger

Investitionen und Subventionen im Bereich der Einkünfte aus Vermietung und Verpachtung

Investitionen in Einzelimmobilien und geschlossene Immobilienfonds

PETER LANG
Europäischer Verlag der Wissenschaften

Bibliografische Information Der Deutschen Bibliothek
Die Deutsche Bibliothek verzeichnet diese Publikation in der Deutschen Nationalbibliografie; detaillierte bibliografische Daten sind im Internet über <http://dnb.ddb.de> abrufbar.

Zugl.: Augsburg, Univ., Diss., 2006

D 384
ISSN 0531-7312
ISBN 3-631-55394-3

www.peterlang.de

Meinen Großvätern

Vorwort des Verfassers

Die vorliegende Monographie entstand zwischen Sommer 2003 und Sommer 2005 in München und wurde von der Juristischen Fakultät der Universität Augsburg als Dissertation angenommen. Nach August 2005 ergangene Rechtsprechung und Gesetzesänderungen konnten nicht mehr erfasst werden.

Mein Dank gilt insbesondere Herrn Prof. Dr. Wolfgang Jakob sowie seinen Assistenten, Herrn Dr. Hagen Kobor und Herrn Dr. Matthias Schell für die Betreuung der Arbeit und Herrn Prof. Dr. Christoph Zeitler für die zügige Erstellung des Zweitgutachtens. Die laufende Betreuung und viele gute Ratschläge durch den Lehrstuhl ermöglichten eine zügige Abfassung dieser Arbeit.

Ich danke auch und in erster Linie meiner Ehefrau Bircan für ihre Liebe, Geduld und Unterstützung, die sie mir und unseren drei wunderbaren Kindern, Dennis, Suzan und Nikolas entgegenbringt. Natürlich möchte ich auch meinen lieben Eltern und Großeltern für die Ermöglichung von Studium und Promotion herzlich danken. Insbesondere möchte ich meiner Mutter, meiner Schwester und meinem Schwager für ihren Einsatz und ihre Hilfe bei der Endredaktion Dank sagen.

Zu Dank verpflichtet bin ich nicht zuletzt auch Herrn Andreas Schulz, Partner bei Deloitte in München, für seinen Einsatz und seine Flexibilität im Hinblick auf meine Arbeitszeitgestaltung sowie Herrn Peter Schmittmann, vormals Deloitte München, für seine Förderung in der beruflichen Orientierungsphase. Ohne die dargebrachte Unterstützung aus dem beruflichen Umfeld wäre die Arbeit wahrscheinlich nicht entstanden.

München, im März 2006

Alexander Hobelsberger

Inhaltsverzeichnis

ABKÜRZUNGSVERZEICHNIS 15

LITERATURVERZEICHNIS 19

EINLEITUNG 35

A. PROBLEMSTELLUNG UND UNTERSUCHUNGSGEGENSTAND 35

B. GANG DER ARBEIT 37

1. KAPITEL: INVESTITIONEN UND SUBVENTIONEN 41

A. INVESTITIONEN – ZIEL STAATLICHER WIRTSCHAFTSLENKUNG 41

I. Investition als wirtschaftlicher Begriff 41

1. Betriebswirtschaftliche Investitionsbegriffe 42

2. Volkswirtschaftlicher Investitionsbegriff 42

II. Lenkung von Investitionen 43

1. Ideengeschichtliche Grundlagen der Investitionslenkung 43

a) Merkantilismus 44

b) Liberalismus 45

c) Umverteilung 45

d) Die keynesianische Konjunkturtheorie 46

e) Neoklassische Theorie 47

f) Wohlfahrtstheorie und sog. negative externe Effekte 48

2. Kategorisierung der Interventionszwecke 49

a) Außenwirtschaft 49

b) Umverteilung 50

c) Konjunktur 51

d) Wirtschaftsordnung und Wirtschaftspolitik 52

B. INVESTITIONSLENKUNG DURCH SUBVENTIONEN 53

I. Subventionen als Lenkungsmittel 53

1. Bestimmung des Subventionsbegriffs 54

a) Wirtschaftswissenschaftliche Definitionen 54

b) Juristische Definition 56

2. Haupterscheinungsformen von Subventionen – Überblick 58
II. Direktsubventionen 60
1. Abgrenzung zu indirekten Subventionen 60
2. Verhältnis zum Leistungsfähigkeitsprinzip 62
3. Vorteile von Direktsubventionen 63
III. Steuerliche Lenkungsnormen 64
1. Begriffsbestimmung 64
2. Einordnung in die Steuersystematik 66
3. Vereinbarkeit mit dem einfach-gesetzlichen Steuerbegriff 67
4. Vereinbarkeit mit dem verfassungsrechtlichen Steuerbegriff 68
a) Verfassungsrechtlicher Steuerbegriff 68
b) Theorie der Doppelkompetenz 70
c) Widerspruchsfreiheit der Rechtsordnung 71
d) Lastentragung 73
C. STEUERLICHE INVESTITIONSLENKUNG UND LEISTUNGSFÄHIGKEITSPRINZIP 74
I. Besteuerung und Leistungsfähigkeit 74
1. Rechtfertigung von Steuern durch Gleichmäßigkeit der Steuererhebung 74
2. Entwicklung der Dogmatik des Leistungsfähigkeitsprinzips 75
3. Leistungsfähigkeitsprinzip als Verfassungsprinzip 78
4. Leistungsfähigkeitsprinzip als Grundrechtskonkretisierung 81
a) Allgemeiner Gleichheitssatz 82
b) Freiheitsgrundrechte 82
II. Durchbrechung des Leistungsfähigkeitsprinzips durch steuerliche Lenkungsnormen 83
1. Unitaristische Auffassung 84
2. Strikte Trennungstheorie 85
3. Rechtfertigungstheorie 85
4. Rechtsprechung des Bundesverfassungsgerichts 87
D. KRITIK AN DER INVESTITIONSLENKUNG DURCH SUBVENTIONEN 88
I. Allgemeine Kritik an der Investitionslenkung durch Subventionen 89
1. Entstehung von Fehlallokationen 89
2. Mangelnde Zielgenauigkeit 90
II. Kritik an der Investitionslenkung durch steuerliche Lenkungsnormen 90

1. Freiheitsgewinn oder Freiheitsverlust 91
2. Verkomplizierung des Steuerrechts 93
3. Steuersystematische Bedenken 94
4. Neutralität der Besteuerung 95
5. Rückwirkungsproblematik 96
a) Besondere Schutzbedürftigkeit bei steuerlichen Lenkungsnormen 97
b) Verfassungsrechtliches Rückwirkungsverbot 97
c) Ausnahmen vom Rückwirkungsverbot 99
d) Kritik an der Rechtsprechung zur Rückwirkungsproblematik 100
III. Spezielle Kritik an der steuerlichen Investitionslenkung im Bereich der Immobilienkapitalanlage 102
1. Hohe Wirksamkeit contra Fehlallokationen 102
2. Widersprüchlichkeit der Rechtsordnung – insbesondere § 2b EStG 103
3. Einbeziehung von verteilungspolitischen Wirkungen 106
2. KAPITEL: DIE INVESTITION IN EINZELIMMOBILIEN 109
A. EIGENNUTZUNG VON IMMOBILIEN 109
I. Formen der Wohneigentumsförderung 109
1. Nutzungswertbesteuerung und Sonderausgabenabzug 110
2. Eigenheimzulage 111
a) Voraussetzungen der Gewährung 111
b) Eigenheimzulage als steuerliche Subvention 112
c) Weitere Förderungsformen und Rechtsentwicklung 113
II. Kritik an der Wohnbauförderung insbesondere durch die Eigenheimzulage und Abschaffungstendenzen 114
III. Keine Besteuerung von Veräußerungsgewinnen als Folge des Einkünftedualismus 116
B. VERBILLIGTE WOHNRAUMÜBERLASSUNG – EIN FALL VERDECKTER SUBVENTIONIERUNG? 117
C. FREMDVERMIETUNG VON IMMOBILIEN 119
I. Besteuerung der laufenden Erträge 119
1. Abgrenzung der Einkunftsarten 119
2. Einkünfteerzielungsabsicht 120

a) Subjektives Tatbestandsmerkmal aller Einkunftsarten 120
b) Unwiderlegbare Vermutung auf Tatbestandsebene bei Einkünften aus Vermietung und Verpachtung 122
aa) Implizierung bei normgemäßem Verhalten 122
bb) § 21 EStG – eine versteckte Subvention? 123
cc) Problem der Rechtssicherheit 124
c) Fallgruppenweise Prüfung der Einkünfteerzielungsabsicht 125
d) Totalgewinnprognose 127
aa) Einbeziehung von privaten Veräußerungsgewinnen 128
bb) Besteuerung von Veräußerungsgewinnen als Lösung des Problems? 130
cc) Einbeziehung von Verlusten aufgrund steuerlicher Subventions- und Lenkungsnormen 131
e) Prognosezeitraum 134
3. Werbungskosten 137
a) Absetzungen für Abnutzung als Werbungskosten 137
b) Abgrenzung zum Herstellungs- und Erhaltungsaufwand 138
aa) Anschaffungskosten 139
bb) Herstellungskosten 140
cc) Anschaffungsnahe Herstellungskosten 141
4. Subvention von Immobilieninvestitionen durch Sonderabschreibungen, erhöhte und degressive Absetzungen für Abnutzung 142
a) AfA als Mittel der Subvention von Immobilieninvestitionen 143
b) Wirkungsweise der AfA als Subventionsmittel 144
c) Beispiele für Förderungen über die AfA 145
aa) Förderung in den neuen Ländern und Berlin durch FördG 145
bb) Denkmalschutz- und Sanierungsförderung 147
d) AfA und Rückwirkungsverbot 148
II. (Nicht-)Besteuerung von Veräußerungsgewinnen – ein Subventionsmittel? 149
1. Einkünftedualismus und herrschende Einkommenstheorien 149
2. Private Veräußerungsgeschäfte 152
3. Abgrenzung privater Vermögensverwaltung zu Einkünften aus Gewerbebetrieb – Drei-Objekt-Grenze 153
4. Reformansätze für das System der Einkommensteuer 156

3. KAPITEL: DIE INVESTITION IN GESCHLOSSENE IMMOBILIENFONDS 161

A. ALLGEMEINES ZUR INVESTITION IN GESCHLOSSENE IMMOBILIENFONDS 161

I. Begriffsbestimmung 161

II. Kapitalanlagecharakter der Investition 162

III. Steuerorientierung der Investition 163

B. Abgrenzung zur Investition in offene Immobilienfonds 164

I. Rechtliche Einordnung 164

II. Steuerrechtliche Behandlung 165

C. BAUHERRENMODELLE 166

D. SUBVENTIONSNUTZUNG DURCH RECHTSFORMWAHL BEI GESCHLOSSENEN IMMOBILIENFONDS 168

I. Gesellschaft bürgerlichen Rechts 170

1. Gründungsvoraussetzungen 170

2. Treuhandkonstruktion 170

3. Haftung 172

4. Austritt und Beendigung der Gesellschaft – insbesondere Rückabwicklung aufgrund von Verbraucherschutzvorschriften 173

5. Die Rückabwicklung von unvorteilhaften Immobiliengeschäften im Lichte der Steuersubventionierung des Immobilienerwerbs 177

II. Kommanditgesellschaft 178

1. Gründungsvoraussetzungen 178

2. Treuhandkonstruktion 179

3. Haftung 180

4. Austritt und Beendigung der Gesellschaft 181

E. STEUERRECHTLICHE BEHANDLUNG DER INVESTITION 181

I. Erzielung und Zurechnung von Einkünften aus Vermietung und Verpachtung als Ziel der Immobilieninvestition 182

1. Qualifikation der laufenden Einkünfte 182

a) Vorteilhaftigkeit von Einkünften aus Vermietung und Verpachtung 182

b) Gewerbliche Prägung bei GmbH & Co.KG 184

2. Zurechnung der laufenden Einkünfte 184

a) Einkünfte aus Vermietung und Verpachtung 185

aa) Zurechnung über § 39 Abs. 2 Nr. 2 AO bei Personengesellschaften 185

bb) Zurechnung bei Einschaltung von Treuhändern 186
b) Einkünfte aus Gewerbebetrieb 188
II. Renditeerhöhung durch teilweise Steuerfreiheit von Veräußerungsgewinnen 190
1. Eingeschränkte Besteuerung von privaten Veräußerungsgeschäften 190
2. Abgrenzung zum gewerblichen Grundstückshandel 191
a) Zurechnung auf Gesellschaftsebene 191
b) Zurechnung von Grundstücksverkäufen der Gesellschaft auf Gesellschafterebene 192
c) Zurechnung von Anteilsverkäufen auf Gesellschafterebene 194
3. Umqualifizierung bei Zebragesellschaften 197
III. Einkünfteerzielungsabsicht 200
1. Prüfung auf zwei Ebenen 200
2. Einkünfteerzielungsabsicht bei Verlustzuweisungsgesellschaften 201
3. Einkünfteerzielungsabsicht bei Verkaufsoptionen 203
IV. Sofortabzug von Werbungskosten als Mittel zur Renditesteigerung 204
1. Vierter Bauherrenerlass 205
2. Rechtsprechung des BFH zur Eigenkapitalvermittlungsprovision 206
3. Fünfter Bauherrenerlass 209
a) Gesteigerte Anforderungen an Beteiligung der Anleger 209
b) Vergleich mit Medienfonds 210
c) Mögliche Konstruktionen in der Zukunft 212
V. Anschaffungs- und Herstellungskosten, anschaffungsnaher Aufwand und AfA – die AfA als Subventionsmittel 214
VI. Verlustabzugsbeschränkungen – Reaktion des Gesetzgebers auf die Nutzung von Steuersubventionen 215
1. § 2b EStG 215
2. § 15a EStG 217
3. § 2 Abs. 3 Sätze 2 ff. EStG a.F. 218
4. § 10d EStG 220
F. FAZIT 222

Abkürzungsverzeichnis

a.A.	anderer Ansicht
a.E.	am Ende
a.F.	alte Fassung
Abs.	Absatz
AfA	Absetzung für Abnutzung
AO	Abgabenordnung
Art.	Artikel
Aufl.	Auflage
BayVBl.	Bayrische Verwaltungsblätter
BB	Der Betriebsberater
Bd.	Band
BFH	Bundesfinanzhof
BFH/NV	Sammlung amtlich nicht veröffentlichter Entscheidungen des Bundesfinanzhofs
BGB	Bürgerliches Gesetzbuch
BGBl.	Bundesgesetzblatt
BGH	Bundesgerichtshof
BGHZ	Amtliche Sammlung von Entscheidungen des Bundesgerichtshofs in Zivilsachen
BMF	Bundesministerium der Finanzen
BStBl.	Bundessteuerblatt
BT-Drucks.	Bundestagsdrucksache
BVerfG	Bundesverfassungsgericht

BVerfGE	Amtliche Sammlung von Entscheidungen des Bundesverfassungsgerichts
DB	Der Betrieb
ders.	derselbe
DStR	Deutsches Steuerrecht
DStRE	Deutsches Steuerrecht Entscheidungsdienst
DStZ	Deutsche Steuerzeitung
ErbStG	Erbschaftsteuergesetz
EFG	Entscheidungen der Finanzgerichte
EG	Europäische Gemeinschaft
Einl.	Einleitung
ESt	Einkommensteuer
EStG	Einkommensteuergesetz
EU	Europäische Union
EuGH	Europäischer Gerichtshof
FA	Fachanwalt Arbeitsrecht
f.	folgende Seite
ff.	folgende Seiten
FG	Finanzgericht
Fn.	Fußnote
FR	Finanz-Rundschau
FS	Festschrift
GewStG	Gewerbesteuergesetz
GG	Grundgesetz
GrS	Großer Senat

HGB	Handelsgesetzbuch
h.M.	herrschende Meinung
Hrsg.	Herausgeber
INF	Information über Steuer und Wirtschaft
i.d.F.	in der Fassung
i.d.R.	in der Regel
i.e.S.	im engeren / eigentlichen Sinne
i.S.d.	im Sinne des/der
i.V.m.	in Verbindung mit
JbFAStR	Jahrbuch der Fachanwälte für Steuerrecht
JZ	Juristenzeitung
KStG	Körperschaftsteuergesetz
Lit.	litera (=Buchstabe)
LKV	Landes- und Kommunalverwaltung
Losebl.	Loseblatt(-sammlung)
m.w.N.	mit weiteren Nachweisen
NJW	Neue Juristische Wochenschrift
Nr.	Nummer
NVwZ	Neue Zeitschrift für Verwaltungsrecht
NWB	Neue Wirtschafts-Briefe
OFD	Oberfinanzdirektion
OLG	Oberlandesgericht
RAO	Reichsabgabenordnung
RGBl.	Reichsgesetzblatt

Rn.	Randnummer
Rs.	Rechtssache
Rspr.	Rechtsprechung
Rz.	Randziffer
S.	Seite
Slg.	amtliche Sammlung
sog.	sogenannte(r)(s)
Stbg.	Steuerberatung
StBp	Steuerliche Betriebsprüfung
str.	streitig
st. Rspr.	ständige Rechtsprechung
StuW	Steuer und Wirtschaft
Tz.	Textziffer
u.a.	und andere / unter anderem
v.	von / vom
vgl.	vergleiche
VO	Verordnung
Vol.	Volume (engl.)
VVDStRl.	Veröffentlichungen der Vereinigung der Deutschen Staatsrechtslehrer
WM	Wertpapiermitteilungen
WPg.	Die Wirtschaftsprüfung
z.B.	zum Beispiel
ZBB	Zeitschrift für Bankrecht und Bankwirtschaft
ZRP	Zeitschrift für Rechtspolitik

Literaturverzeichnis

Arndt, Hans Wolfgang, Gleichheit im Steuerrecht, NVwZ 1988, 787

Arndt, Hans-Wolfgang / Schumacher, Andreas, Die verfassungsrechtlich zulässige Höhe der Steuerlast – Fingerzeig des BVerfG an den Gesetzgeber?, NJW 1995, 2603

Albers, Willi / Born, Karl Erich / Dürr, Ernst / Hesse, Helmut / Kraft, Alfons / Lampert, Heinz / Rose, Klaus / Rupp, Hans-Heinrich / Scherf, Harald / Schmidt, Kurt / Wittmann, Waldemar (Hrsg.), Handbuch der Wirtschaftswissenschaft (HDWW), Stuttgart Tübingen Göttingen 1977; (zitiert: *Verfasser* in: Albers u.a., Handbuch der Wirtschaftswissenschaft)

Balmes, Frank, Rückwirkung im Visier der Finanzrechtsprechung, FR 2001, 392

Baumbach, Adolf / Hopt, Klaus, Handelsgesetzbuch, 30. Aufl., München 2000 (zitiert: *Baumbach/Hopt*, HGB)

Baur, Investmentgesetze, 2. Aufl., München 1997

Bayer, Hermann-Wilfried, Steuerlehre, Berlin New York 1998

Bayer, Hermann-Wilfried, Die verfassungsrechtlichen Grundlagen der Wirtschaftslenkung durch Steuerbefreiungen, StuW 1972, 149

Beck, Hans-Joachim, Der 5. Bauherrenerlass, Der Bauträger, 2003, 286

Beck, Hans-Joachim, Aufgabe der Rechtsprechung zum anschaffungsnahen Aufwand – neue Abgrenzungskriterien zwischen nachträglichen Herstellungskosten und Erhaltungsaufwand, DStR 2002, 1559

Beck, Hans-Joachim, Neue Rechtsentwicklung bei geschlossenen Immobilienfonds, FR 2002, 446

Betz, Alexander, Geschlossene Immobilienfonds als Angebotserweiterung und Kapitalanlage von Versicherungsunternehmen, Karlsruhe 1997 (zitiert: *Betz*, Geschlossene Immobilienfonds)

Bilgery, Wolfgang, Die steuerrechtliche Vergünstigungsnorm im Lichte der Theorie vom Stufenbau des Steuertatbestandes unter besonderer Berücksichtigung der Einkommensteuer, Tübingen 1988 (zitiert: *Bilgery*, Die steuerrechtliche Vergünstigungsnorm)

Birk, Dieter, Zum Stand der Theoriediskussion in der Steuerrechtswissenschaft, StuW 1983, 293

Birk, Dieter, Das Leistungsfähigkeitsprinzip als Maßstab der Steuernormen, Köln 1983 (zitiert: *Birk*, Leistungsfähigkeitsprinzip)

Birk, Dieter / Kulosa, Egmont, Verfassungsrechtliche Aspekte des Steuerentlastungsgesetzes 1999/2000/2002, FR 1999 433

Blumenstein, Ernst, System des Steuerrechts, Bd. 1, Zürich 1945

Blümich, EStG KStG GewStG, München (zitiert: *Verfasser*, in: Blümich, EStG)

Böken, Arnd, Die Immobilien-GbR, DStR 2004, 558

Brockhaus, Die Enzyklopädie, 21. Bd., 20. Aufl., Leipzig, Mannheim, 1998

Bull, Hans Peter, Vom Eigentums- zum Vermögensschutz – ein Irrweg – Zur Bewertung der Einheitswert-Beschlüsse des Bundesverfassungsgerichts, NJW 1996, 281

Büchner, Inge / Fritzsch, Falk, Steuerliche Förderung von denkmalgeschütztem Eigentum, DStR 2004, 2169

Bülow, Peter, Heidelberger Kommentar zum Verbraucherkreditrecht, Heidelberg 2002 (zitiert: *Bülow*, Verbraucherkreditrecht)

Casper, Matthias, Urteilsanmerkung zu BGH v. 21.1.2002, JZ 2002, 1112

Coen, Max, Einkünfteermittlung bei geschlossenen Immobilienfonds, WPg 1985, 380

Dichtl, Erwin / Issing, Otmar (Hrsg.), Vahlens Großes Wirtschaftslexikon, München 1987 (zitiert nach Verfassern)

Döllerer, Georg, Zur Realteilung bei Personenhandelsgesellschaften, DStZ 1982, 267

Drüen, Klaus-Dieter, Periodengewinn und Totalgewinn, Berlin 1999

Ebenroth, Carsten Thomas / Boujong Karlheinz, / Joost, Detlev, Handelsgesetzbuch, München 2001

Ebling, Klaus, Schornsteinfegergebühren und Liebhaberei, in: Festschrift für Klaus Offerhaus, Köln 1999, S. 567 (zitiert: *Ebling*, FS Offerhaus)

Elze, Reinhard / Repgen, Konrad, Studienbuch Geschichte, Bd. 2, 3. Aufl., Stuttgart 1994 (zitiert nach Verfassern)

Fischer, Peter, Anmerkung zu BFH v. 27.07.1999, FR 1999, 1377

Fleischmann, Hans Gunnar, Der neue Liebhaberei-Erlass, DB 2005, 67

Fleischmann, Hans Gunnar, Der 5. Bauherren-Erlass - das Ende aller Fonds-Modelle? - Anmerkungen zum Entwurf eines neuen Bauherren- und Fonds-Erlasses, DStR 2002, 1293

Fleischmann, Hans Gunnar, Die überraschende Kehrtwende des IV. Senats zu den Eigenkapitalvermittlungsprovisionen, DB 2001, 2115

Fleischmann, Hans Gunnar / Meyer-Scharenberg, Dirk, Altbau- und Denkmalschutz-Modernisierungen unter Berücksichtigung des Steuerentlastungsgesetzes 1999/2000/2002 und der neuen Investitionszulagen, DStR 1999, 748

Fleischmann, Hans Gunnar / Meyer-Scharenberg, Dirk, Vermittlungsprovisionen bei Immobilienfonds: Neue Verwirrungen durch den BFH-Beschluß vom 4. 2. 1992, DStR 1992, 939

Friauf, Karl Heinrich, Verfassungsrechtliche Grenzen der Wirtschaftslenkung und Sozialgestaltung durch Steuergesetze, in: Recht und Staat in Geschichte und Gegenwart Heft 325/326, Tübingen 1966

Frick, Karl A., Einkommensteuerliche Steuervergünstigungen und Beihilfeverbot nach dem EG-Vertrag, Sinzheim 1994

Fuisting, Bernhard, Die Preußischen direkten Steuern, 4. Bd.: Grundzüge der Steuerlehre, Berlin 1902

Gabler-Volkswirtschafts-Lexikon, Bd. 2, Wiesbaden 1996

Gassner, Wolfgang / Lang, Michael, Das Leistungsfähigkeitsprinzip im Einkommen- und Körperschaftsteuerrecht, Wien 2000 (zitiert: *Gassner/Lang*, Leistungsfähigkeitsprinzip)

Gast-de Haan, Brigitte, Gewerblicher Grundstückshandel durch Beteiligung an BGB-Gesellschaften, DStZ 1992, 289

Geigant, Friedirch / Haslinger, Franz / Sobotka, Dieter / Westphal, Horst M. (Hrsg.), Lexikon der Volkswirtschaft, 7. Aufl., Landsberg am Lech 2000 (zitiert: *Geigant* u.a., Lexikon der Volkswirtschaft)

Görlich, Wolfgang, Grundlagen des offenen und geschlossenen Immobilienfonds, NWB Fach 18, 3571

Grabbe, Jan H. / Lübbehüsen, Dieter, Halbeinkünfteverfahren im Investmentsteuerrecht, DStR 2004, 981

Groh, Manfred, Gewinnerzielungsabsicht und Mitunternehmerschaft, DB 1984, 2424

Grube, Georg, Anmerkung zu BFH v. 25.06.1991, DB 1991, 2220

Hall, Robert E. / Rabushka, Alvin, The Flat Tax, 2. Aufl. Stanford 1995

Halm, Rolf-Olav, Die rechtliche Konzeption geschlossener Immobilienfonds, INF 1998, 274

Handzik, Peter, Das Eigenheimzulagen-Gesetz unter verfassungsrechtlichem Blickwinkel, DStZ 1996, 202

Hasenkamp, Annabel, Die neue Prospektierungspflicht für Anbieter geschlossener Fonds, DStR 2004, 2154

Hecht, Gottfried, Ist der Begriff der „Liebhaberei" im Vermietungs- und Verpachtungsbereich noch aktuell?, BB 2000, 226

Heisterhagen, Christoph / Kleinert, Jens, Neueste Entwicklungen und aktuelle Problemkreise im Bereich geschlossener Fonds, DStR 2004, 507

Hellwig, Peter, Der Verlust im Steuerrecht, DStR 1984, 324

Hemmelrath, Alexander /Busch, Barbara, Steuerliche Risiken für die Anleger eines geschlossenen Immobilienfonds?, DStR 1992, 1347

Hergarten, Lothar, Die gesetzliche Kodifizierung des „anschaffungsnahen Aufwands", DStR 2003, 397

Hergarten, Lothar, Die steuerorientierte Immobilieninvestition „am Ende"?, BB 1984, 2121

Herrmann, Hans Joachim, Einkommensteuerliche Fragen bei der Gestaltung geschlossener Immobilienfonds, StuW 1989, 97

Herrmann / Heuer / Raupach, Einkommensteuer- und Körperschaftsteuergesetz, 21. Aufl., Köln (zitiert: *Verfasser*, in: H/H/R)

Herzig, Norbert / Kessler, Wolfgang, Die begrenzte Steuerrechtsfähigkeit von Personenmehrheiten nach dem Beschluß des Großen Senats des BFH vom 25.6.1984, DB 1985, 2476

Herzig, Norbert / Lutterbach, Thomas, Besteuerung privater Veräußerungsgeschäfte nach dem Steuerentlastungsgesetz 1999/2000/2002, DStR 1999, 521

Heuermann, Bernd, Einkünfteerzielungsabsicht bei Vermietung und Verpachtung, StuW 2003, 101

Heuermann, Bernd, Verbilligtes Vermieten als teilentgeltliche Nutzungsüberlassung – § 21 Abs. 2 EStG im Fadenkreuz von Rechtsprechung und Gesetzgeber, DB 2003, 112

Heuermann, Bernd, Vermietung auf bestimmte Zeit, Überschusserzielungsabsicht und in die Prognose einzubeziehende Besteuerungsmerkmale, DB 2002, 2011

Heuermann, Bernd, Einkünfteerzielungsabsicht bei Vermietung und Verpachtung, StuW 2003, 101

Heuchert, Oliver, Steuern auf Lebensversicherungen?, ZDF-Ratgeber 14.04.2003, www.zdf.de/ZDFde/inhalt/26/0,1872,2041882,00.html

Hey, Johanna, Grundentscheidungen für ein neues Einkommensteuergesetzbuch, in: Jahrbuch der Heinrich-Heine-Universität Düsseldorf 2002, www.uni.duesseldorf.de/HHU/Jahrbuch/2002/Hey/

Hey, Johanna, Die rückwirkende Abschaffung der Sonderabschreibungen auf Schiffbeteiligungen, BB 1998, 1444

Hey, Johanna, Abbau von Direktsubventionen und Steuervergünstigungen - verfassungsrechtliche terra incognita, StuW 1998, 298

Hofer, Hannes F., Aktuelle Problembereiche des gewerblichen Grundstückshandels, DStR 2000, 1635

Holdorf, Britta, Frage der Verfassungsmäßigkeit der Verlustabzugsbeschränkung nach § 2 Abs. 3 EStG, BB 2001, 2085

Hübschmann / Hepp / Spitaler, Abgabenordnung Finanzgerichtsordnung, Köln, Losebl. (zitiert: *Verfasser*, in Hübschmann/Hepp/Spitaler, AO)

Isensee, Josef / Kirchhof, Paul (Hrsg.), Handbuch des Staatsrechts, Bd. IV Finanzverfassung – Bundesstaatliche Ordnung, Heidelberg 1990 (zitiert nach Verfassern)

Jakob, Wolfgang, Zwischen Ertragsrelevanz und Lenkung – die Zukunft des Steuerinterventionismus, in: Festschrift für Klaus Offerhaus, Köln 1999, S. 65 (zitiert: *Jakob*, FS Offerhaus)

Jakob, Wolfgang / Hörmann, Norbert, Einkünfteerzielungsabsicht oder Liebhaberei im Rahmen der Einkünfte aus Vermietung und Verpachtung, FR 1989, 665

Jakob, Wolfgang / Hörmann, Norbert, Zur Einkünfteerzielungsabsicht bei gemeinsamer wirtschaftlicher Betätigung, FR 1990, 32

Jakob, Wolfgang / Jakob, Dominique, Werbung mit Verlusten als Tatbestandsmerkmal eines Verlustverrechnungsverbots, StuW 2004, 24

Jakob, Wolfgang / Jüptner, Roland, Drittaufwand, Nutzungseinlage und Überschußeinkünfte, FR 1988, 141

Jakob, Wolfgang / Wittmann, Rolf, Von Zweck und Wesen steuerlicher AfA, FR 1988, 540

Jakob, Wolfgang / Zugmaier, Oliver, Grundfragen zur Einführung von Umweltabgaben – zugleich ein Beitrag zur finanzverfassungsrechtlichen Abgabentypologie, in: *dieselben* (Hrsg.), Rechtliche Probleme von Umweltabgaben, 1996, S. 11 ff. (zitiert: *Jakob/Zugmaier*, Grundfragen zur Einführung von Umweltabgaben)

Jarass, Hans D., Wirtschaftsverwaltungsrecht, 3. Aufl., Neuwied 1997 (zitiert nach Verfassern)

Jarass, Hans D. / Pieroth, Bodo, GG Grundgesetz für die Bundesrepublik Deutschland, 4 Aufl., München 1997

Jehner, Hansgeorg, Private Vermögensverwaltung oder gewerblicher Grundstückshandel, DStR 1991, 565

Jenetzky, Johannes, System und Entwicklung des materiellen Steuerrechts in der wissenschaftlichen Litaratur des Kameralismus von 1680-1840, Berlin 1978 (zitiert: *Jenetzky*, Kameralismus)

Jüptner, Roland, Leistungsfähigkeit und Veranlassung, Heidelberg 1989

Kanzler, Hans-Jürgen, Anmerkung zu BFH v. 29.04.1999, FR 1999, 818

Keynes, John Maynard, The End of Laissez-faire, London 1926

Kiesewetter, Dirk, Theoretische Leitbilder einer Reform der Unternehmensbesteuerung, StuW 1997, 24

King, Rudolf, Real Estate Investment Trusts, Deutsche Offene und Geschlossene Immobilienfonds, München 1999 (zitiert: *King*, Offene und Geschlossene Immobilienfonds)

Kirchhof, Paul, Der Karlsruher Entwurf und seine Fortentwicklung zu einer vereinheitlichten Ertragsteuer, StuW 2002, 3

Kirchhof, Paul, Die Kunst der Steuergesetzgebung, NJW 1987, 3217

Kirchhof, Paul, Besteuerung im Verfassungsstaat, Tübingen 2000

Kirchhof, Paul, Der Auftrag des Grundgesetzes zur Erneuerung des Steuerrechts, Stbg. 1998, 385

Kirchhof, Paul, Die Rückwirkung steuerkonkurrenzlösender Rechtssätze, DStR 1979, 275

Kirchhof, Paul, EStG KompaktKommentar Einkommensteuergesetz, 4. Aufl., Heidelberg 2004 (zitiert: *Verfasser*, in: Kirchhof, EStG)

Kirchhof, Paul, Erläuterungen zum Karlsruher Entwurf zur Reform des Einkommensteuergesetzes, DStR 2001, 913

Kirchhof, Paul, Verwalten durch mittelbares Einwirken, Köln Berlin Bonn München 1977

Kirchhof/Söhn/Mellinghoff, Einkommensteuergesetz, (zitiert: *Verfasser*, in Kirchhof/Söhn/Mellinghoff, EStG)

Knobbe-Keuk, Brigitte, Bilanz- und Unternehmenssteuerrecht, 9 Aufl.,

Klein, Franz, AO, 8. Aufl., München 2003

Klein, Franz , Lexikon des Rechts, Neuwied 1993 (zitiert nach Verfassern)

Klumpe, Ulrich / Nastold, Werner, Immobilienfonds, 2. Aufl., Bonn 1997

Koberstein Hans / Stoll, Ulrich, Filmfonds für Reiche, http://www.zdf.de/ZDFde/inhalt/24/0,1872,2089880,00.html

Kobor, Hagen, Der Gesellschaftsanteil als taugliches „Objekt“ der Drei-Objekt-Grenze – gewerblicher Grundstückshandel und vermögensverwaltende Grundstücksgesellschaften, FR 1999, 1155

Koch, Karl / Scholtz, Rolf-Detlev, AO Kommentar, 5. Aufl., Köln Berlin Bonn München 1996

Kohlhaas, Karl-Fr., Die Einkünftezuordnung bei Zebragesellschaften durch das Wohnsitzfinanzamt, DStR 1999, 1722

Konrad, Karlheinz, Verfassungsfragen kommunaler Verpackungssteuersatzungen, BB 1995, 1109

Korn, Klaus / Carlé, Dieter / Stahl, Rudolf / Strahl, Martin, Einkommensteuergesetz, Bonn, Losebl. (zitiert: *Verfasser*, in: Korn, EStG)

Köbler, Gerhard, Juristisches Wörterbuch, 12. Aufl., München 2003

Kruse, Heinrich Wilhelm, Über die Gleichmäßigkeit der Besteuerung, StuW 1990, 322

Kube, Hanno / Palm, Ullrich / Seiler, Christian, Finanzierungsverantwortung für Gemeinwohlbelange- Zu den verfassungsrechtlichen Maßstäben quersubventionierender Preisinterventionen, NJW 2003, 927

Lang, Joachim, Die Bemessungsgrundlage der Einkommensteuer, Köln 1988

Lang, Joachim, Verfassungsrechtliche Zulässigkeit rückwirkender Steuergesetze, Wpg. 1998, 163

Lang, Joachim / Seer, Roman, Die persönliche Zurechnung von Einkünften bei Treuhandverhältnissen, FR 1992, 637

Larenz, Karl, Richtiges Recht, Grundzüge einer Rechtsethik, München 1979

Leisner, Walter, Steuer- und Eigentumswende – die Einheitswertbeschlüsse des Bundesverfassungsgerichts, NJW 1995, 2591

Leisner, Walter, Von der Leistung zur Leistungsfähigkeit – die soziale Nivellierung, StuW 1983, 97

Lerche, Peter, Werbung und Verfassung, Berlin München 1967

Littmann/Bitz/Meincke, Das Einkommensteuerrecht, Stuttgart, Losebl. (zitiert: *Verfasser*, in: Littmann/Bitz/Meincke, EStG)

Loritz, Karl-Georg, Die freien Kapitalmärkte und die Defizite der Juristen, WM 1998, 685

Loritz, Karl-Georg, Von der Steuerorientierung zur Steuerfreiheit, Beilage Nr. 11 zu BB 2000, Heft 49, 2

Luckenbach, Helga, Theoretische Grundlagen der Steuerpolitik, 2. Aufl., München 2000

Lüdicke, Jochen, Geschlossene Fonds, 2. Aufl., München 2002

Lütge, Friedrich, Deutsche Sozial- und Wirtschaftsgeschichte, 3. Aufl. Berlin 1966

Machunsky, Jürgen, Immobilienfonds und Erwerbermodelle, 3. Aufl., Neuwied Kriftel Berlin 1997

Mäding, Heinrich, Mohr, Katrin, Wanderungsprozesse in Ostdeutschland und Wohnungsmarkt – eine Herausforderung für Politik und Verwaltung, LKV 2001, 433

Maunz/Dürig/Herzog/Scholz, Grundgesetz Kommentar, Stand Oktober 2002 (zitiert: *Verfasser* in: Maunz/Dürig/Herzog/Scholz, GG)

Maurer, Hartmut, Allgemeines Verwaltungsrecht, 10. Aufl., München 1995

Mayer, Otto, Deutsches Verwaltungsrecht, Bd. 1, München Leipzig 1924

Meichsner, Claus, Die Überschußerzielungsabsicht als Abgrenzungsmerkmal zur Liebhaberei bei den Immobilieninvestitionen, DStR 1985, 647

Mellinghoff, Rudolf, u.a, Die Erneuerung des Verfassungsstaates, Heidelberg 2003 (zitiert nach Verfassern)

Meyer`s Großes Universallexikon, Bd. 13, Mannheim Wien Zürich 1985

Mieck, Ilja (Hrsg.), Handbuch der europäischen Wirtschafts- und Sozialgeschichte, Bd. 4, Stuttgart 1993

Mink, Claudius, Immobilienkapitalanlagen, München 1988

Neufang, Bernd, Anschaffungs- und Herstellungskosten von Gebäuden – Ein Vergleich der Rechtsprechung des BFH und der Verwaltungsauffassung, BB 2004, 78

Neumark, Fritz, Grundsätze gerechter und ökonomisch rationaler Steuerpolitik, Tübingen 1970 (zitiert: *Neumark,* Steuerpolitik)

Obermeier, Arnold, Das selbstgenutzte Wohneigentum, 3. Aufl., Berlin 1992

Obermeier, Arnold, Gewerblicher Grundstückshandel, NWB, Fach 3, 10017

Opitz, Gerhard, Geschlossene Immobilienfonds, Freiburg 1995

Oppermann, Thomas, Europarecht, 2. Aufl., München 1999

Palm, Ulrich, Verfassungsmäßigkeit einer quellenbezogenen Mindestbesteuerung im Ertragsteuerrecht, DStR 2002, 152

Pannen, Michael, Bestandsaufnahme zur Abgrenzung von Anschaffungskosten, Herstellungskosten und Erhaltungsaufwand bei Instandsetzung und Modernisierung von Gebäuden, DB 2003, 2729

Papier, Hans-Jürgen, Steuerreform als Verfassungsproblem, Stbg. 1999, 49

Paus, Bernhard, Anmerkung zu BFH v. 11.12.1997, FR 1998, 696

Paus, Bernhard, Liebhaberei bei verbilligter Wohnraumvermietung, DStZ 2003, 189

Paus, Bernhard, Liebhaberei trotz positiver Gesamteinkünfte, DStZ 2001, 200

Paus, Bernhard, Ist § 21 Absatz 2 EStG 1987 verfassungswidrig? DStZ 1987, 88

Peters, Hans-Rudolf, Wirtschaftspolitik, 3. Aufl., München Wien 2000

Peters, Hans-Rudolf, Wirtschaftssystemtheorie und Allgemeine Ordnungspolitik, 4. Aufl. München, Wien 2002

Pezzer, Heinz-Jürgen, Die Einkünfteerzielungsabsicht bei den Einkünften aus Vermietung und Verpachtung – ein Mysterium als Folge des Einkünftedualismus, StuW 2000, 457

Pezzer, Heinz-Jürgen, Steuerliche Gestaltungen und ihre Grenzen bei Vermietung und Verpachtung unter nahen Angehörigen (Teil I), DStR 1995, 1853

Pigou, Arthur Cecil, The Economics of Welfare, London 1920

Pleyer, Marcus, Verfassungswidrige Verlängerung der Spekulationsfristen durch das Steuerentlastungsgesetz 1999/2000/2002, NJW 1999, 3156

Pohmer, Dieter, Die Steuern als Instrument der Staatsfinanzierung oder Wirtschaftslenkung?, DStZ 1993, 577

Pohmer, Dieter, Wirtschaftswachstum und Einkommensverteilung, in: Ch. Seidl (Hrsg.), Steuern, Steuerreform und Einkommensverteilung, Heidelberg 1988

Radau, Hans / Dümichen, Tim, Die neuen Vorschriften des Medienerlasses zur Herstellereigenschaft von Film- und Fernsehfonds, BB 2003, 2261

Raupach, Arndt / Böckstiegel,Martin, Die Verlustregelungen des Steuerentlastungsgesetzes 1999/2000/2002, FR 1999, 617

Reimer, Ekkehart, Probleme der Verlängerung der Mindesthaltefristen des § 23 EStG, DStZ 2001, 725

Rieser, Hans-Jürgen, Prospektlegung und Prospektprüfung bei steuerbegünstigten Kapitalanlagen in Immobilien, Frankfurt, Bern, New York, Paris 1989 (zitiert: *Rieser*, Prospektlegung und Prospektprüfung)

Rose, Manfred, Schutz des Kapitalexistenzminimums, BB 1996, 1085

Rose, Manfred, Steuervereinfachung aus steuersystematischer Sicht, in: *Rose, Manfred* (Hrsg.), Steuern einfacher machen!, Vorträge des Dritten Heidelberger Steuerkongresses 1998, Schriften des Betriebs-Beraters, Bd. 102, 1999, S. 41 (zitiert: *Rose*, in: Rose (Hrsg.), Steuern einfacher machen!)

Rose, Manfred, Von den Steuerrechten im Halbschatten und ihrer Bedeutung für die Steuerplanung, in: Gedächtnisschrift für Brigitte Knobbe-Keuk, Köln 1997, S. 515 (zitiert: *Rose*, in: Gedächtnisschrift für Knobbe-Keuk)

Sacksofsky, Ute, Verfolgung ökologischer und anderer öffentlicher Zwecke durch Instrumente des Abgabenrechts, NJW 2000, 2619

Sauren, Marcel, Anmerkung zu BMF v. 04.11.1998, DStR 1998, 1877

Scharwies, Michael, Der 5. Bauherrenerlass – mögliche Auswege für die Gestaltung von geschlossenen Immobilienfonds, BB 2004, 295

Schaumburg, Heide, Rückwirkung und Planungssicherheit im Steuerrecht, DB 2000, 1884

Schäfer, Carsten, Revolutionäres aus Karlsruhe zum finanzierten Fondsbeitritt – Einwendungs- und Rückforderungsdurchgriff des Immobilienfonds-Anlegers, DStR 2004, 1611

Schemmel, Lothar, in: Karl-Bräuer-Institut des Bundes für Steuerzahler (Hrsg.), Lenken mit Steuern und Abgaben – große Mängel und Gefahren, Bonn 2000 (zitiert: *Schemmel*, in: Lenken mit Steuern und Abgaben)

Schiller, Günter, Volkswirtschaftslehre, 5. Aufl., Darmstadt 1996

Schirp, Wolfgang / Mosgo, Oleg, Aufklärungspflichten bei internen Provisionsvereinbarungen, BKR 2002, 354

Schmider, Karl-Georg / Wagner, Klaus-R. / Loritz, Karl-Georg, Handbuch der Bauinvestitionen und Immobilienkapitalanlagen, Heidelberg, Losebl. (zitiert nach Verfassern)

Schmidt, Kurt, Das Leistungsfähigkeitsprinzip und die Theorie vom proportionalen Opfer, FA 26, 385

Schmidt, Karsten, Die BGB-Außengesellschaft: rechts- und parteifähig, NJW 2001, 993

Schmidt, Ludwig, Einkommensteuergesetz, 23. Aufl., München 2004 (zitiert: *Verfasser*, in: Schmidt, EStG)

Schmidt-Liebig, Axel, Der Anleger im Immobilienfonds als Gewerbetreibender im Sinne des Einkommensteuergesetzes?, BB 1998, 563

Schneider, Dieter, Maß und Ausmaß von Steuervergünstigungen, DB 1992, 1737

Schneider, Dieter, Ist die Einkommensteuer wirklich überholt? – Kritik und Reformvorschläge, in: Smekal, Christian / Sendlhofer, Rupert / Winner, Hannes, Einkommen versus Konsum, Heidelberg 1999, S. 1 (zitiert: *Schneider*, in: Smekal/Sendlhofer/Winner, Einkommen versus Konsum)

Schön, Wolfgang, Vermeidbare und unvermeidbare Hindernisse der Steuervereinfachung, StuW 2002, 23

Schuhmann, Helmut, Zum Vermieten von Ferienwohnungen, StBp 2003, 87

Schulz, Andreas / Petersen, Sven / Keller, Claudia, Offene Fragen bei der Besteuerung von Immobiliensondervermögen und deren Anlegern, DStR 2004, 1853

Schulze-Osterloh, Joachim, Die Qualifikation der Einkünfte einer vermögensverwaltenden Personengesellschaft, DStZ 1985, 315

Schulze zur Wische, Beteiligung an Grundstücksgesellschaften und gewerblicher Grundstückshandel, DB 1991, 1088

Seer, Roman / Schneider, Norbert, Die Behandlung der sogenannten Verlustzuweisungsgesellschaften nach dem neuen § 2b EStG, BB 1999, 872

Seitz, Werner, Die steuerliche Behandlung privater Grundstücksveräußerungsgeschäfte – Anmerkungen zum BMF-Schreiben vom 5.10.2000, DStR 2001, 277

Selmer, Peter, Steuerinterventionismus und Verfassungsrecht, Frankfurt a.M. 1972

Shoup, Carl Sumner, The Economic Theory of Subsidy Payments, in: United States Congress, Joint Economic Committee: The Economics of Federal Subsidy Programs. 1: General Study Papers, Washington D.C. 1972

Smith, Adam, An Inquiry into the Nature and the Causes of the Wealth of Nations, London 1776 (zitiert: *Smith*, Wealth of Nations)

Söffing, Matthias, Gewerblicher Grundstückshandel – Anmerkungen zum BMF-Schreiben vom 26.03.2004, DStR 2004, 793

Söffing, Günter, Die Zebragesellschaft, DB 1998, 896

Söffing, Günter, § 2b EStG und der 2b-Erlass, DB 2000, 2340

Söllner, Fritz, Die Geschichte des ökonomischen Denkens, 2. Aufl., Heidelberg, Berlin, New York 2001

Spindler, Wolfgang, Verfassungsrechtliche Grenzen einer Rückwirkung bei Steuergesetzen, DStR 1998, 953

Sradj, Martina / Mertes, Horst, Neuregelungen bei der Besteuerung von Investmentvermögen, DStR 2004, 201

Stein, Michael, Die Vermietungsbesteuerung – eine verdeckte Subvention, DStZ 2002, 828

Stein, Michael, Einflüsse der Fördergesetze auf die Totalüberschussermittlung, DStZ 2000, 780

Stein, Michael, Keine Liebhaberei bei Vermietung auf Dauer, DStZ 2004, 189

Stern, Klaus, Das Staatsrecht der Bundesrepublik Deutschland, Bd. II, München 1980

Stober, Rolf, Wirtschaftsverwaltungsrecht, 10. Aufl., 1996

Stuhrmann, Gerd, Einbeziehung von Sonderabschreibungen in die steuerrechtliche Totalüberschußermittlung, BB 1996, 1645

Tewes, Dieter, Praxishandbuch Immobilienkapitalanlagen, Kissing 1994

Tilch, Horst / Arloth, Frank, Deutsches Rechts-Lexikon, 3. Aufl., München 2001

Tipke, Klaus, Die Steuerrechtsordnung, Bd. I bis III, Köln 1993

Tipke, Klaus, Steuergerechtigkeit in Theorie und Praxis, Vom politischen Schlagwort zum Rechtsbegriff und zur praktischen Anwendung, Köln 1981

Tipke, Klaus, (Hrsg.), Grenzen der Rechtsfortbildung durch Rechtsprechung und Verwaltungsanweisungen im Steuerrecht, Köln 1982 (zitiert: *Verfasser*, in: Tipke (Hrsg.), Grenzen der Rechtsfortbildung im Steuerrecht)

Tipke, Klaus / Bozza, Nadya, (Hrsg.), Besteuerung von Einkommen, Berlin 2000 (zitiert nach Verfassern)

Tipke, Klaus / Lang, Joachim, Steuerrecht, 17. Aufl., Köln 2002

Tipke/Kruse, Abgabenordnung Finanzgerichtsordnung, Köln, Losebl. (zitiert: *Verfasser*, in: Tipke/Kruse, AO)

Thürmer, Bernd, Einkünfteermittlung beim Vermieten von Ferienwohnungen; die neuen Rechtsprechungsgrundsätze, DB 2002, 444

Tröndle, Herbert / Fischer, Thomas, Strafgesetzbuch, 50. Aufl., München 2001

Urban, Bernd, Kritische Würdigung der Neuregelung des § 23 EStG durch das Steuerentlastungsgesetz 1999/2000/2002, INF 1999, 389

Vogel, Klaus, Die Abschichtung von Rechtsfolgen im Steuerrecht, StuW 1977, 97

Vogel, Klaus, Rechtssicherheit und Rückwirkung zwischen Vernunftrecht und Verfassungsrecht, JZ 1988, 833

Vogel, Klaus, Steuerrecht und Wirtschaftslenkung, Jb. FAStR 1968/69, 225

Vogel, Klaus, Vom Eigentums- zum Vermögensschutz – eine Erwiderung, NJW 1996, 1257

Von Münch, Ingo / Kunig, Philip (Hrsg.), Grundgesetz-Kommentar, 4./5. Aufl., München 2003 (zitiert nach Verfassern)

Voos, Christoph, Aktuelle Tendenzen bei der Ermittlung des Totalüberschusses bei den Einkünften aus Vermietung und Verpachtung, DStR 1999, 1877

Voß, Reimer, Der Karlsruher Entwurf – Ein Weg nach vorn oder ein Weg in die Vergangenheit? – Erwiderung zu Weber-Grellet, ZRP 2003, 279, ZRP 2003, 458

Wacker, Roland, Eigenheimzulagengesetz, 3. Aufl., München 2001

Wagner, Adolph, Finanzwissenschaft, Zweiter Theil, Theorie der Besteuerung, Gebührenlehre und allgemeine Steuerlehre, 2. Aufl, Leipzig. 1890

Wagner, Klaus-R., „Sonderrechtsprechung" des BFH und BVerfG zu Lasten von Modellanbietern und Anlegern steuerorientierter Immobilienkapitalanlagen, DStR 1996, 569

Wagner, Klaus-R. / Loritz, Karl-Georg, Konzeptionshandbuch der steuerorientierten Kapitalanlage, Bd. 1 München 1995, Bd. 2, 2. Aufl. München 1997 (zitiert: *Wagner/Loritz,* Steuerorientierte Kapitalanlage)

Wallis, Georg von / Schumacher, Christoph, Der neue Medienerlass, DStR 2003, 1857

Wallner, Franz X., Die Rückabwicklung von kreditfinanzierten Immobilienfondsanlagen, BKR 2003, 92

Wappenhans, Gernot, Vorteilhaftigkeitsbeurteilungen privater Vermögensbildung in geschlossenen Immobilienfonds unter Einbeziehung der Besteuerung, Göttingen 1986 (zitiert: *Wappenhans*, Immobilienfonds)

Weber-Fas, *Rudolf,* Grundzüge des allgemeinen Steuerrechts der Bundesrepublik Deutschland, Tübingen 1979 (zitiert: *Weber-Fas*, Allgemeines Steuerrecht)

Weber-Grellet, Heinrich, Die Funktion des Rechts in der fragmentierten modernen Gesellschaft – am Beispiel des Steuerrechts, DB 2002, 9

Weber-Grellet, Heinrich, Der Karlsruher Entwurf – ein Weg in die steuerstaatliche Vergangenheit, ZRP 2003, 279

Weber-Grellet, Heinrich, Lenkungssteuern im Rechtssystem, NJW 2001, 3657

Weber-Grellet, Heinrich, Vorlage an BVerfG: Verfassungswidrigkeit der rückwirkenden Erhöhung der Besteuerung von 1998 vereinbarter und 1999 ausgezahlter Entschädigung, DStR 2003, 283

Weber-Grellet, Kommentar zu BFH v. 28.06.2001, FR 2001, 888.

Wegmann, Bernd, Rechtliche Risiken bei der Beteiligung an geschlossenen Immoblienfonds, DStR 1994, 941

Wenger, Ekkehard, Das Leistungsfähigkeitsprinzip im Einkommensteuerrecht: Von Schwadroneuren usurpiertes Beutegut oder ökonomisch interpretierbare Leitlinie einer rationalen Besteuerung?, in: *Ahlheim, Michael / Wenzel, Heinz-Dieter / Wiegard, Wolfgang* (Hrsg.), Steuerpolitik – Von der Theorie zur Praxis, Festschrift für Manfred Rose, Berlin Heidelberg, 2003 (zitiert: *Wenger*, in: FS Rose)

Werner, in: Karl-Bräuer-Institut des Bundes der Steuerzahler (Hrsg.), Subventionsabbau gesetzliche Zwänge schaffen, Bonn 1995 (zitiert: *Werner*, in: Subventionsabbau – gesetzliche Zwänge schaffen)

Wirtz, Georg, Die Einbeziehung von steuerbaren Veräußerungserlösen in die Überschussprognose bei Einkünften aus Vermietung und Verpachtung, FR 2003, 711

Woerner, Lothar, Anmerkung zu BFH v. 07.02.1985, BB 1985, 1053

Zacharias, Erwin / Rinnewitz, Jürgen / Jung, Mathias, Die Begründung eines gewerblichen Grundstückshandels durch Beteiligung an mehreren immobilienveräußernden vermögensverwaltenden Personengesellschaften, DStR 1991, 861

Zacher, Hans F., Verwaltung durch Subventionen, VVDStRl. 25, 308

Zähle, Kai, Die Umqualifizierung der Einkünfte eines betrieblich an einer Zebragesellschaft beteiligten Gesellschafters, DStR 2003, 1328

Zeller, Florian, Die steuerliche Behandlung von Stillhalterprämien bei Investmentfonds nach dem InvStG, DB 2004, 1522

Zitzelsberger, Heribert, Über die Schwierigkeiten mit dem Abbau von Steuersubventionen, StuW 1985, 197

Zugmaier, Oliver, Zur verfassungsrechtlichen Unzulässigkeit einer kommunalen Verpackungsteuer, BayVBl. 1998, 592

Einleitung

A. Problemstellung und Untersuchungsgegenstand

Gerade in wirtschaftlichen Schwächeperioden sind Investitionen das Ziel jeder Wirtschaftspolitik. Vor allem Subventionen – entweder in Form der direkten Subvention über die Vergabe von Barmitteln oder der indirekten Subvention über die Gewährung von Steuererleichterungen – werden als Mittel zur Investitionsförderung und -lenkung verwendet. Gerade der Bereich der Förderung von Immobilieninvestitionen macht einen Großteil der staatlichen Subventionen aus. Um Anreize für Immobilieninvestitionen zu schaffen, wurde in der jüngeren Vergangenheit häufig das Steuerrecht als Lenkungsmittel gewählt. Im Rahmen dieser Arbeit werden die Begriffe Investition und Subvention definiert und die Investitionslenkung durch Mittel des Steuerrechts beschrieben. Wegen der besonderen Bedeutung der steuerlichen Immobilienförderung wird exemplarisch die Subvention von Investitionen in Einzelimmobilien und in geschlossene Immobilienfonds in ihren verschiedenen Formen dargestellt.

Die Subventionierung von Investitionen weist Berührungspunkte mit verschiedenen Wissenschaftsbereichen auf. Die Begriffe Investition und Subvention sind primär wirtschaftlich geprägt, die Auswahl der Subventionsbereiche bzw. -empfänger ist primär eine politische Frage. Die Subventionierung von Investitionen ist jedoch nicht nur eine Frage von Nationalökonomie und politischer Verträglichkeit, sondern auch der Rechtswissenschaft[1]. Durch die Einbettung von Subventionsnormen in das Steuerrecht entstehen verschiedene Rechtsprobleme, die schwerpunktmäßig Gegenstand dieser Arbeit sein sollen. Vor allem drehen sich die rechtlichen Fragen um die Durchbrechung des Prinzips der Leistungsfähigkeit, aber auch um Fragen der Rechtssicherheit und des Vertrauensschutzes. Als Beispiel für die entstehenden Rechtsprobleme bietet sich die Förderung von Immobilieninvestitionen besonders an, da sie gemessen am Förderungsumfang einen großen Teil der gesamten staatlichen Förderungen bildet. Die Immobilienförderung zieht zahlreiche Folgeprobleme nach sich, insbesondere Fragen der Rückwirkung, dem Vertrauensschutz, dem Rechtsstaatsprinzip und dem wachsenden Gewicht des Richterrechts. Diese rechtlichen Aspekte der Investitionsförderung werden anhand der Analyse der steuerlichen Behandlung von Investitionen in Einzelimmobilien und geschlossene Immobilienfonds herausgearbeitet. Nicht Gegenstand der Ausführungen sind Wirtschaftlichkeitsvergleiche der behandelten Investitionen, vielmehr sollen durch die Darstellung von deren steuerlicher Behandlung die speziellen Rechtsprobleme der Investitions-

---

[1] Vgl. *Hey*, StuW 1998, 298.

lenkung im Steuerrecht, insbesondere im Bereich der Einkünfte aus Vermietung und Verpachtung herausgearbeitet werden.

Neben rechtlichen Fragen, die durch einzelne Förderungsformen hervorgerufen werden, sind auch grundsätzliche Erwägungen zu Effizienz und Sinn der Gewährung von Subventionen speziell in Form von steuerlichen Lenkungsnormen Gegenstand der Arbeit. Durch die mangelnde Planbarkeit der Inanspruchnahme von steuerlichen Lenkungsvorschriften, die häufig systemwidrige Korrekturen erforderlich machen, entstehen Widersprüche der Rechtsordnung. In der Vergangenheit hat es gerade im Bereich der Immobilienförderung Beispiele dafür gegeben, dass dem Staat die Kontrolle über die Inanspruchnahme von steuerlichen Förderungen entglitten ist und die Begrenzung des steuerlichen Schadens durch restriktive Entscheidungen von Finanzverwaltung und Rechtsprechung bewerkstelligt werden mussten. Ein besonderes Exempel hierfür ist die Nutzung von Steuervorteilen durch die Investition in Immobilien und speziell in geschlossene Immobilienfonds im Zusammenhang mit der Förderung des sog. Aufbau Ost.

Bei Feststellung einer nicht plangemäßen Inanspruchnahme von steuerlichen Vergünstigungen tendiert insbesondere die Finanzverwaltung entgegen der ursprünglichen Förderungsentscheidung des Gesetzgebers (teilweise auch die Rechtsprechung) zu Maßnahmen, um die Inanspruchnahme zu begrenzen. Beispiele hierfür sind die Annahme von Liebhaberei oder die Aberkennung der Bauherreneigenschaft zunächst im Bereich der Bauherrengemeinschaften, dann der geschlossenen Immobilienfonds. Der Richter am Bundesverfassungsgericht Steinberger hat den ständigen Wettbewerb zwischen Gesetzgeber und Steuerpflichtigen bei der Inanspruchnahme von Steuervergünstigungen mit Subventionscharakter in einem Sondervotum treffend als Hase-und-Igel-Spiel bezeichnet[2]. Ziel dieser Arbeit ist insbesondere die Darstellung der Widersprüchlichkeit zwischen der Schaffung von Investitionsanreizen durch den Gesetzgeber einerseits und der Verhinderung von deren systematischer Nutzung durch Finanzverwaltung und Rechtsprechung andererseits[3]. Jedoch treten rechtliche Probleme nicht nur im Zusammenhang mit den nachträglichen Korrekturversuchen von Exekutive und Judikative auf. Auch durch nachträglich korrigierende Gesetzesänderungen durch die Legislative entstehen Rechtsfragen. Vor allem durch Änderungen der gesetzlichen Rahmenbedingungen mit Wirkung (auch)

---

[2] Vgl. BVerfG v. 14.05.1986, BVerfGE 72, 200 (276).

[3] Vgl. *Wagner*, DStR 1996, 569 sowie *Loritz*, WM 1998, 685 (690), die von einer Sonderrechtsprechung sprechen, die auf die Aberkennung von Steuervorteilen zielt.

für die Vergangenheit bewegt sich der Steuergesetzgeber häufig am Rand der Verfassungswidrigkeit wegen Verstoßes gegen das Rechtsstaatsprinzip.

B. Gang der Arbeit

Die vorliegende Arbeit gliedert sich in drei Kapitel. Im ersten Kapitel wird zunächst der Begriff Investition definiert und ein historischer Überblick über die staatliche Investitionslenkung gegeben. Im Anschluss erfolgt eine Kategorisierung der wirtschaftspolitischen Interventionszwecke. Die staatliche Investitionslenkung erfolgt unter anderem im Wege der Gewährung von Subventionen. Der Begriff Subvention umfasst als Oberbegriff sowohl die Direktsubvention als auch die Subvention mit Mitteln des Steuerrechts unter Einsatz von steuerlichen Lenkungsnormen. Gerade bei der Verwendung von steuerlichen Lenkungsnormen treten jedoch verfassungsrechtliche Fragen auf.

Zum einen ist schon problematisch, ob der verfassungsrechtliche Steuerbegriff auch Steuernormen umfasst, die nur im Nebenzweck auf eine staatliche Einnahmenerzielung gerichtet sind, hauptsächlich jedoch einen Lenkungszweck verfolgen. Eine besondere verfassungsrechtliche Problematik liegt zum anderen im Verhältnis von steuerlichen Lenkungsnormen zum Leistungsfähigkeitsprinzip. Das Leistungsfähigkeitsprinzip bildet als Verfassungsprinzip die Grundlage der Steuerrechtswissenschaft im Bereich der Einkommensbesteuerung. Seine Funktion als Verfassungsprinzip und die Herleitung aus dem Grundgesetz werden dargestellt. Das Prinzip der Besteuerung nach der Leistungsfähigkeit wird durch die Verwendung von steuerlichen Lenkungsnormen durchbrochen, da solche Normen nicht auf die individuelle Leistungsfähigkeit des Steuerpflichtigen abstellen, sondern auf die Befolgung des darin enthaltenen Verhaltensgebots. Verhält sich ein Steuerpflichtiger anders, hat er unabhängig von seiner wirtschaftlichen Leistungsfähigkeit eine höhere Steuerlast zu tragen als ein Steuerpflichtiger, der das Gebot befolgt. Diese Durchbrechung des Leistungsfähigkeitsprinzips bedarf einer besonderen verfassungsrechtlichen Rechtfertigung.

Durch die Verwendung von Subventionen zur Investitionsförderung entstehen spezifische Folgeprobleme, die Anlass zur Kritik an dieser Art der Wirtschaftslenkung geben. Die negativen Begleit- und Folgewirkungen von Subventionen – insbesondere von steuerlichen Lenkungsnormen – werden am Ende des ersten Kapitels dargestellt und analysiert. Besonders behandelt werden die rechtlichen Probleme vor allem durch die Entstehung von Rückwirkungskonstellationen.

Des Weiteren wird die steuerliche Förderung von Immobilieninvestitionen unter Berücksichtigung ihrer Wirkungen einer speziellen Analyse unterzogen.

Das zweite Kapitel befasst sich mit der direkten Investition in Einzelimmobilien. Hierbei wird unterschieden zwischen der Investition in selbstgenutzte Wohnimmobilien, in Wohnimmobilien unter verbilligter Überlassung vor allem an Angehörige und der Investition in fremdgenutzte Immobilien. Dabei wird auf die jeweiligen Förderungsformen eingegangen. Bei der eigengenutzten Immobilie wird insbesondere die Entwicklung der Förderung von Nutzungswertbesteuerung über den Sonderausgabenabzug hin zu der progressionsunabhängigen Förderung über die Eigenheimzulage behandelt. Bei der verbilligten Wohnraumüberlassung wird insbesondere der Subventionscharakter der Regelung in § 21 Abs. 2 EStG dargestellt. Bei der fremdvermieteten Immobilie steht die Förderung mit Mitteln des Steuerrechts – insbesondere durch Gewährung von Sonderabschreibungen, erhöhten und degressiven Abschreibungen für Abnutzung – im Vordergrund der Betrachtung.

Eine große Rolle spielt bei Immobilieninvestitionen die Abgrenzung zwischen sofort abzugsfähigen Werbungskosten und auf die Nutzungsdauer abzuschreibenden Anschaffungs- bzw. Herstellungskosten. Im Rahmen der Darstellung wird auf die jüngere Entwicklung beim sog. anschaffungsnahen Aufwand eingegangen. Neben der Förderung von Immobilieninvestitionen sind auch die Versuche, durch eine restriktive Behandlung von Verlusten die Inanspruchnahme steuerlicher Vorteile zu begrenzen, Thema des zweiten Kapitels. Die Förderung von Investitionen in bestimmten Einkunftsarten findet nicht allein durch den Einsatz von steuerlichen Lenkungsnormen oder direkten Subventionen statt. Auch steuersystematische Unterschiede besitzen eine faktische Subventionswirkung und führen bei der Behandlung von Einkünften aus verschiedenen Einkunftsarten zu steuerlichen Vorteilen gewisser Investitionsarten. Insbesondere der Dualismus der Einkunftsarten führt zur grundsätzlichen Steuerfreiheit von Veräußerungsgewinnen im Bereich der Überschusseinkunftsarten. Die Ausnahme im Hinblick auf diese Steuerfreiheit bilden die Tatbestände des § 23 EStG, die für Überschüsse aus der Veräußerung von Immobilien und Wertpapieren (sog. private Veräußerungsgewinne) innerhalb einer Haltefrist von zehn bzw. einem Jahr eine Steuerpflicht vorsehen. Hierbei ist die Abgrenzung der privaten Vermögensverwaltung zum gewerblichen Grundstückshandel maßgeblich. Die Unterscheidung erfolgt anhand der von der Rechtsprechung entwickelten Drei-Objekt-Grenze.

Im dritten Kapitel wird die Investition in geschlossenen Immobilienfonds und deren Förderung dargestellt. Die Investition in Form des Beitritts zu einem geschlossenen Immobilienfonds wird abgegrenzt von der Investition in offene Immobilienfonds und in Bauherrenmodelle. Außerdem wird anhand der Rechtsformwahl die steuerliche Motivation bei der Wahl dieser Anlageform herausgearbeitet. Es wird begründet, warum sich die rein vermögensverwaltende Personengesellschaft in besonderem Maße als Rechtsform für geschlossene Immobilienfonds eignet. Außerdem wird die grundsätzliche Struktur der rechtlichen Konzeption erläutert und auf die aktuelle Frage des Austritts bzw. der Rückabwicklung von darlehensfinanzierten Beitritten aufgrund von Verbraucherschutzvorschriften eingegangen. Bei der Darstellung der steuerlichen Behandlung der Investition in geschlossene Immobilienfonds werden zunächst die steuerliche Transparenz der Personengesellschaft und die Formen der Zurechnung bei Gewinn- und Überschusseinkünften beschrieben. Dabei werden die Sonderstellung der Personengesellschaft als Einkünfteermittlungssubjekt und die steuerlichen Folgen der Einkünftezurechnung dargestellt. Da den Anlegern die Einkünfte des Fonds aus Vermietung und Verpachtung zugerechnet werden, sind gerade in den ersten Jahren wegen der bei Immobilieninvestitionen typischerweise hohen Anlaufverluste und verstärkt durch besondere Abschreibungsmöglichkeiten hohe Verlustzuweisungen an die Anleger möglich.

1. Kapitel: Investitionen und Subventionen

Die Förderung von Investitionen in Form der Subventionsgewährung macht einen beachtlichen Teil der staatlichen Wirtschaftslenkung aus und staatliche Interventionen im Bereich der Wirtschafts- und insbesondere der Investitionslenkung haben eine lange Tradition. Die Gewährung von Subventionen spielt als Mittel der Investitionslenkung seit geraumer Zeit eine herausragende Rolle. Zu unterscheiden sind die Gewährung direkter Subventionen in Form von geldwerten Transferleistungen des Staates und die Gewährung indirekter Subventionen in Gestalt von Steuervergünstigungen für bestimmte Investitionen. Gerade die Gewährung indirekter Subventionen in Form von steuerlichen Lenkungsnormen gerät jedoch zunehmend in die Kritik. Die Subventionsgewährung mit Mitteln des Steuerrechts steht in einem Spannungsverhältnis zum Leistungsfähigkeitsprinzip und führt zu Zweifelsfragen insbesondere hinsichtlich des verfassungsrechtlich verbürgten Rechtsstaatsprinzips. Darüber hinaus hat sie zahlreiche andere Folgewirkungen, die sie gegenüber der Subventionierung in Form der Direktsubvention als nicht vorzugswürdig erscheinen lassen.

A. Investitionen – Ziel staatlicher Wirtschaftslenkung

Investitionen haben in einer Volkswirtschaft ganz entscheidende Bedeutung für den Wirtschaftsablauf. Vor allem werden durch Investitionen der Wachstumsprozess, die Konjunkturentwicklung und das Bruttosozialprodukt einer Wirtschaft wesentlich beeinflusst. Die Veränderung des Bruttosozialprodukts durch Investitionen führt zu einem Beschäftigungs- und Einkommenseffekt und hat auch Auswirkungen auf die Umverteilung des Volkseinkommens. Darüber hinaus ist ein Kapazitätseffekt festzustellen: Investitionen erhöhen die Produktionskapazität einer Volkswirtschaft[4]. Auch und vor allem wegen der Bedeutung von Investitionen für den Konjunkturverlauf steht die Frage der Lenkung von Investitionen regelmäßig im Mittelpunkt wirtschaftspolitischen Interesses.

I. Investition als wirtschaftlicher Begriff

Der Begriff der Investition ist wegen seiner wirtschaftlichen Bedeutung primär durch die Wirtschaftswissenschaften geprägt worden. Die Begriffsbestimmung durch die Betriebswirtschaftslehre und durch die Volkswirtschaftslehre ist we-

---

[4] Vgl. *Kromphardt*, in: Albers u.a., Handwörterbuch der Wirtschaftswissenschaft, Bd. IV, S. 250 ff.

gen des unterschiedlichen Ansatzpunktes nicht einheitlich. Während die Betriebswirtschaft ihre Betrachtung auf die Wirkung von Verhaltensweisen der einzelnen Wirtschaftssubjekte fokussiert, betrachtet die Volkswirtschaftslehre die gesamtwirtschaftliche Wirkung von wirtschaftlichen Maßnahmen.

1. Betriebswirtschaftliche Investitionsbegriffe

In der Betriebswirtschaftslehre vorherrschend ist der zahlungsorientierte Investitionsbegriff. Danach ist Investition jede Handlung, die einen längerfristigen Zahlungsstrom auslöst, der mit einer Auszahlung beginnt, auf die zu späteren Zeitpunkten Einzahlungen und ggf. weitere Auszahlungen (in Form von Folgekosten) folgen[5]. Der zahlungsorientierte Investitionsbegriff umfasst keine Investitionen, die in Erwartung eines nicht zahlungswirksamen Nutzens getätigt werden. Solche Investitionen sind beispielsweise unternehmerische Nicht-Renditeinvestitionen oder öffentliche Investitionen. Diese werden vom wirkungsorientierten Investitionsbegriff erfasst. Danach ist die Investition eine Handlung, die einen (längerfristigen) Zahlungsstrom auslöst, der mit einer Auszahlung beginnt, auf die zu späteren Zeitpunkten Einzahlungen und/oder nicht zahlungswirksame Nutzen sowie gegebenenfalls weitere Auszahlungen und/oder nicht zahlungswirksame Kosten folgen[6]. Im Gegensatz zu den beiden vorgenannten Begriffen bezieht sich der vermögensorientierte Investitionsbegriff vor allem auf die Art des Vermögens, in das investiert wird. Danach ist Investition die längerfristige Festlegung finanzieller Mittel im Sachanlagevermögen, im Anlagevermögen oder im Anlage- und Umlaufvermögen.

2. Volkswirtschaftlicher Investitionsbegriff

Aus volkswirtschaftlicher Sicht bedeutet Investition den Verzicht auf Güter für den Konsum in der gegenwärtigen Periode, um in künftigen Perioden Güter verbrauchen zu können. Der volkswirtschaftliche Investitionsbegriff erfasst daher die Verwendung von Gütern zur Erhaltung, Erweiterung oder Verbesserung des Produktionsapparats einer Volkswirtschaft[7]. Investition ist der wertmäßige Zugang an Bauwerken, Ausrüstungen und Lagerbeständen im Unternehmenssektor einer Volkswirtschaft.

---

[5] Vgl. *Lüder*, in: Dichtl/Issing, Vahlens Großes Wirtschaftslexikon, S. 918.
[6] Vgl. *Lüder*, in: Dichtl/Issing, Vahlens Großes Wirtschaftslexikon, S. 918.
[7] Vgl. *Kromphardt,* in: Albers u.a., Handwörterbuch der Wirtschaftswissenschaft, Bd. IV, S. 246 f.

Sowohl die betriebswirtschaftlichen als auch die volkswirtschaftlichen Bestimmungen des Investitionsbegriffs erfassen die Investitionen, auf die sich die vorliegende Arbeit bezieht. Es handelt sich dabei insbesondere um Vermögensanlagen von natürlichen Personen, die zum einen den Erhalt des Werts der Anlage sichern und zum anderen mit der Anlage eine Rendite durch laufende Erträge und/oder Wertzuwächse erzielen wollen. Exemplarisch werden im Rahmen der vorliegenden Arbeit Investitionen in Form von Geldanlagen in Immobilien in indirekter Form (durch Beteiligung an einer Gesellschaft: geschlossene Immobilienfonds) und direkter Form (durch direkten Kauf der Immobilie) beschrieben. Solche Vermögensanlagen fallen sowohl unter die betriebs- als auch unter die volkswirtschaftlichen Investitionsbegriffe[8]. Es ist daher an dieser Stelle nicht erforderlich, eine Abgrenzung zwischen den wirtschaftswissenschaftlichen Investitionstheorien zum Zweck der Einordnung der Anlageformen vorzunehmen.

II. Lenkung von Investitionen

Die Lenkung von Investitionen durch den Staat hat sich im Lauf der zurückliegenden Jahrhunderte entwickelt. Im Folgenden wird ein kurzer Abriss über die ideengeschichtlichen Grundlagen der Investitionslenkung gegeben. Im Anschluss werden die Zwecke staatlicher Wirtschaftsinterventionen dargestellt.

1. Ideengeschichtliche Grundlagen der Investitionslenkung

Erste Ansätze zu staatlichen Wirtschaftsinterventionen finden sich bereits im merkantilistischen Zeitalter[9]. Im Liberalismus wurde dagegen eine staatliche Intervention im Bereich des Wirtschaftslebens generell abgelehnt. Erst als sich die Einkommensumverteilung durchsetzte, nahm man die sozialpolitische Bedeutung der Besteuerung wahr. Die Rolle in der Konjunkturpolitik ist immer noch umstritten. Während die Anhänger *Keynes*\` eine nachfrageorientierte Konjunkturpolitik befürworten, wird von den Vertretern der neoklassischen Theorie eine angebotsorientierte Konjunkturpolitik propagiert. Einen eigenen Weg geht die Wohlfahrtstheorie, die staatliche Interventionen zur Vermeidung sog. negativer externer Effekte vorsieht.

---

[8] Vgl. *Kromphardt,* in: Albers u.a., Handwörterbuch der Wirtschaftswissenschaft, Bd. IV, S. 246 ff.

[9] Vgl. *Söllner*, Die Geschichte des ökonomischen Denkens, S. 10 ff.

a) Merkantilismus

Eine frühe Form der staatlichen Intervention in wirtschaftliche Abläufe existierte bereits in der Zeit des Merkantilismus, der sich v.a. ab etwa 1660 in der Epoche des fürstlichen Absolutismus entwickelte. Kennzeichen dieser Zeit ist der Übergang vom mittelalterlichen Herrschafts- und Wirtschaftssystem zu einem durch Handel und Gewerbe geprägten, volkswirtschaftlichen System, in dem auch der Adel anfing, sich wirtschaftlich zu betätigen. Infolge des Merkantilismus wurde die staatliche Wirtschaftskraft gestärkt, was den Erwerb und Erhalt von politischer und militärischer Macht gewährleistete[10].

Die Wirtschaftspolitik des Merkantilismus war stark auf die Förderung der Angebotsseite ausgerichtet. Vornehmlich Gewerbe und Produktion wurden in dieser Periode überdurchschnittlich gefördert, zahlreiche staatliche Manufakturen gebildet. Die Manufakturen waren eine neue, sehr produktive Unternehmensform und hatten ein Produktionsprogramm, das sich v.a. auch für den als wohlstandsfördernd angesehenen Export eignete. Durch Stärkung dieser Form der Eigenproduktion und Abschottung der Binnenmärkte wurde versucht, eine aktive Handelsbilanz zu schaffen, welche als die eigentliche Quelle des nationalen Wohlstands betrachtet wurde[11]. Dadurch sollte der Ankauf von Edelmetallen ermöglicht werden, die in den führenden Nationen der damaligen Zeit nicht oder kaum vorkamen[12]. Die Förderung des Exports und die Eindämmung von Importen wurden vor allem durch protektionistische Zölle und Steuern auf importierte Waren gewährleistet. Insofern hatte sich schon in der Zeit des Merkantilismus eine staatliche Wirtschaftslenkung durch Steuerintervention etabliert. Erst durch die liberalistischen Ideen des 18. Jahrhunderts wurde diese Art der Lenkung gesamtwirtschaftlicher Vorgänge in Frage gestellt und zumindest teilweise zurückgedrängt.

---

[10] Vgl. *Mieck*, Handbuch der europäischen Wirtschafts- und Sozialgeschichte, Bd. 4, S. 579 f. Eine wesentliche Ursache der Einführung des Systems der staatlichen Wirtschaftslenkung bestand auch in der Notwendigkeit, den Staat mit genügend Finanzmitteln auszustatten, um den enormen Geldbedarf der absolutistischen Fürsten zu decken. Die Zeit des Merkantilismus war geprägt von dem Bedürfnis des Staates durch die Wirtschaftspolitik eine maximale Ergiebigkeit der Wirtschaft für die Staatskasse zu schaffen, vgl. *Söllner*, Die Geschichte des ökonomischen Denkens, S. 10 f.

[11] Vgl. *Elze/Repgen*, Studienbuch Geschichte, S. 170.

[12] Vgl. *Söllner*, Die Geschichte des ökonomischen Denkens, S. 12, der darauf hinweist, dass der Ankauf von Edelmetallen auch nicht als Selbstzweck gesehen wurde, sondern dass die damit verbundene Expansion der Geldmenge als das eigentliche Ziel angesehen wurde.

b) Liberalismus

Die Strömung des politischen und wirtschaftlichen Liberalismus und der sog. klassischen Nationalökonomie, die v.a. im England des 18. Jahrhunderts ihren Ausgang nahm, lehnte Interventionen des Staates ab, durch die in das Wirtschaftsgeschehen eingegriffen wird. *Adam Smith's* Theorie der „unsichtbaren Hand" bildete die theoretische Grundlage der liberalistischen Wirtschaftspolitik. Danach soll sich ein Marktgleichgewicht einstellen, wenn dem Egoismus der Marktakteure freier Lauf gelassen wird[13]. Die Liberalisten vertraten die Meinung, durch eine Politik des Laissez-faire sei ein Maximum an öffentlichem Wohl zu erreichen. So verwundert nicht, dass der Eingriff in den Marktmechanismus mit Hilfe von Steuern ebenfalls als Eingriff in den sich selbst regulierenden Markt und somit als Störung des dort herrschenden Gleichgewichts abgelehnt wurde[14]. Der Staat dürfe zwar für sich und die Erfüllung seiner Aufgaben (v.a. der Schutz der Bürger und des Landes) Finanzkraft abschöpfen, müsse dies jedoch in so neutraler Weise tun, dass dabei der Markt nicht gestört und in die gesellschaftlichen Verhältnisse nicht regulierend eingegriffen werde. Letztlich sollte durch die Steuern allein der Bedarf des Staates gedeckt werden und diese nicht zu Lenkungszwecken gebraucht (oder aus Sicht *Smiths*: missbraucht) werden. Denn der regulierende Eingriff führe nicht zu mehr Wirtschaftswachstum; die Möglichkeiten dazu seien in der Gesellschaft selbst vorhanden und eine Steigerung darüber hinaus nicht möglich. Der Staat kann nach liberalistischer Auffassung das Wachstum lediglich in eine bestimmte Richtung drängen, wobei stets ungewiss ist, ob dies zu einem besseren Ergebnis führt als das unbeeinflusste, vom Wettbewerb bestimmte Handeln der Marktteilnehmer[15].

c) Umverteilung

Erst Mitte des 19. Jahrhunderts wurde ein über den rein staatsfinanziellen Sinn der Steuern hinausgehender Zweck erkannt. Neben einer Steuer im finanzpolitischen Sinne, erkannte *Adolph Wagner* eine Steuer „im socialpolitischen Sinne". Die Steuer in dem so verstandenen Sinne dient allein oder zugleich dem Zweck, „in die auf Grund der Rechts- und Wirthschaftsordnung erfolgte und erfolgende Vertheilung des Volkseinkommens und Volksvermögens unter den Einzelnen und eventuell weiter in die Verwendung des Einzeleinkommens und Vermögens

---

[13] Allerdings sah schon *Smith* die Notwendigkeit von Moral- und Gewissensgrenzen im freien Wettbewerb, vgl. *Söllner*, Die Geschichte des ökonomischen Denkens, S. 29.

[14] Die gegenseitige Nutzung der jeweils eigenen Interessen der Vertragspartner wurde als ein sich selbst regulierendes Zusammenspiel gesehen, das zum größten Nutzen aller führe.

[15] Vgl. *Elze/Repgen*, Studienbuch Geschichte, S. 240 f.

regulierend und verändernd einzugreifen“[16]. Nach der Theorie *Wagners* sollte durch eine neu zu gestaltende Einkommensteuer die vorhandene „Einkommensdistribution“ durch eine „Einkommensredistribution“[17] umverteilt werden. Die Forderungen Wagners, die ihm den Titel „Kathedersozialist“ einbrachten[18], stellt – durch die sozialpolitische Instrumentalisierung der Steuer – einen klaren Bruch mit der liberalistischen Tradition des Laissez-faire dar[19]. Insbesondere das Ziel einer Angleichung der gesellschaftlichen Verhältnisse durch Einkommensumverteilung steht im Widerspruch zur wirtschaftsliberalen Theorie, die den Motor jedes Wirtschaftsaufschwungs im Egoismus des Einzelnen und dem Streben nach dem eigenen wirtschaftlichen Vorteil erkennt. Die Erkenntnis, dass die Steuer nicht allein einen rein fiskalischen Zweck hat, sondern darüber hinaus auch noch zur Erreichung von anderweitigen Zielen eingesetzt werden kann, ist bei objektiver Sicht, wie immer man speziell zum Umverteilungsgedanken von *Wagner* stehen mag, ein bedeutender Schritt für die Steuerrechtswissenschaft. Steuern sind nicht nur im Hinblick auf die Umverteilung, sondern auch als Lenkungssteuern mehrfach-funktional. Neben der Staatsfinanzierung leisten sie auch und vor allem einen ganz erheblichen Beitrag zur materiellen Verwaltung des Staates[20].

d) Die keynesianische Konjunkturtheorie

Durch den Liberalismus begünstigt, kam es ab der Wende zum 20. Jahrhundert zu starken Konzentrationsbewegungen in Industrie und Handel. Die Betriebe einer Branche schlossen sich zu marktbeherrschenden Verbänden zusammen. Die Bildung von Kartellen hatte bereits vor Ausbruch des Ersten Weltkriegs begonnen und wurde nach dessen Ende durch die Ausweitung des Tätigkeitsfelds auf den internationalen Bereich noch verstärkt. Das freie Spiel der wirtschaftlichen Kräfte drohte bei weiterem Laissez-faire durch die Ausbildung einiger weniger den Markt beherrschender Industriegiganten sein Ende zu finden[21]. Diese bislang ungekannte Konzentration wirtschaftlicher Macht wurde

---

[16] Siehe *Wagner*, Finanzwissenschaft 2. Teil, S. 204 ff. Neben dem Zweck der reinen Einkünfteerzielung wies Wagner der Finanz- und Steuerpolitik damit auch die Aufgabe zu, die gegebenen gesellschaftlichen Verhältnisse anzugleichen. Dem vorherigen durch die wirtschaftsliberalen Ansichten geprägten monistischen Steuerbegriff wurde damit eine dualistische Auffassung entgegengesetzt.

[17] Siehe *Wagner*, Finanzwissenschaft 2. Teil, S. 204 ff.

[18] Siehe *Jakob*, FS Offerhaus, S. 69.

[19] Vgl. *Jakob*, FS Offerhaus, S. 69.

[20] Zur Kritik an dieser Funktion bzw. der Überhandnahme staatlicher Lenkung mit Hilfe des Steuerrechts vergleiche im Einzelnen S. 88 ff.

[21] Z.B. beherrschte der schwedische Industrielle *Ivar Kreuger* mit dem Betrieb von 150 Fabri-

dann jedoch durch die Weltwirtschaftskrise von 1929 gebremst. Viele sahen darin das Ende des Kapitalismus. In Wirklichkeit wurde er dadurch zumindest stark verändert. Der englische Wirtschaftswissenschaftler *John Maynard Keynes* hatte bereits 1926 in einem Essay das Ende des Laissez-Faire vorausgesagt[22]. Er bezweifelte, dass sich bei freier Konkurrenz das Preis-, Lohn- und Zinsniveau so einstellten, dass Vollbeschäftigung entstehe[23]. Er nahm vielmehr an, es bestehe eine Tendenz zum Gleichgewicht bei Unterbeschäftigung, dem es entgegenzuwirken gelte. Daher plädierte er für die Ergreifung staatlicher Maßnahmen zur Bekämpfung der Deflation und zur Sicherung der Beschäftigung. Gerade in wirtschaftlichen Schwächephasen müsse der Staat – notfalls schuldenfinanziert – Investitionen tätigen, um durch diese künstliche Nachfrage das Marktgleichgewicht wieder herzustellen und das Ziel der Vollbeschäftigung zu erreichen[24]. In Zeiten des Booms könnten die Schulden dann wieder getilgt werden.

e) Neoklassische Theorie

Im Gegensatz zur dirigistischen Theorie *Keynes*, die auf einer nachfrageorientierten Investitionspolitik aufbaut, basiert die neoklassische (auch monetaristisch genannte) Theorie der Chicagoer Schule um *Milton Friedman* auf einer angebotsorientierten Wirtschaftspolitik (supply-side-policy). Die von Keynes ausgemachte Instabilität des privaten Sektors wird von den Vertretern der neoklassischen Theorie bestritten. Nach ihrer Ansicht führt ein funktionsfähiger Marktmechanismus zu optimaler Koordination der Wirtschaftssubjekte und zu einem permanenten Trend zur Vollbeschäftigung, wohingegen Störungen des Wirtschaftsablaufs primär durch den öffentlichen Sektor erfolgen[25]. Entsprechend der These der Selbststabilisierung des privaten Sektors resultieren Ungleichgewichte auf den Märkten vorrangig aus Behinderungen der Marktmechanismen und staatlichen Eingriffen.

---

ken in 42 Ländern 80% des Zündholzmarktes, vgl. *Elze/Repgen*, Studienbuch Geschichte, S. 515.

[22] Vgl. *Keynes*, The End of Laissez-faire, 1926

[23] Vgl. *Peters*, Wirtschaftspolitik, S. 203.

[24] Vgl. *Luckenbach*, Theoretische Grundlagen der Wirtschaftspolitik, S. 245 f. Die Stabilitätsziele lassen sich nach Ansicht *Keynes* durch antizyklische Maßnahmen sowohl über die Fiskalpolitik als auch über die Geldpolitik des Staates erreichen.

[25] Insbesondere führen nach der neoklassischen Theorie staatliche Eingriffe auf der Nachfrageseite zu Störungen des wirtschaftlichen Kreislaufs, vgl. *Peters*, Wirtschaftspolitik, S. 210.

Die Folgerung der Monetaristen aus ihren theoretischen Überlegungen ist, dass die Anregung volkswirtschaftlicher Aktivität vornehmlich durch Impulse der Geldpolitik der Staaten erfolgen kann, nicht jedoch durch fiskalische Maßnahmen[26]. Zudem gelte es durch Abbau institutioneller Hemmnisse und überflüssiger Regulierungen die Funktionsfähigkeit des Marktmechanismus zu verbessern. Deregulierung, Förderung der Anpassungsflexibilität der Wirtschaftssubjekte an Marktveränderungen und Strukturwandel sind die Methoden der monetaristischen Theorie. Ebenso charakteristisch für den Monetarismus ist die Ablehnung von staatlicher Konjunkturpolitik auf der Nachfrageseite mit jeglichen Mitteln, insbesondere mit Hilfe des Steuerrechts[27].

f) Wohlfahrtstheorie und sog. negative externe Effekte

Die moderne Finanz- und Steuerpolitik orientiert sich zunehmend an der Wohlfahrtstheorie, deren Hauptvertreter *Arthur C. Pigou* und *Alfred Marshall* sind. Die Wohlfahrtstheorie basiert wesentlich auf der Entdeckung der sog. (negativen) externen Effekte. Externe Effekte verhindern ein Marktgleichgewicht und bewirken, dass der Markt keine Maximierung des realen Volkseinkommens gewährleisten kann. Bei den externen Effekten handelt es sich um Auswirkungen und daraus entstehende Kosten, die im Marktgeschehen nicht in den individuellen Preismechanismus zwischen zwei Wirtschaftssubjekten eingreifen, sondern sich bei Dritten als Kostenfaktor niederschlagen[28]. Als Beispiel für einen negativen externen Effekt verwendete *Pigou* den Funkenflug bei Dampflokomotiven durch den der Preis zwischen Bahngesellschaft und Fahrgast nicht beeinträchtigt wird, dem Bauer, dessen Feld dadurch abbrennt, aber Kosten durch Ernteausfälle etc. entstehen[29]. Moderne Beispiele für negative externe Effekte sind Umwelt- und Gesundheitsbeeinträchtigungen durch Industrieemissionen.

Beim Vorliegen negativer externer Effekte sind nach der Wohlfahrtstheorie staatliche Interventionen notwendig, um einen Ausgleich der sozialen Wertgrenzprodukte herzustellen[30]. Insbesondere können Abgabenbelastungen in Form von Steuern dazu beitragen, dem Verursacher der Effekte die entstehenden Folgekosten anzulasten. Auf diese Weise kann indirekt auf das Verhalten der Verursacher eingewirkt werden, um negative externe Effekte zu minimieren

---

[26] Vgl. *Schiller*, Volkswirtschaftslehre, S. 181.
[27] Vgl. *Jakob*, FS Offerhaus, S. 70.
[28] Vgl. *Jakob*, FS Offerhaus, S. 80.
[29] Vgl. *Pigou*, Economics of Welfare, S. 159.
[30] Der Ausgleich der sozialen Wertgrenzprodukte soll das Volkseinkommen maximieren, vgl. *Pigou*, Economics of Welfare, S. 149 ff.

bzw. zumindest die Kosten dafür umzulegen. Bei positiven externen Effekten (z.B. die Nutzensteigerung für Spaziergänger beim Anblick einer gepflegten Landschaft) sind dagegen Subventionen ein Mittel, um ihren Verursachern den zusätzlichen Nutzen zu entgelten und so das erwünschte Verhalten zu fördern[31]. So können z.B. Landwirtschafts-Subventionen mit dem Beitrag der Landwirte zur Landschaftspflege gerechtfertigt werden, von der die gesamte Gesellschaft profitiert. Dem Staat kommt bezüglich der externen Effekte eine wichtige Rolle zu, nämlich die Kontrolle „des Spiels der wirtschaftlichen Kräfte in solcher Weise, dass die ökonomische Wohlfahrt gefördert wird"[32]. Durch Lenkungseingriffe des Staates können externe Effekte in das Marktsystem internalisiert werden. So ist gewährleistet, dass bei Entscheidungen über den Einsatz von Ressourcen auch die bei Dritten anfallenden Kosten und deren Nutzen kalkulatorisch berücksichtigt werden. Gelingt die Internalisierung in die Wirtschaftsrechnung der jeweiligen Wirtschaftssubjekte nicht, so werden die Produktionsfaktoren in der Volkswirtschaft fehlgesteuert[33]. Ohne eine konsequente Anwendung des Verursacherprinzips zum Beispiel bei Umweltschutzkosten werden diese als sog. „social costs" der Allgemeinheit aufgebürdet und die umweltschädigenden Produzenten haben kaum Anreiz sich umweltschonend zu verhalten.

2. *Kategorisierung der Interventionszwecke*

Im Rahmen einer Kategorisierung der historischen Entwicklung staatlicher Wirtschaftslenkung nach dem Zweck der Intervention, können vier Bereiche voneinander abgegrenzt werden, die Außenwirtschaft, die Umverteilung, die Konjunkturpolitik und die Wirtschaftsordnung[34]. Ihre Entwicklung und Gewichtung in der Finanz- und Steuerpolitik hat sich im Laufe der Zeit verändert, da die Anschauungen bezüglich der Interventionszwecke und der Wirkungsmechanismen sich ständig im Fluss befunden haben und befinden.

a) Außenwirtschaft

Die Bedeutung außenwirtschaftlicher Wirtschaftslenkung ist im Zeitalter der Vereinigung Europas und dem Wegfall von Zöllen von schwindender Bedeu-

---

[31] Vgl. *Pigou*, Economics of Welfare, S. 129.

[32] „play of economic forces in such wise as to promote economic welfare" siehe *Pigou*, Economics of Welfare, S. 113, eigene Übersetzung.

[33] Vgl. *Peters*, Wirtschaftssystemtheorie und Allgemeine Ordnungspolitik, S. 10 f.

[34] Vgl. *Pohmer*, DStZ 1993, 571 (584).

tung. Der lenkende Einsatz der Besteuerung in der Außenhandelspolitik ist seit jeher umstritten. Sogar im Zeitalter des Liberalismus war das Ideal des Freihandels nicht unumstritten. So wurde z.B. das durch ein protektionistisches Handelssystem rückständige England zu Beginn des 19. Jahrhunderts zur Modernisierung seiner Handelsgesetze und damit zur Abschaffung seines einseitig die eigenen Exporte begünstigenden Handelssystems lediglich durch den Reformdruck durch das einem Freihandel sehr nahe kommende, preußische Zollgesetz von 1818 gezwungen[35]. Auf der Seite der Freihandelsbefürworter stand u.a. Friedrich List, der einen differenzierenden Standpunkt einnahm[36]. Er rechtfertigte Zölle lediglich für das frühindustrielle Stadium einer Volkswirtschaft. In den übrigen Stufen der Wirtschaftsentwicklung sei es dagegen nicht sinnvoll sie zu erheben. Dem ist nach wie vor zuzustimmen. In jedem Fall gibt es in Deutschland und auch in Europa keinen Anlass für außenwirtschaftlichen Protektionismus v.a. auch angesichts einer stets aktiven Handelsbilanz[37].

b) Umverteilung

Die Angleichung der unterschiedlichen gesellschaftlichen Verhältnisse aneinander, die *Wagner* durch Steuern „im socialpolitischen Sinne" erreichen wollte, wird teilweise heute noch als Ziel staatlicher Finanz- und Wirtschaftspolitik gesehen. Der Eingriff in die Einkommensverteilung und -verwendung wird als Mittel zur Erreichung des Ziels einer Einkommensredistribution gebilligt. Der Grund für das Prinzip der Umverteilung liegt nicht so sehr in einem volkswirtschaftlichen Nutzen, sondern in Erwägungen ethisch-sozialer Gerechtigkeit, die seine Aufstellung und Anwendung bestimmen[38]. Nur unter bestimmten gesamtwirtschaftlichen Bedingungen hat die Umverteilung auch einen positiven volkswirtschaftlichen Effekt[39]. Grundsätzlich besteht jedoch ein Spannungsverhältnis zwischen der Umverteilung und der Erhöhung des Wertschöpfungsprozesses in einer Volkswirtschaft; denn Leistungsbereitschaft und Kapitalbildung nehmen ab, je egalitärer die Einkommensverteilung gestaltet wird[40]. Vorrangig sind es also Gerechtigkeitserwägungen, die die primäre Distribution und Konzentration von Einkommen und Vermögen als nicht wünschenswert erscheinen

---

[35] Durch das preußische Zollgesetz von 1818 wurden sämtliche Binnenzölle abgeschafft, aber auch Prohibitivzölle und Einfuhrverbote auf ausländische Rohstoffe mit wenigen Ausnahmen aufgehoben, vgl. *Lütge*, Deutsche Sozial- und Wirtschaftsgeschichte, S. 464.
[36] Vgl. *List*, Das natürliche System der Politischen Ökonomie, Kap. XXVI.
[37] So auch *Pohmer*, DStZ 1993, 577 (581)
[38] Vgl. *Neumark*, Steuerpolitik, S. 187 f.
[39] Vgl. *Neumark*, Steuerpolitik, S. 187 f.
[40] Vgl. *Pohmer*, Wirtschaftswachstum und Einkommensverteilung, in: Ch. Seidl (Hrsg.), Steuern, Steuerreform und Einkommensverteilung, S. 17 ff.

lassen und zu der Forderung nach einer Redistribution auf zweiter Ebene führen. Die Entscheidung darüber ist eine politische, keine wirtschaftliche, wenngleich beachtet werden muss, dass es nicht nur eine Kapitalflucht, sondern auch eine personelle Flucht in weniger dirigistisches Ausland gibt, wenn die Umverteilungstendenzen in einem Land zu hoch sind[41].

c) Konjunktur

Die Konjunkturtheorie *Keynes*` hatte auch Auswirkungen auf die deutsche Konjunkturpolitik und beeinflusste das Gesetz zur Förderung der Stabilität und des Wachstums der Wirtschaft der Großen Koalition von 1967 wesentlich[42]. Damit wurde u.a. die Steuer als Instrument der Konjunkturpolitik zur aktiven und antizyklischen Förderung von Konjunktur und Beschäftigung in Deutschland gesetzlich etabliert[43]. Angesichts der berechtigten Kritik und der negativen Erfahrungen, die damit gemacht wurden, ist die nachfrageorientierte Konjunkturpolitik nicht mehr zeitgemäß.

Die Verwendung der Steuer zur Steuerung der Konjunktur stieß zunehmend auf Kritik, als sich zeigte, dass ihre Anwendung z.B. in der Öl- und Wirtschaftskrise von 1973 ohne Erfolg blieb. Zwar brachte die Steigerung der Staatsausgaben in Zeiten konjunktureller Schwäche meist einen Wirtschaftsaufschwung zustande, jedoch war dieser nur von kurzer Dauer. Gleichzeitig stiegen aber Inflationsrate und Staatsverschuldung an und es blieb zudem ein Sockel an Arbeitslosigkeit bestehen. Das keynesianische Konzept wurde unter drei wesentlichen Gesichtspunkten kritisiert. Erfahrungsgemäß beansprucht die Ausarbeitung und politische Durchsetzung eines Konjunkturprogramms so viel Zeit, dass die Wirkung erst einsetzt, wenn die Wirtschaft das Konjunkturtief bereits durchschritten hat und bereits wieder im Aufschwung begriffen ist (time-lag)[44]. Durch dieses time-lag wirkt das Konjunkturprogramm dann nicht – wie beabsichtigt – antizyklisch sondern prozyklisch[45]. Zudem kann die erhöhte staatliche Nachfrage zur Verdrängung der privaten Nachfrage führen. Ein solcher crowding-out-Effekt tritt v.a. dann ein, wenn die Erhöhung der staatlichen Nachfrage durch Steuererhöhungen finanziert wird und dem privaten Sektor auf diese Weise Kaufkraft entzogen wird. Der gleiche Effekt tritt aber auch ein, wenn die Staatsausgaben kreditfinanziert werden und dadurch die Kreditzinsen am Kapi-

---

[41] Vgl. *Pohmer*, DStZ 1993, 571 (586)
[42] So *Schiller*, Volkswirtschaftslehre, S. 164 f.
[43] Vgl. dazu *Schiller*, Volkswirtschaftslehre, S. 166 ff.
[44] Vgl. zu der Problematik *Peters*, Wirtschaftspolitik, S. 208ff.
[45] Vgl. *Peters*, Wirtschaftspolitik, S. 208 ff.

talmarkt steigen, da auch so private Investitionen erschwert werden. Die konjunkturbedingte Knappheit auch der Liquidität des Staates durch verminderte Steuereinnahmen führt häufig zu sachlich und zeitlich zu knapp bemessenen Maßnahmen, die lediglich eine kurze künstliche Belebung verursachen, aber keinen nachhaltigen Aufschwung bewirken[46]. Die Impulse müssen eine Intensität haben, dass sie einen sich selbst verstärkenden Aufschwung bewirken. Dabei muss aber berücksichtigt werden, dass eine erwartete staatliche Konjunkturanregung bis zur Entschließung eines Gesetzes zunächst einen gegenteiligen Effekt hat. Der private Sektor wird bei Erwartung von Investitionsanreizen die Investitionen so lange zurückhalten, bis Klarheit über deren Voraussetzungen herrscht. Zudem kommt es zu Mitnahmeeffekten ohne zusätzliche Investitionsimpulse bei Investitionen, die auch ohne Anreiz getätigt worden wären. Eine weitere Problematik bei der schuldenfinanzierten Konjunkturbelebung ist die erfahrungsgemäß unzureichende Schuldenrückführung in Boomzeiten und das versäumte Bilden einer Konjunkturausgleichsrücklage. In der nächsten Schwächeperiode werden dann zusätzlich Schulden gemacht und eine Schuldenspirale mit hohen Zinsbelastungen entsteht, wodurch sich dauerhaft leistungsmindernde, hohe Steuerlasten entwickeln.

d) Wirtschaftsordnung und Wirtschaftspolitik

Die Instrumentalisierung der Investitionslenkung für die Zwecke der Konjunkturpolitik ist nur ein Aspekt der tatsächlichen Förderungspraxis in der modernen Wirtschafts- und Finanzpolitik. Hinzu kommt die wirtschaftspolitische Komponente der Investitionsförderung, wobei insbesondere die Abstimmung des Steuersystems auf die politisch gewünschte Wirtschaftsordnung eine erhebliche Rolle spielt. So nimmt die Förderung einzelner Wirtschaftszweige aus verschiedenen politischen Gründen neben der Konjunkturförderung einen großen Stellenwert ein. Zahlreiche Interessenvertretungen sind vor allem damit beschäftigt, möglichst große staatliche Förderungen für die von ihnen vertretenen Wirtschaftszweige zu erreichen, wobei vor allem steuerliche Privilegien eine häufig beanspruchte Form der Förderung sind[47]. Der steuerlichen Investitionsförderung im Bereich der Immobilienwirtschaft kommt dabei besondere Bedeutung zu, da sie den Großteil der staatlichen Subventionen ausmacht.

Der Staat ist nicht nur Hüter der marktwirtschaftlichen Ordnung, er ist zugleich auch Störer derselben, indem er z.B. zu privaten Haushalten und zu Unterneh-

---

[46] Dieser Effekt bei Einsatz staatlicher Konjunkturprogramme wird auch als Strohfeuereffekt bezeichnet, vgl. *Peters*, Wirtschaftspolitik, S. 208 ff.

[47] Vgl. zur Kritik daran S. 102 ff.

men Wirtschaftsbeziehungen eigener Art unterhält, die dem marktwirtschaftlichen System des unmittelbaren Leistungsaustausches zuwiderlaufen. Für den Erhalt der Funktionsfähigkeit der Wirtschaftsordnung ist es notwendig, diese Beziehungen so zu gestalten, dass die Privatinitiative möglichst wenig beeinflusst wird[48]. Die Neutralität der Besteuerung sollte ein wesentliches Ziel jeder Steuerpolitik sein, da nur so allokative Verzerrungen vermieden werden[49]. Da vollkommene Neutralität nicht möglich ist, sollte der Eingriff in die privaten Wirtschaftsabläufe möglichst gering gehalten werden. Allerdings können Steuern auch einen Beitrag für die Verbesserung der Funktionsfähigkeit der Wirtschaftsordnung durch Internalisierung von negativen externen Effekte leisten[50]. Durch Steuerauflagen kann versucht werden diese Effekte, die bei am Leistungsaustausch unbeteiligten Dritten entstehen, auf die Verursacher umzulegen, um sie zu einer Einbeziehung der dafür anfallenden Kosten in ihre Preisberechnung zu bewegen und die Abwälzung auf die Allgemeinheit zu verhindern[51]. Ein Beispiel dafür bildet die Besteuerung von Treibstoffen, die verbrauchsabhängig ist. Sie belastet infolgedessen diejenigen besonders, die durch hohen Verbrauch die Umwelt mehr verschmutzen (d.h. mehr negative externe Effekte bewirken), als solche mit geringem Verbrauch[52].

B. Investitionslenkung durch Subventionen

Neben der Zins- und Geldmengenpolitik der Nationalbanken und anderen politischen Mitteln sind Subventionen ein wichtiges Instrument der staatlichen Wirtschaftslenkung. Subventionen lassen sich anhand der Art und Weise ihrer Gewährung in zwei Gruppen unterteilen, in Direktsubventionen und steuerliche Lenkungsnormen. Je Form der Gewährung sind die Wirkungen und Folgeprobleme sehr unterschiedlich.

I. Subventionen als Lenkungsmittel

Die Abgrenzung des Begriffs der Subvention ist nicht einheitlich; mehrere wissenschaftliche Disziplinen – darunter vor allem die Wirtschaftswissenschaften

---

[48] Die Schonung der Privatinitiative wird von *Pohmer*, DStZ 1993, 577 (583) treffend mit dem Begriff der passiven Abstimmung des Steuersystems umschrieben.
[49] Vgl. *Kiesewetter*, StuW 1997, 24 sowie die Ausführungen zum volkswirtschaftlichen Ziel der neutralen Besteuerung auf S. 95 f.
[50] Vgl. dazu die S. 48 f.
[51] Vgl. *Schiller*, Volkswirtschaftslehre, S. 49 f.
[52] Diese Steuern werden auch als Pigou-Steuern bezeichnet.

und die Rechtswissenschaft – befassen sich mit Subventionen und betrachten sie unter verschiedenen Gesichtspunkten und aus verschiedenen Blickwinkeln.

1. Bestimmung des Subventionsbegriffs

Wegen der Unterschiedlichkeit des jeweiligen Betrachtungspunkts und Untersuchungsziels besteht kein einheitlicher Subventionsbegriff. Es existieren zahlreiche Definitionen, die auch innerhalb der Disziplinen teils umstritten sind und von denen hier lediglich die hauptsächlichen wirtschaftswissenschaftlichen und die juristischen Begriffsbestimmungen dargestellt werden können. Die Unterschiede bei der Definition des Subventionsbegriffs erklären sich nicht zuletzt aus der Verschiedenheit der Erscheinungsformen von Subventionen.

a) Wirtschaftswissenschaftliche Definitionen

In der wirtschaftswissenschaftlichen Literatur lassen sich zwei Definitionen des Subventionsbegriffs unterscheiden. Beiden ist gemein, dass sie von der öffentlichen Hand als Subventionsgeber ausgehen. Die sehr enge Auffassung ist stark instrumentbezogen und stellt auf Geldzahlungen ab, die von der öffentlichen Hand ohne marktübliche Gegenleistung solchen Unternehmen gewährt werden, die die Vergabevoraussetzungen erfüllen[53]. Diese Auffassung unterscheidet unter dem Oberbegriff „Öffentliche Ausgaben“ Transformationsausgaben (d.h. Ausgaben für Güter und Dienste) und Transferausgaben. Transferausgaben werden ihrerseits nach dem Empfänger unterteilt. Den Transferausgaben an Unternehmen stehen Transferausgaben an private Haushalte sowie Ausgleichszahlungen zwischen öffentlich-rechtlichen Körperschaften und Zahlungen an andere Staaten (z.B. Entwicklungshilfe, Subsidien oder Reparationen) gegenüber. Der Begriff der Subvention umfasst nach dieser Auffassung lediglich Zahlungen an Unternehmen, nicht aber an private Haushalte[54].

Die weite Auffassung ist weniger instrumentbezogen, sondern stellt in erster Linie auf den Eingriff des Staates in den marktwirtschaftlichen Bereich ab, der eine gezielt begünstigende Wirkung hat. So definiert *Shoup* als einer der Verfechter dieser Meinung[55]:

---

[53] Vgl. Brockhaus, Die Enzyklopädie, Bd. 21, S. 330 ff.
[54] Vgl. *Geigant* u.a., Lexikon der Volkswirtschaft, S. 932
[55] Siehe *Shoup*, The Economic Theory of Subsidy Payments, S.18

„(…) a subsidy is defined as the provision of Federal economic assistance, at the expense of others in the economy, to the private sector producers or consumers of a particular good, service or factor of production. The Government receives no equivalent compensation in return, but conditions the assistance on a particular performance by the recipient – a quid pro quo – that has the effect of altering the price or costs of the particular good, service or factor to the subsidy recipient, so as to encourage or discourage the output, supply, or use of these items and the related economic behaviour[56]."

Diese weite Definition schließt ausdrücklich auch staatliche Leistungen an private Haushalte ein, die von der Gegenmeinung als Sozialleistungen angesehen und im Bereich der Sozialpolitik angesiedelt werden[57]. Die Subvention als Teil der Sozialleistungen zu sehen, ist jedoch abzulehnen, da unter finalen Gesichtspunkten ein wesentlicher Unterschied besteht: während Sozialleistungen allein auf die Verbesserung der individuellen Situation des so Geförderten abzielen, zielen Subventionen auf die Veranlassung zu einem Verhalten, das auch im wirtschaftlichen Interesse der Allgemeinheit ist[58]. Die Einbeziehung von Leistungen an private Haushalte wird kritisiert, da sie die Homogenität des zu behandelnden Problems störe und im Hinblick auf die vorherrschende wirtschaftswissenschaftliche Sprachregelung, die nur einseitige Kaufkraftübertragungen an Unternehmen als Subventionen ansieht, nicht zweckmäßig sei[59]. Dagegen ist jedoch einzuwenden, dass keine Notwendigkeit besteht, den Subventionsbegriff künstlich eng zu halten. Zur korrekten Erfassung von Subventionen ist es vielmehr sinnvoll, den Begriff möglichst offen zu halten, um keine verschleierten Subventionen zuzulassen, die nur wegen einer zu engen Begriffsbestimmung nicht unter den Begriff Subvention fallen.

---

[56] eigene Übersetzung: „(…) Subvention wird definiert als eine Maßnahme der bundesstaatlichen wirtschaftlichen Hilfe, auf Kosten anderer im Markt, für Produzenten und Konsumenten auf dem privaten Sektor für bestimmte Güter, Serviceleistungen oder Produktionsfaktoren. Der Staat erhält dafür keine äquivalente Gegenleistung, beherrscht jedoch die Bedingungen für die Hilfen und die Einhaltung von Auflagen durch den Empfänger – a quid pro quo -, die den Effekt haben, die Preise oder Kosten für ein bestimmtes Gut, Serviceleistung oder Faktor für den Empfänger zu verändern und so den Ausstoß, die Versorgung oder den Gebrauch dieser Dinge und das damit verbundene wirtschaftliche Verhalten einzuschränken oder zu fördern."

[57] Vgl. Darstellung in Meyer's Großes Universallexikon, Bd. 13, S. 536 f.

[58] Vgl. *Zacher*, VVDStRl. 25, 308 (317).

[59] Vgl. *Andel,* in: Albers u.a., Handbuch der Wirtschaftswissenschaft, Bd. VII, S. 492.

b) Juristische Definition

Auch im Bereich der Rechtswissenschaft fehlt bislang eine allgemeingültige Legaldefinition des Begriffs der Subvention. § 264 Abs. 7 StGB enthält lediglich eine Definition für den strafrechtlichen Bereich[60]. Sie erfasst nur direkte Zuwendungen und wird durch ihre begriffliche Enge dem strafrechtlichen Zweck gerecht, eine Anwendung über den Bereich des Strafrechts hinaus erscheint gerade wegen der zu engen Definition nicht als sinnvoll[61]. Die beinahe wortgleichen Zuwendungsbegriffe in § 14 HGrG und § 23 BHO stellen ebenfalls keine genaue Begriffsbestimmung dar. Sie erfassen Ausgaben und Verpflichtungsermächtigungen an Stellen außerhalb der Verwaltung zur Erfüllung bestimmter Zwecke unter der Voraussetzung, dass an der Erfüllung des Zwecks ein erhebliches öffentliches Interesse besteht, das ohne die Zuwendung nicht oder nicht im notwendigen Umfang befriedigt werden könnte. Sie machen damit das Prinzip der Subsidiarität zum Leitmotiv öffentlicher Förderung, eine Subventionsdefinition geben sie jedoch nicht. Zudem beziehen sie sich nur auf Direktsubventionen und erfassen nicht indirekt wirkende Steuersubventionen. In § 12 StWG werden die Begriffe Finanzhilfen und Steuervergünstigungen zwar als Untergruppen genannt, aber nicht näher beschrieben.

Eine sehr allgemein gehaltene Bestimmung des Begriffs nimmt das Bundesverwaltungsgericht vor. Es definiert Subventionen als Leistungen der öffentlichen Hand, die zur Erreichung eines bestimmten, im öffentlichen Interesse liegenden Zwecks gewährt werden[62].

In der Literatur wird das Fehlen einer gesetzlichen Subventionsdefinition durch zahlreiche Definitionsversuche zu kompensieren versucht, jedoch ohne dabei eine einheitliche Begriffsbestimmung zu erreichen. Eine der des BVerwG ähnelnde Definition sieht Subventionen als vermögenswerte Zuwendungen der öffentlichen Hand an Private an, die im Rahmen eines gesonderten Rechtsverhält-

---

60 Danach ist „Subvention (...) eine Leistung aus öffentlichen Mitteln nach Bundes- oder Landesrecht an Betriebe oder Unternehmen, die wenigstens zum Teil a) ohne marktmäßige Gegenleistung gewährt wird und b) der Förderung der Wirtschaft dienen soll".

61 So auch *Hey*, StuW 1998, 298 (299), a.A. *Tröndle/Fischer*, Strafgesetzbuch, § 264 Rz. 6, der die Definition für die den ganzen Bereich des öffentlichen Rechts für anwendbar hält und *Stober*, Wirtschaftsverwaltungsrecht, § 50 I, der die Definition zumindest für den Bereich des Wirtschaftsverwaltungsrechts verwenden will.

62 Vgl. BVerwG v. 19.12.1958, NJW 1959, 1098.

nisses gewährt werden und die durch einen besonderen Zweck gekennzeichnet sind[63]. Noch weiter ist die Definition von *Hey*:

> „Subvention ist die Gewährung eines vermögenswerten Vorteils durch den Staat zur Erreichung eines öffentlichen Zwecks, ohne dass hierfür eine Gegenleistung unmittelbar an den Staat erbracht wird"[64].

Hingegen wird die Subvention deutlich enger auch als vermögenswerte Zuwendung ohne Gegenleistung durch eine Person des öffentlichen Rechts lediglich an private Unternehmen zu einem öffentlichen Zweck beschrieben[65]. Bei Anwendung dieser Definition sind Förderungsleistungen an private Haushalte wiederum nicht erfasst. Ebenso werden die indirekten Steuersubventionen aus dem Subventionsbegriff ausgeklammert.

Angesichts der zahlreichen Definitionen des Subventionsbegriffs erscheint es notwendig, eine eigene Begriffsbestimmung für die Zwecke der vorliegenden Arbeit vorzunehmen. Anders als bei sozialen Transferleistungen steht nicht die allgemeine Aufbesserung der finanziellen Situation des Subventionsempfängers im Vordergrund, sondern die Prämierung eines bestimmten erwünschten Verhaltens. Zwar werden Subventionen zumeist gruppenspezifisch gewährt, konstitutiv ist dieses Merkmal jedoch nicht. Es ist als Kriterium auch insofern ungeeignet, als es durch seine Unschärfe Diskussionen über die Definition der Gruppe aufwirft[66]. Die Lokalisierung von Subventionen soll nicht durch einen im Vorhinein verengten Subventionsbegriff behindert werden; nur so ist es möglich, jede Subvention auf ihre Notwendigkeit oder Entbehrlichkeit zu überprüfen[67]. Der Begriff der Subvention wird daher im weiteren gruppenneutral verstanden, so dass auch solche staatlichen Leistungen in den Subventionsbegriff einbezogen werden, die an private Haushalte fließen und einen ganz wesentlichen Teil der staatlichen Förderungsmaßnahmen in diesem Wirtschaftszweig ausmachen. Auch wäre es nicht zweckdienlich, den rechtlichen Subventions-

---

[63] So *Tilch/Arloth*, Deutsches Rechts-Lexikon, Bd. 3, S. 4070.
[64] Siehe *Hey*, StuW 1998, 298 (300).
[65] Vgl. *Köbler*, Juristisches Wörterbuch, S. 452.
[66] So gliedert der Subventionsbericht der Bundesregierung einen Großteil der Subventionen aus dem eigentlichen Berichtsteil in die Anlage 3 (aktuell: 19. Subventionsbericht der Bundesregierung, S. 111 ff.) aus, weil sie sich keiner bestimmten Gruppe zuordnen lassen. Zudem werden Steuervergünstigungen umso weniger als Subventionen erfasst, je größer der Kreis der Begünstigten ist (19. Subventionsbericht der Bundesregierung, S. 138). Damit wird die Abgrenzung jedoch willkürlich. An diesen Beispielen zeigt sich deutlich die mangelnde Trennschärfe einer gruppenspezifischen Abgrenzung.
[67] Vgl. *Hey*, StuW 1998, 298 (300).

begriff zu übernehmen, der das spezifische Subventionsverhältnis beschreibt und damit rein auf Direktsubventionen abzielt[68]. Den weiteren Ausführungen wird folgender Subventionsbegriff zugrunde gelegt[69]:

> Subventionen sind alle einem öffentlichen Zweck dienenden, budgetwirksamen Maßnahmen, die einem öffentlichen Zweck dienen, ohne unmittelbare Gegenleistung an den Staat bleiben und sich beim Fiskus als Mehrausgaben bzw. Mindereinnahmen niederschlagen.

Von diesem weiten Subventionsbegriff werden insbesondere auch indirekte Steuersubventionen erfasst. Dies ist insofern sinnvoll, als indirekte Steuersubventionen ebenfalls Förderungswirkung besitzen und das wirtschaftliche Ergebnis – Transfer von wirtschaftlichen Investitionsmöglichkeiten durch staatliche Vergünstigungen – mit dem der direkten Subvention vergleichbar ist. Damit wird der Vielgestaltigkeit des Subventionswesens Rechnung getragen, der man nur mit einem weit gefassten allgemeinen Begriff gerecht werden kann, der blickverengende Vorfestlegungen vermeidet[70].

2. Haupterscheinungsformen von Subventionen – Überblick

Hauptzwecke der Subvention sind die Ermöglichung, Anpassung oder Erhaltung sowie die Lenkung eines bestimmten, politisch gewollten Verhaltens[71]. Diese Hauptzwecke bilden den öffentlichen Zweck i.S.d. Subventionsdefinition. Hauptsächlich können unabhängig von dem damit verfolgten Zweck zwei Arten von Subventionen unterschieden werden. Auf der einen Seite stehen die direkten Subventionen, bei denen die Gewährung in Form direkter Begünstigung erfolgt, auf der anderen Seite die Lenkungssteuern, welche indirekt über eine Reduzierung der Steuerlast wirken.

---

[68] A.A. *Zitzelsberger*, StuW 1985, 197 (Fn. 15), der eine weite Definition nur im Rahmen der wirtschaftspolitischen Subventionsdiskussion verwendet wissen will. Er reduziert damit die Zuständigkeit der Rechtswissenschaft auf die Frage des Subventionsrechtsverhältnisses. Das ist abzulehnen, da es sich bei der Diskussion um Subventionsabbau in weiten Bereichen auch um eine rechtliche Diskussion handelt. Zum Problem der Abgrenzung der Rechtswissenschaft zur Finanzwissenschaft, vgl. auch *Birk*, StuW 1983, 293 (295 f.).

[69] In Anlehnung an *Hey*, StuW 1998, 298 (300) und Brockhaus, Die Enzyklopädie, Bd. 21, S. 331.

[70] Vgl. *Hey*, StuW 1998, 298 (300).

[71] Vgl. auch die Subventionsziele in § 12 Abs. 2 StWG.

Bei Gewährung von Direktsubventionen erhält der Empfänger bei Erfüllung bestimmter Maßstäbe einen geldwerten Vorteil[72]. Oftmals handelt es sich dabei um bare Mittel, daher ist auch der Begriff Barsubvention gebräuchlich[73]. Direktsubventionen sind haushaltsrechtlich transparenter als etwa steuerliche Subventionen, da sie sich auf der Ausgabenseite des Haushalts unmittelbar niederschlagen. Direktsubventionen werden auch als Finanzhilfen, Unterstützungen, Beihilfen, Prämien, Zuschüsse oder Zuwendungen bezeichnet. Sie werden in einem öffentlich-rechtlichen Subventionsverhältnis gewährt, welches dem Wirtschaftsverwaltungsrecht zugeordnet wird. Der Anspruch richtet sich nach den Subventionsvoraussetzungen, der individuellen Subventionsbemessungsgrundlage und dem Subventionssatz.

Auch das Steuerrecht bietet Möglichkeiten zur Wirtschaftslenkung durch Subventionen[74]. Die Subventionierung im Rahmen des Steuerrechts erfolgt durch die Gewährung von Steuervergünstigungen (sog. steuerlichen Lenkungsnormen) für den Fall, dass sich der Steuerpflichtige gemäß dem Lenkungsziel verhält oder auch Sonderbelastungen für nicht lenkungsgemäßes Verhalten[75]. Diese Form der Subventionierung erfolgt indirekt unter Ausnutzung des Abgabenrechts. Sie ist damit eine weitaus diskretere Form der Subventionierung, die in der Regel zudem weniger bürokratischen Aufwand erfordert, andererseits aber auch schlechter in ihrer Wirkung überprüfbar ist[76].

Andere Formen der Subventionierung sind z.B. die Verbilligungs- und Beschaffungssubventionen, bei denen der Staat Leistungen zu vergünstigten Preisen abgibt bzw. zu überhöhten Preisen annimmt. Hierher gehören auch die häufig anzutreffenden zinslosen oder zinsgünstigen Darlehen, die mit staatlicher Hilfe unter dem Marktniveau gehalten werden. Des Weiteren kann eine Förderung durch Infrastruktursubventionen erfolgen, bei denen der Staat die Kosten der Schaffung einer Infrastruktur übernimmt, die zur Durchführung von Investitionen benötigt wird. Außerdem werden zu den Subventionen auch die sog. Verordnungssubventionen gezählt. Bei ihnen greift der Staat durch Ge- und Verbote regulierend in den Wirtschaftskreislauf ein, ohne dass dies Auswirkungen auf den Haushalt hat. Z.B. kann dies im Wege einer Schaffung einer künstlichen

---

[72] Zur genaueren Begriffsbestimmung vgl. S. 60 f.
[73] Vgl. *Andel,* in: Albers u.a., Handbuch der Wirtschaftswissenschaft, Bd. VII, S. 492.
[74] Zur genaueren Begriffsbestimmung vgl. S. 64 f.
[75] Vgl. *Tipke/Lang*, Steuerrecht, § 20 Rz. 16 ff.
[76] Siehe dazu S. 91 ff.

Nachfrage geschehen[77] oder auch durch die Erhebung protektionistischer Schutzabgaben.

II. Direktsubventionen

Direktsubventionen sind von den indirekten Subventionen zu unterscheiden. Die Unterscheidung macht sich auch in einem anderen Verhältnis von Direktsubventionen zum steuerlichen Leistungsfähigkeitsprinzip bemerkbar. Gegenüber der Subvention in Form von steuerlichen Lenkungsnormen hat die Direktsubvention spezifische Vorteile.

1. Abgrenzung zu indirekten Subventionen

Die Gemeinsamkeiten von direkten und indirekten Subventionen bestehen in der lenkenden Wirkung durch Einräumung einer staatlichen Förderung in Geld oder Geldeswert. Die Förderung ist dabei jeweils an die Erfüllung eines bestimmten erwünschten Verhaltens geknüpft. In beiden Fällen wird der Staatshaushalt belastet, allerdings schlagen sich Steuervergünstigungen nicht auf der Ausgabenseite nieder[78]. Trotz der strukturellen Gemeinsamkeiten bestehen jedoch zahlreiche v.a. rechtliche Unterschiede, die dazu führen, dass steuerliche Lenkungsnormen zwar wirtschaftlich, nicht aber im Sinne des Wirtschaftsverwaltungsrechts als Subventionen zählen[79]. Direkte Subventionen unterliegen als Teilbereich der Leistungsverwaltung nach der h.M. keinem strengen Gesetzesvorbehalt, vielmehr genügt regelmäßig die Einstellung in das Haushaltsgesetz oder dessen Anhang, den Haushaltsplan, und die Festsetzung der Vergabevoraussetzungen in Verwaltungsvorschriften als Rechtsgrundlage[80]. Nach der Rechtsprechung des Bundesverwaltungsgerichts bedarf es zur Vergabe einer Subvention keiner gesetzlichen Grundlage, vielmehr ist ausreichend, wenn die dafür erforderlichen Haushaltsmittel ordnungsgemäß bewilligt wurden und die

---

[77] Ein aktuelles Beispiel für die Schaffung künstlicher Nachfrage durch gesetzlich verordnetes Gebot ist die Pflicht der Netzbetreiber zur Abnahme und Vergütung bestimmter Mengen von regenerativ erzeugtem Strom gemäß dem am 01.01.2000 in Kraft getretenen Erneuerbare-Energien-Gesetz, vgl. Darstellung bei *Kube/Palm/Seiler*, NJW 2003, 927 (929).

[78] Dies ist wahrscheinlich ein Hauptgrund für die Beliebtheit von Steuervergünstigungen in der Politik ist, da sie hinter Steuermindereinnahmen „versteckt" werden können, vgl. *Kirchhof*, EStG, Einl. Rz. 12 ff.

[79] Vgl. *Stober*, Wirtschaftsverwaltungsrecht, § 50 I 3c; *Reidt*, in: Jarass, Wirtschaftsverwaltungsrecht, § 10 Rz. 17.

[80] Vgl. *Reidt*, in: Jarass, Wirtschaftsverwaltungsrecht, § 10 Rz. 41 ff.

Zuständigkeit bei der entscheidenden Behörde liegt[81]. Nach Auffassung des Gerichts verstößt das Fehlen eines Gesetzes, das zur Subventionsgewährung ermächtigt, nicht gegen den Grundsatz der Rechtsstaatlichkeit. Für Steuervergünstigungen gilt demgegenüber das Gesetzmäßigkeitsprinzip (§ 85 Abs. 1 AO).

Dem Subventionsverhältnis bei Direktsubventionen liegt grundsätzlich eine öffentlich-rechtliche Rechtsbeziehung zugrunde. Der Rechtsweg führt daher gemäß § 40 Abs. 1 VwGO vor die Verwaltungsgerichte. Die Gewährung bzw. die Versagung von Subventionen erfolgt grundsätzlich durch Verwaltungsakt, d.h. durch Regelung im Einzelfall an Hand der Vorgaben des Leistungsverwaltungsrechts an die Gesetzmäßigkeit der Subvention. Wird die Subvention durch die darüber entscheidende Stelle selbst (einstufig) geleistet, so ist der gesamte Vorgang dem öffentlichen Recht zuzuordnen. Ebenso verhält es sich, wenn Entscheidung und Leistung durch verschiedene Rechtssubjekte des Öffentlichen Rechts auf Grundlage öffentlich-rechtlicher Vorschriften in zwei Stufen erfolgt. Dagegen kann die Ausreichung eines Kredites oder die Leistung einer Bürgschaft durch ein privatrechtlich organisiertes Kreditinstitut („Wie") – im Unterschied zur Entscheidung über die Gewährung („Ob") – ein privatrechtlich zu qualifizierender Vorgang sein (sog. Zwei-Stufen-Theorie)[82]. Bei der Subventionsvergabe manifestiert sich ein weiterer gravierender Unterschied zum Steuersubventionsrecht. Steuersubventionen werden zumeist über mehrere Besteuerungsperioden gewährt[83]. Damit besteht in jeder Besteuerungsperiode das Risiko für den Steuerpflichtigen, die Förderung zu verlieren[84]. Direkte Subventionen hingegen werden zumeist durch eine einmalige Entscheidung gewährt, auch wenn der Vollzug sich über mehrere Jahre erstreckt. Durch den Bewilligungsbescheid in der Form eines Verwaltungsaktes ist der Subventionsempfänger vor nachträglichen Gesetzesänderungen grundsätzlich geschützt. Änderungen des Bewilligungsbescheids können nur noch in den engen Grenzen der §§ 48 ff. VwVfG erfolgen.

Auch bei der Abwicklung der Subventionsvergabe bestehen erhebliche Unterschiede. Ihrem Wesen nach sind Steuervergünstigungen auf eine gewisse Vorleistung des Begünstigten angelegt. Erst nach erfolgtem Verhalten, an das die Steuervergünstigung anknüpft, wird die Förderung gewährt. Damit stellt sich –

---

[81] Vgl. BVerwG v. 19.12.1958, NJW 1959, 1098.
[82] Vgl. *Maurer*, Allgemeines Verwaltungsrecht, S. 424 ff.
[83] Deutlich wird dies insbesondere am Beispiel von Sonderabschreibungen oder erhöhte Absetzungen im Bereich der Immobilieninvestitionen, vgl. z.B. § 7 Abs. 5 EStG.
[84] Vgl. *Hey*, StuW 1998, 298 (303).

mit Ausnahme der Möglichkeit der Einholung einer verbindlichen Auskunft bei dem zuständigen Finanzamt – erst nach der Vorleistung des Steuerpflichtigen heraus, ob die Gewährung der erstrebten Vergünstigung erfolgt. Direkte Subventionen hingegen werden entweder durch Verwaltungsakt oder öffentlichrechtlichen Vertrag im Voraus bewilligt. Häufig ist die Antragstellung vor Aufnahme des bezuschussten Projekts sogar Voraussetzung der Subventionsgewährung. Damit ist auch insofern das Risiko für den Geförderten bei der Direktsubvention geringer.

2. Verhältnis zum Leistungsfähigkeitsprinzip

Zwischen Steuern und steuerlichen Erleichterungen in Form von Lenkungsnormen einerseits und direkten Subventionen andererseits bestehen wesentliche Unterschiede. Steuern sind Wertetransfers des Bürgers an den Staat. Direktsubventionen hingegen sind Wertetransfers vom Staat an den Bürger[85]. Grundsätzlich haben direkte Subventionen keine steuerlichen Auswirkungen. Es kommt daher bei direkter Subventionierung mangels steuerlicher Auswirkungen zu keiner Kollision mit dem Leistungsfähigkeitsprinzip. Denn das Leistungsfähigkeitsprinzip ist die bereichsspezifische Ausformung des Gleichheitssatzes lediglich für das Gebiet des Steuerrechts und gerade kein sachgerechtes Prinzip bei der Verteilung von Subventionen[86].

Dennoch könnten auch direkte Subventionen mittelbar Auswirkungen auf die Leistungsfähigkeit des Einzelnen haben. Durch sie könnte eine als maßstabsgerecht beurteilte Verteilungsrelation durchbrochen werden, indem der Wertetransfer an den Steuerzahler dessen Leistungsfähigkeit verbessert. Dazu müssten die jeweiligen Transferzahlungen saldiert werden, wobei zunächst die Frage zu klären ist, ob eine solche Saldierung überhaupt statthaft ist. Direkte Subventionen sind wirtschaftspolitische Instrumente, deren sich der moderne Interventionsstaat zur Erfüllung seiner Aufgaben bedient[87]. Anstelle von Ge- und Verboten verwendet der Staat sie zur Verhaltenslenkung und „entgilt“ damit planbefolgendes Verhalten[88]. Die Entlastungswirkung ist durch das normgemäße Verhalten des Subventionsempfängers bedingt und damit äquivalentsbezogen. Die Entlastung durch öffentliche Leistung (Wertetransfer) ist mit einer Belastung (Verhaltenserwartung im öffentlichen Interesse) verknüpft und soll dem öffentlichen Interesse dienen. Subventionen zeichnen sich durch einen über-

---

[85] Vgl. *Birk*, Leistungsfähigkeitsprinzip, S. 93.
[86] Vgl. *Tipke*, Steuerrechtsordnung, Bd. I, S. 364.
[87] Vgl. *Birk*, Leistungsfähigkeitsprinzip, S. 95.
[88] So *Kirchhof*, Verwalten durch mittelbares Einwirken, S. 380.

schießenden öffentlichen Zweck aus, der weder ausschließlich in der unmittelbaren Gewährung oder Mehrung des Einkommens noch im Entgelt für eine Leistung bestehen darf[89]. Durch die Verknüpfung von Zuwendungen zu Lasten und Verhaltenspflichten zugunsten der Allgemeinheit wird der Direktsubvention die totale Entlastungswirkung genommen. Damit ist eine Saldierung von Leistungen Bürger-Staat und Staat-Bürger im Bereich der Direktsubventionen nicht statthaft. Direkte Subventionen fallen infolgedessen auch nicht indirekt unter den Anwendungsbereich eines für Steuern geltenden verfassungsrechtlichen Verteilungsmaßstabs.

3. Vorteile von Direktsubventionen

In der Diskussion, ob die direkte oder die indirekte Form der Subvention vorzugswürdig ist, zeichnet sich ein zahlenmäßiges Überwiegen der Befürworter der Direktsubventionierung ab. Im Vergleich zu Steuersubventionen haben direkte Subventionen den Vorteil der höheren Flexibilität[90]. Eine politische Entscheidung über Veränderungen bei der Subventionsgewährung ist durch das jeweils zuständige Ressort auch ohne Beteiligung des Finanzressorts möglich. So ist eine schnellere Anpassung der Fördermaßnahmen bei Veränderung der Erfordernisse möglich. Beharrungs- und Verewigungstendenzen sind generell Kernprobleme des Subventionswesens, so dass der höheren Flexibilität entscheidende Bedeutung zukommt[91]. Erfolgreiche Lobbyarbeit erschwert die Zurücknahme von einmal gewährten Subventionen vor allem im Steuerrecht. Die erforderliche Flexibilität der Subventionspolitik kann bei der Neugewährung allerdings zum Teil zurück gewonnen werden, indem Subventionen von vornherein befristet werden, am besten verbunden mit einem degressiven Förderungsverlauf, so dass das Interesse an einer Verlängerung zum Auslaufen der Förderung ebenfalls abnimmt[92].

Hinzu kommt der haushaltspolitische Vorteil einer klaren Bestimmbarkeit der Ausgaben, die sich unmittelbar auf der Ausgabenseite des Haushalts niederschlagen und nicht hinter Steuermindereinnahmen verstecken lassen. Auf diese Weise wird die Ressortverantwortung erhöht, kann aber auch in verstärktem

---

[89] Vgl. *Zacher*, VVDStRl. 25, 308 (317), weshalb Subventionen auch nicht als Sozialleistungen anzusehen sind. Siehe auch S. 54 f.

[90] *Hey*, StuW 1998, 298 (316) betont besonders die Bedeutung von Flexibilität und schneller Reaktion auf Veränderungen der Außenbedingungen für eine effektive staatliche Wirtschaftslenkung.

[91] Vgl. *Werner*, in: Subventionsabbau gesetzliche Zwänge schaffen, S. 45 ff.

[92] Vgl. *Hey*, StuW 1998, 298 (316).

Maße die Fachkunde der Ressorts genutzt werden, die nicht mehr auf Kompromisslösungen mit dem Finanzressort angewiesen sind. Durch Festlegung des Förderbetrags bei Subventionsgewährung im Gegensatz zur stets ungewissen Inanspruchnahme von Steuersubventionen mit ungewissen Steuerausfällen ist die Kalkulierbarkeit bei direkten Subventionen deutlich besser. Volkswirtschaftlich erscheint es daher sinnvoller, auf Steuervergünstigungen zu verzichten und dafür mit niedrigeren Steuersätzen zu arbeiten[93]. Auch in der Politik wird dies erkannt und erklärtermaßen eine Reduktion von Steuersubventionen zugunsten einer Überführung in direkte Subventionsformen angestrebt[94].

III. Steuerliche Lenkungsnormen

Die Auswirkungen bei Verwendung von steuerlichen Lenkungsnormen zur Investitionsförderung unterscheiden sich grundlegend von denen einer direkten Subventionierung. Spezielle Probleme bereitet die Einordnung in die Steuersystematik, die hauptsächlich auf staatliche Einnahmenerzielung ausgerichtet ist. Daher existieren dogmatische Diskussionen sowohl hinsichtlich der Einordnung von steuerlichen Lenkungsnormen unter den einfach-gesetzlichen Steuerbegriff als auch unter den verfassungsrechtlichen Steuerbegriff.

1. Begriffsbestimmung

Steuerliche Lenkungsnormen[95] sind steuerliche Tatbestände, die neben dem Zweck der staatlichen Einnahmenerzielung auch eine wirtschaftslenkende Wirkung haben. Die verhaltenssteuernde Wirkung wird durch die Gewährung von Steuervergünstigungen bei normgemäßem Verhalten, aber auch durch die Auferlegung von Sonderbelastungen bei unerwünschten Verhaltensweisen herbeigeführt. Von den Lenkungsnormen zu unterscheiden sind Fiskalzwecknormen, die alleine auf die Einnahmenerzielung des Staates gerichtet sind und daneben keine weiteren Gestaltungszwecke verfolgen. Die Unterscheidung zwischen rein auf die Einkünfteerzielung des Staates ausgerichteten Fiskalzwecknormen und einem darüber hinausgehenden materiellen Zweck dienenden Lenkungs-

---

[93] Vgl. *Tipke/Lang*, Steuerrecht, § 19 Rn. 3.

[94] Vgl. 19. Subventionsbericht der Bundesregierung, S. 7, wobei anzumerken ist, dass ausweislich derselben Fundstelle in den Jahren 2001 bis 2004 eine genau gegenteilige Tendenz festzustellen ist: die auf den Bund entfallenden Steuervergünstigungen stiegen in diesem Zeitraum von 13,3 Mrd. EUR auf 15,3. Mrd. EUR, wohingegen die Finanzhilfen im selben Zeitraum von 9,5 Mrd. EUR auf 7,0 Mrd. EUR sanken.

[95] Gebräuchlich sind auch die Begriffe Steuersubventionen oder Lenkungssteuern, die im Folgenden synonym mit dem Begriff der steuerlichen Lenkungsnorm verwendet werden.

normen sowie der sozialen Umverteilung dienenden Sozialzwecknormen ist in der heutigen Steuerrechtsliteratur gängig[96]. Unter die Kategorie der Sozialzwecknormen fallen Umverteilungsnormen, die eine Wohlstandskorrektur mit dem Ziel des sozialen Ausgleichs bezwecken[97]. Fiskalzwecknormen sind Steuervorschriften, deren alleiniger Zweck die Einnahmenerzielung des Fiskus ist. Die Abgrenzung von Lenkungsnormen zu Sozialzwecknormen ist nicht immer eindeutig. Die Unterscheidung kann nur inhaltlich-formell erfolgen, da die Möglichkeiten der Gewährung von Steuervergünstigungen vielfältig sind und sich in der Technik der Gewährung der Steuervorteile zumeist nicht von Sozialzwecknormen unterscheiden. In der Literatur wird daher das Leistungsfähigkeitsprinzip als Abgrenzungsmaßstab vorgeschlagen. Lässt sich danach eine Steuervorschrift nicht als Ausprägung eines die jeweilige Steuerart beherrschenden Gestaltungsprinzips interpretieren (regelmäßig das Leistungsfähigkeitsprinzip), so handelt es sich um eine Steuervergünstigung[98]. Dabei ist auch das Vorliegen einer Förderungsabsicht zu prüfen, um Fälle einer bloßen Nichtausschöpfung von Besteuerungsmöglichkeiten auszuscheiden. Durch die Abgrenzung anhand des Leistungsfähigkeitsprinzips soll gewährleistet werden, dass steuerliche Regeln, die beispielsweise der Verwirklichung des subjektiven Nettoprinzips dienen, vom Subventionsbegriff ausgenommen werden. Bei steuerlichen Lenkungsnormen handelt es sich um Fremdkörper im Bereich des Steuerrechts, die dem Subventionsrecht nahe stehen bzw. das Steuerrecht in erheblichem Maße zum Subventionsrecht machen[99]. Daher sind auch Steuersubventionen als Abgabensubventionen und damit richtigerweise als Subventionen im allgemeinen Sinn zu behandeln[100].

Lenkungsnormen bewirken Eingriffe des Staates in den Markt, die durch ihre preisverändernde Wirkung Investitionsentscheidungen beeinflussen und auf diese Weise indirekt Verhaltensweisen von Steuerpflichtigen lenken können. Steuerliche Lenkungsnormen knüpfen eine finanzielle Entlastung des Steuerpflichtigen an ein bestimmtes Verhalten, das sie damit belohnen. Damit erfüllen auch steuerliche Lenkungsnormen die hier verwendete Definition des Subventionsbegriffs[101].

---

[96] Vgl. *Tipke*, Steuerrechtsordnung, Bd. I, S. 119 ff., *ders*., Steuerrechtsordnung, Bd. II, S. 713 f.; *Vogel*, StuW 1977, 97 (107); *Birk*, Leistungsfähigkeitsprinzip, S. 69.
[97] Vgl. *Tipke/Lang*, Steuerrecht, § 19 Rn. 1.
[98] Vgl. *Hey*, StuW 1998, 298 (302).
[99] Vgl. *Hey*, StuW 1998, 298 (301).
[100] Vgl. *Andel*, in: Albers u.a., Handbuch der Wirtschaftswissenschaft, Bd. 7, S. 492.
[101] Siehe S. 56 ff.

Die Bedeutung von Steuern als staatliches Lenkungsinstrument ist mit der zunehmenden Veränderung der Gesellschaften hin zu hochentwickelten Industrie- und Dienstleistungsgesellschaften stetig gewachsen. So sind die Steuern in modernen Industriestaaten im Laufe der Zeit zu einem zentralen Lenkungsinstrument der aktiven staatlichen Wirtschafts- und Gesellschaftspolitik geworden[102]. Demgegenüber sind Steuersubventionen auch kritisch als einfaches Mittel zu sehen, die faktische Steuerlast (den Durchschnittssteuersatz) der Bürger partiell zu senken, ohne politische Mehrheiten für eine entsprechende allgemeine Tarifabsenkung finden zu müssen[103]. Sie sind zum Teil auch Folge eines ordnungspolitischen Versagens des Gesetzgebers[104]. Daher ist gerade in jüngerer Zeit auch eine Gegenbewegung zu erkennen, die die Schattenseiten von Steuersubventionen aufzeigt und deutliche Kritik an ihrem ausufernden Einsatz übt[105]. Die Kritik geht so weit, dass von einem Teil der Literatur die gänzliche Abschaffung von steuerlichen Lenkungsnormen gefordert wird[106].

2. Einordnung in die Steuersystematik

Die Funktionsweise von Lenkungsnormen ist unterschiedlich. Die Wirkung steuerlicher Lenkungsnormen unterscheidet sich nach deren Anknüpfungspunkten. Die Steuersubvention kann an jedem Tatbestandsmerkmal des Steuertatbestandes ansetzen. Sie kann die subjektive Steuerpflicht oder das Steuerobjekt modifizieren, in die Bemessungsgrundlage eingebaut sein, sich in niedrigeren Steuersätzen manifestieren oder zu einem Abzug von der Steuerschuld führen. Je nachdem, ob die Wirkung der Lenkungsnorm sich auf den Steuergrundtatbestand oder den Steuerhöhentatbestand bezieht, handelt es sich um Befreiungs- oder Ermäßigungstatbestände[107].

Wirkt eine Steuervergünstigung ermäßigend auf den Steuergrundtatbestand, wird durch sie die Steuerbemessungsgrundlage verringert. Bei einer progressiven Einkommensteuer hat dies einen progressionsmindernden Effekt[108]. Insbesondere entsteht eine Progressionswirkung bei Inanspruchnahme von besonderen Abschreibungen, wie z.B. Sonderabschreibungen, erhöhten und degressiven

---

[102] Vgl. *Zugmaier*, BayVBl. 1998, 592.
[103] So *Loritz*, BB 2000, Beilage 13, 49.
[104] Vgl. *Loritz*, BB 2000, Beilage 13, 49.
[105] Siehe dazu S. 90 ff.
[106] Allen voran *Kirchhof*, z.B. in *Kirchhof*, EStG, Einl. Rz. 12 ff.;
[107] Vgl. *Bayer*, Steuerlehre, S. 596 ff.
[108] Vgl. dazu auch S. 144 ff.

Absetzungen im Bereich der Immobilieninvestition[109]. Da sie die Bemessungsgrundlage überproportional mindern, wurde dies in der Vergangenheit speziell von Anbietern geschlossener Immobilienfonds genutzt, um gut verdienende Anlegerschichten mit entsprechend hohen Steuersätzen durch Steuersparmodelle zu werben. Ein Progressionseffekt tritt auch ein, wenn durch eine Steuervergünstigung der Steuersatz abgesenkt oder begrenzt wird (z.B. § 32c EStG für gewerbliche Einkünfte).

Bei Steuertarifermäßigungen tritt ein Progressionseffekt nicht auf, da lediglich der individuelle Steuertarif des einzelnen Steuerpflichtigen verringert wird. Eine solche Steuervergünstigung kommt in der Wirkung einer direkten Subvention gleich. Zwar besteht bei direkter Subventionierung ein Auszahlungsanspruch gegenüber dem Staat und bei Steuertarifermäßigungen lediglich ein Anspruch auf Minderung der Tarifhöhe. Wirtschaftlich macht es jedoch keinen Unterschied, ob der Subventionsempfänger eine Zuwendung erhält oder sich Aufwendungen erspart. Allerdings bestehen für solche Gesetze gravierende Unterschiede hinsichtlich der Gesetzgebungskompetenz und der Finanzierungszuständigkeit[110].

3. Vereinbarkeit mit dem einfach-gesetzlichen Steuerbegriff

Bereits die vor der heutigen Abgabenordnung (AO) bis zum Jahr 1976 geltende Reichsabgabenordnung (RAO) enthielt in § 1 eine einfach-gesetzliche Definition des Steuerbegriffs[111]:

> „(1) Steuern sind einmalige oder laufende Geldleistungen, die nicht eine Gegenleistung für eine besondere Leistung darstellen und von einem öffentlich-rechtlichen Gemeinwesen zur Erzielung von Einkünften allen auferlegt werden, bei denen der Tatbestand zutrifft, an den das Gesetz die Leistungspflicht knüpft; (...)“

In dieser Definition ist lediglich von Geldleistungen „zur Erzielung von Einkünften“ die Rede. Zweck der Steuer war danach die Erzielung von Einnahmen des Staates; die Definition bezog sich nur auf diese finale Zielrichtung. Ein daneben oder stattdessen bestehender Lenkungszweck war nicht vorgesehen.

---

109 Vgl. dazu *Tipke/Lang*, Steuerrecht, § 20 Rz. 18 ff.

110 Vgl. dazu die Ausführungen zur Eigenschaft der Eigenheimzulage als Steuersubvention auf S. 112 ff.

111 Gesetz vom 22. Mai 1931 (RGBl. I 1931, S. 161).

Erst in § 3 Abs. 1 Satz 1 Hs. 2 AO 1977 wurde einfach-gesetzlich klargestellt, dass ein Lenkungszweck nicht nur Nebenzweck einer Steuer sein könne, sondern dass darüber hinaus auch der Lenkungszweck der Hauptzweck der Steuernorm sein und die Erzielung von staatlichen Einnahmen als bloßer Nebenzweck in den Hintergrund treten kann. Davor war in diesem Zusammenhang streitig, ob die Einkünfteerzielung als Nebenzweck ausreichen kann, wenn die Abgabe objektiv eine nicht unerhebliche Finanzierungsfunktion erfüllt oder ob zu der objektiven Eignung weitere finale Elemente hinzutreten müssen[112].

4. Vereinbarkeit mit dem verfassungsrechtlichen Steuerbegriff

a) Verfassungsrechtlicher Steuerbegriff

In der Zeit vor Geltung der AO 1977 stand das Bundesverfassungsgericht vor dem Problem, die Lenkungssteuer verfassungsrechtlich zu rechtfertigen, obwohl in § 1 RAO Steuernormen mit vornehmlichem Lenkungszweck nicht vorgesehen waren. Das Bundesverfassungsgericht knüpfte zwar in der Entscheidung zur Berufsbildungsabgabe an den einfach-gesetzlichen Steuerbegriff des § 1 RAO an und orientierte den verfassungsrechtlichen Steuerbegriff daran. Um die Lenkungssteuern aber unter den verfassungsrechtlichen Steuerbegriff subsumieren zu können, behalf es sich einer methodischen Konstruktion, indem es den verfassungsrechtlichen Steuerbegriff als „über das Konzentrat einfach-gesetzlicher Normen“[113] hinausreichenden Begriff ansah. Damit wurde der Tatsache Rechnung getragen, dass „die Steuer in der modernen Industriegesellschaft zwangsläufig auch zum zentralen Lenkungsinstrument aktiver staatlicher Wirtschafts- und Gesellschaftspolitik geworden ist, wobei der Zweck, Einkünfte für die Bestreitung allgemeiner Staatsaufgaben zu erzielen, sogar als Nebenzweck nicht selten völlig in den Hintergrund tritt“[114]. Erst die Einführung der AO 1977 und deren Definition des Steuerbegriffs in § 3 Abs.1 AO brachte die beiden Begriffe wieder überein, weshalb das Bild vom „Konzentrat einfach-gesetzlicher Normen“ seither nicht mehr bemüht werden muss[115].

Nach der Rechtsprechung des Bundesverfassungsgerichts ist die Einkünfteerzielung als Nebenzweck bereits dann zu bejahen, wenn die Abgabe objektiv ei-

---

[112] Vgl. BVerfG v. 24.09.1965, BVerfGE 19, 119 (125).
[113] Siehe BVerfG v. 10.12.1980, BVerfGE 55, 274 ff. (299) im Anschluss an *Lerche*, Werbung und Verfassung, 1967, S. 33 f.
[114] Siehe BVerfG v. 10.12.1980, BVerfGE 55, 274 ff. (299).
[115] Vgl. dazu auch *Jakob*, FS Offerhaus, S. 72.

ne Finanzierungsfunktion erfüllt. Bereits in seinem Werkverkehrs-Urteil aus dem Jahr 1963 wurde festgestellt, dass es gesetzliche Eingriffe in das Spiel der wirtschaftlichen Kräfte in der Form von Lenkungssteuern von jeher gegeben habe:

> „Daß ein steuerlicher Eingriff vorwiegend einen wirtschaftspolitischen Zweck verfolgt, führt also nicht schon zu der Folgerung, es liege ein verfassungswidriger Formmißbrauch vor"[116].

Von einem Missbrauch könne nur gesprochen werden, wenn dem Zweck der Steuereinnahme zuwidergehandelt würde, indem die Erfüllung des Tatbestandes praktisch unmöglich gemacht werde. Das geschehe aber nur im Falle einer Steuer mit erdrosselnder Wirkung[117].

Ebenso hat das BVerfG ohne weitere Diskussion in einem jüngeren Urteil zur Verpackungsteuer ausgesprochen, dass die Verpackungsteuer eine Steuer sei, weil sie „einen Ertrag zur Finanzierung der Aufgaben der örtlichen Gemeinschaft"[118] bringe. Unerheblich für die Steuereigenschaft einer Abgabe ist folglich, welche Absicht die eine oder andere bei der Gesetzgebung beteiligte Instanz mit ihrer Einführung verknüpft[119]. Zur objektiven Eignung für die Finanzierungsfunktion müssen also keine subjektiven Elemente hinzutreten, es genügt ihre „tatsächliche Ertragsrelevanz"[120]. Die Steuereigenschaft ist nur dann in Frage zu stellen, „wenn die steuerliche Lenkung nach Gewicht und Auswirkung einer verbindlichen Verhaltensregel nahe kommt, die Finanzfunktion der Steuer also durch eine Verwaltungsfunktion mit Verbotscharakter verdrängt wird. Dafür bietet die Besteuerungskompetenz keine ausreichende Rechtsgrundlage"[121]. Gleiches gilt, wenn das Aufkommen nicht zur Finanzierung von Gemeinlasten verwendet werden soll. Derartige Regelungen wären nicht steuerlicher Art[122], sondern als Sonderabgaben zu behandeln, da sie erdrosselnde Wirkung haben und sich der Lenkungszweck dadurch erfüllt, dass das Steueraufkommen auf Null sinkt[123]. Der Gesetzgeber wird daher stets so kalkulieren, dass

---

[116] Siehe BVerfG v. 22.05.1963, BVerfGE 16, 147 ff. (161).
[117] Vgl. BVerfG v. 22.05.1963, BVerfGE 16, 147 ff. (161).
[118] Siehe BVerfG v. 07.05.1998, NJW 1998, 2341 ff. (2343).
[119] Vgl. BVerwG v. 19.08.1994, BayVBl. 1995, 23 ff. (25).
[120] Siehe BVerwG v. 19.08.1994, BayVBl. 1995, 23 ff. (25).
[121] Siehe BVerfG v. 17.04.1974, BVerfGE 38, 61 (81).
[122] Vgl. BVerfG v. 15.12.1970, BVerfGE 29, 402 (408 f.); BVerfG v. 17.04.1974, BVerfGE 38, 61 (81).
[123] Vgl. *Jakob/Zugmaier*, Grundfragen zur Einführung von Umweltabgaben, S. 11 ff. (16 f.).

es dazu nicht kommen wird und ein „Mixtum Compositum“ aus Lenkung und Ertrag herstellen sowie in den öffentlichen Haushalt einen Aufkommensertrag einstellen[124]. Die objektive Ertragsrelevanz genügt nach der Rechtsprechung des BVerfG bereits zur Bejahung der Steuereigenschaft.

b) Theorie der Doppelkompetenz

Im Gegensatz zur Auffassung des Bundesverfassungsgerichts fordert eine Literaturmeinung bei Lenkungssteuern die Gesetzgebungskompetenz nicht nur für die Steuergesetzgebung, sondern ebenfalls für den Bereich des außerfiskalischen Nebenzwecks, der mit der Lenkungssteuer erreicht werden soll. Begründet wird dieses Erfordernis mit der gestaltenden Einwirkung des Steuergesetzgebers auf das zu lenkende Verhalten in einem ihm u.U. gar nicht zugewiesenen Kompetenzbereich[125]. Ebenso wird auf die parallele Problematik bei der Schaffung von Straftatbeständen verwiesen. Auch dort sei dem Gesetzgeber nicht gestattet durch Schaffung von unselbständigen Strafrechtsnormen mit allein außerstrafrechtlichem Lenkungszweck die Gesetzgebungskompetenz an sich zu ziehen[126]. *Stern* formuliert bildhaft, die Steuerkompetenz sei „kein Kleid, das übergezogen werden kann, um damit eine Freizeichnung von Kompetenzschranken zu erreichen“[127]. Auch *Vogel* hält es für nicht überzeugend, die Gesetzgebungszuständigkeit für die Lenkungssteuern nach Art. 105 GG zu bestimmen, sondern fordert die Anwendung der allgemeinen Zuständigkeitsvorschriften, für wirtschaftslenkende Vorschriften also Art. 74 Abs. 1 Nr. 11 GG[128]. Noch einen Schritt weiter geht eine Ansicht, die bei echten Lenkungssteuern allein auf die Sachgesetzgebungskompetenz abstellen will, da es nicht auf die technische Einkleidung, sondern auf den sachlichen Gehalt ankomme[129]. In der Literatur hat es stets Stimmen gegeben, die eine Stützung von Lenkungsnormen auf die steuergesetzlichen Kompetenznormen völlig ablehnten, da Lenkungsnormen „Fremdkörper“ im Steuerrecht seien[130].

---

[124] Siehe *Jakob/Zugmaier*, Grundfragen zur Einführung von Umweltabgaben, S. 11 ff. (16 f.).
[125] Vgl. *Kirchhof*, in: Isensee/Kirchhof, Handbuch des Staatsrechts, Bd. IV, § 87 Rn. 56.
[126] Vgl. *Friauf*, Verfassungsrechtliche Grenzen der Wirtschaftslenkung und Sozialgestaltung durch Steuergesetze, S. 29 ff.
[127] Vgl. *Stern*, Das Staatsrecht der Bundesrepublik Deutschland, Bd. II, S. 1105.
[128] Vgl. *Vogel*, Grundzüge des Finanzrechts des Grundgesetzes in: Isensee/Kirchhof, Handbuch des Staatsrechts, Bd. IV, § 87 Rn. 52.
[129] Vgl. *Tipke*, Die Steuerrechtsordnung, Bd. III, S. 1062.
[130] Siehe *Bilgery*, Die steuerrechtliche Vergünstigungsnorm, S. 99 u. 103 ff.; *Bayer*, StuW 1972, 149 (155).

c) Widerspruchsfreiheit der Rechtsordnung

Während die Literatur überwiegend das Vorhandensein einer Doppelkompetenz fordert, vertritt das BVerfG in seiner Entscheidung zur kommunalen Verpackungsteuer ausdrücklich die gegenteilige Ansicht. Es lehnt die Erforderlichkeit einer Doppelkompetenz ab und belässt es bei der allgemeinen Gesetzgebungskompetenz für die Steuergesetzgebung aus Art. 105 GG auch im Falle von Lenkungssteuern. In den Entscheidungen zur Schankerlaubnis- und Vergnügungssteuer hatte es noch differenziert zwischen dem steuerlichen Haupt- und einem möglicherweise außerfiskalischen Nebenzweck[131]. Der Steuergesetzgeber „würde seine Befugnis zur Steuergesetzgebung mißbrauchen, wollte er von diesem Hauptzweck eines Steuergesetzes absehen und eine Regelung, die ihm nach den allgemeinen Kompetenzvorschriften versagt ist, in das Gewand eines Steuergesetzes kleiden. Daher darf es durch ein Steuergesetz das nach den allgemeinen Kompetenzvorschriften (dem Steuergesetzgeber) entzogene Rechtsgebiet nur für einen Nebenzweck betreten“[132]. Damit spricht das BVerfG lediglich dann dem Steuergesetzgeber die Kompetenz auch auf Gebieten zu, die ihm eigentlich kompetenzrechtlich entzogen sind, wenn der außerfiskalische Zweck lediglich Nebenzweck und die Steuererhebung der Hauptzweck bleibt[133]. Ohne die Problematik zu diskutieren hatte es jedoch dann bereits im Werkverkehrs-Urteil das Ausreichen der steuerlichen Gesetzgebungskompetenz selbst für den Fall angenommen, dass der Hauptzweck einer Steuer außerhalb des Steuerrechts liege[134]. In seiner Verpackungsteuer-Entscheidung differenziert das BVerfG nun ausdrücklich nicht mehr zwischen Haupt- und Nebenzweck, sondern erklärt die Steuergesetzgebungskompetenz für alle Lenkungssteuern schlechthin als ausreichend[135]. Das wird vom Schrifttum überwiegend begrüßt, da die Abgren-

---

[131] Vgl. BVerfG v. 30.10.1961, BVerfGE 13, 181 (196 f.); BVerfG v. 10.05.1962, BVerfGE 14, 76 (99).

[132] Siehe BVerfG v. 10.05.1962, BVerfGE 14, 76 (99).

[133] Vgl. *Vogel*, Jb.FAStR 1968/69, 225 (230), weist in diesem Zusammenhang darauf hin, dass die Differenzierung zwischen Haupt- und Nebenzweck nur Landessteuern betreffe, da sich der Bund stets auf seine konkurrierende Gesetzgebungskompetenz aus Art. 74 (Abs. 1) Nr. 11 GG berufen könne, da es bei dem Erlass von Steuergesetzen stets auch um das „Recht der Wirtschaft gehe.

[134] Vgl. BVerfG v. 22.05.1963, BVerfGE 16, 147 ff. (162), obzwar *Konrad* in BB 1995, 1109 (1114) darauf hinweist, dass in dem entschiedenen Fall dem betreffenden Gesetzgeber sowieso auch die Sachgesetzgebungskompetenz zugestanden hatte und dieser Fall daher keine Allgemeingültigkeit hätte. Die Verpackungsteuer-Entscheidung bezieht sich diesbezüglich auch nicht auf das Werkverkehrs-Urteil.

[135] Vgl. BVerfG v. 07.05.1998, NJW 1998, 2341 (2342).

zungsschwierigkeiten zwischen Haupt- und Nebenzweck auch stets herausgestellt und die Differenzierung durch das Gericht kritisiert wurden[136].

Das BVerfG hat seine relativ weite Auffassung durch die Entwicklung des Prinzips der Widerspruchsfreiheit der Rechtsordnung eingeschränkt[137]. Danach kann sich der Steuergesetzgeber zwar formell auf die Steuergesetzgebungskompetenz stützen, es ist jedoch materiell zu prüfen, ob das Gesetz nicht in einen anderweitig geregelten Sachbereich eingreift und dadurch die Rechtsordnung widersprüchlich macht. Dieses Prinzip der Widerspruchsfreiheit der Rechtsordnung wird aus der Verpflichtung zur Beachtung der bundesstaatlichen Kompetenzgrenzen und zur Ausübung der Kompetenzen in bundesstaatlicher Rücksichtnahme hergeleitet, letztlich also aus dem Rechtsstaatsprinzip[138]. Durch dieses Prinzip werden sowohl Bundes- als auch Landesgesetzgeber gebunden. Dabei stellt das BVerfG nicht auf die zeitliche Abfolge der Regelungen ab, sondern grenzt ab zwischen Sach- und Steuergesetzgebung. Da der letzteren vornehmlich die Regelung von Zahlungspflichten zukommt, ist sie gegenüber Regelungen des Sachgesetzgebers nachrangig. Folglich darf die Steuergesetzgebung sachlichen Regelungen weder in deren Gesamtheit noch in Einzelregelungen zuwiderlaufen.

Im Ergebnis kommt die Lösung des BVerfG der Theorie der Doppelkompetenz in der Praxis sehr nahe. Sie ist jedoch vorzugswürdig, da die schwierige Abgrenzung zwischen steuerlichem Haupt- und Nebenzweck unterbleiben kann. Das BVerfG stellt damit klar, dass Lenkungssteuern dem Steuerbegriff unterfallen, so dass sich die Gesetzgebungskompetenz folglich nach denselben Vorschriften richtet. Damit wird formell-rechtlich Klarheit geschaffen und erst auf materieller Ebene überprüft, ob die betreffende Lenkungsnorm gegen eine bestehende Sachregelung verstößt[139]. In der Verfassungswirklichkeit hat der Bundesgesetzgeber seine konkurrierende Gesetzgebungskompetenz (Art. 72 GG) durchwegs ausgeübt, so dass den Ländern nur noch wenige Möglichkeiten zum

---

[136] Vgl. stellvertretend *Vogel*, in: Isensee/Kirchhof, Handbuch des Staatsrechts, Bd. IV, § 87 Rn. 51.

[137] Vgl. *Zugmaier*, BayVBl. 1998, 592 (593) spricht sogar davon, dass das BVerfG sich damit in Widerspruch mit seiner Ablehnung der Theorie von der Doppelkompetenz setze, da die Verfassungswirklichkeit so aussehe, dass der Bundesgesetzgeber von seinen konkurrierenden Gesetzgebungskompetenzen umfänglich Gebrauch mache und daher kein Spielraum für Länder-Lenkungssteuern bleibe.

[138] Vgl. BVerfG v. 07.05.1998, NJW 1998, 2341 (2342).

[139] Auch hier sei darauf hingewiesen, dass dies praktisch nur Lenkungsnormen der Bundesländer betrifft, da sich der Bund stets auf die konkurrierende Kompetenz aus Art. 74 Abs. 1 Nr. 11 GG stützen kann, vgl. *Vogel*, Jb.FAStR 1968/69, 225 (230).

Erlass von Lenkungssteuern bleiben[140]. Denkbar ist dies nur, wenn der Bund von seiner ausschließlichen oder konkurrierenden Gesetzgebungskompetenz keinen Gebrauch gemacht hat oder Regelungen dem betreffenden Steuergesetz nicht entgegenstehen.

d) Lastentragung

Direkte Subventionen sind durch diejenige bundesrechtliche Körperschaft (mit) zu tragen, die sie gewährt (Art. 104a Abs. 1 bzw. 3 GG). Bei den subventionsgewährenden Gesetzen handelt es sich gemäß Art. 104a Abs. 3 Satz 3 GG um zustimmungspflichtige Gesetze, wenn die Länder mehr als ein Viertel der Ausgaben zu tragen haben. Wird stattdessen die Förderung im Wege der steuerlichen Verschonungssubvention betrieben, muss die Aufgabe in Gestalt von Steuerausfällen von derjenigen Körperschaft finanziert werden, welche nach Art. 106 GG die Ertragshoheit besitzt; Art. 104a Abs. 3 GG ist auf steuerrechtliche Subventionen gerade nicht anwendbar[141].

Speziell in Bezug auf Verschonungssubventionen im Einkommensteuerrecht wird kritisiert, dass diese zwar vom Bundesgesetzgeber beschlossen werden, aber auch zu Lasten der Länder und Gemeinden wirken. Diese Subventionen zu Lasten fremder Kassen widersprechen dem in der Finanzverfassung angelegten System der Bund-Länder-Gemeinschaftssteuer mit ihrer immanenten Ertragshoheit und Ertragsverantwortlichkeit[142]. Allerdings muss dem entgegnet werden, dass das Aufkommen aus der Einkommensteuer Bund, Ländern und Gemeinden gemeinsam zusteht (Art. 106 Abs. 3 Satz 1 i.V.m. Abs. 5 Satz 1 GG). Daher sind Änderungen im Einkommensteuerrecht stets gemäß Art. 105 Abs. 3 GG zustimmungspflichtig. Insofern bedürfen sie jedenfalls im praktisch bedeutsamen Einkommensteuerrecht der aktiven Mitwirkung der Ländervertreter im Bundesrat, wodurch die Länder doch maßgeblich am Beschluss der Gesetze beteiligt werden. Dem Konnexitätsprinzip, das die Länder vor vom Bund veranlassten Lasten durch das Erfordernis der Zustimmung im Bundesrat schützen soll, ist damit m.E. ausreichend genüge getan. Im Verhältnis zwischen den Ländern bzw. Gemeinden („horizontal") hat diejenige Körperschaft den Steuerausfall zu tragen, in der der Empfänger der Verschonungssubvention seinen Wohnsitz hat[143]. Bei Steuersubventionen kann und muss allerdings kritisiert werden,

---

[140] Vgl. *Zugmaier*, BayVBl. 1998, 592 (593).
[141] Vgl. *Maunz*, in: Maunz/Dürig/Herzog/Scholz, GG, Art. 104a Rz. 38; *Heintzen*, in: v. Münch/Kunig, Grundgesetz-Kommentar, Art. 104a Rz. 39.
[142] Vgl. *Kirchhof*, DStR 2001, 913 (915).
[143] Vgl. *Jakob*, FS Offerhaus, S. 75.

dass sie wegen des haushaltsverfassungsrechtlichen Bruttoprinzips auf der Einnahmen- und nicht auf der Ausgabenseite der öffentlichen Haushalte gebucht werden[144]. Dies ergibt sich in der Praxis zwar zwangsläufig angesichts der schwer kalkulierbaren Ausgaben- bzw. Mindereinnahmenwirkungen von Steuersubventionen, ist aber unter Gesichtspunkten der Transparenz und der Nachprüfbarkeit parlamentarischer Entscheidungen ein deutliches Manko[145].

C. Steuerliche Investitionslenkung und Leistungsfähigkeitsprinzip

Das Leistungsfähigkeitsprinzip ist nach der herrschenden Meinung in der Steuerrechtswissenschaft das verfassungsrechtliche Fundamentalprinzip der Besteuerung[146]. Im Leistungsfähigkeitsprinzip konkretisiert sich die inhaltliche Gebundenheit des Gesetzgebers an die Vorgaben und Prinzipien des Grundgesetzes und schafft damit die verfassungsrechtlichen Grundregeln für den staatlichen Zugriff auf die jeweiligen Besteuerungsgegenstände. Die Investitionslenkung in Form von steuerlichen Lenkungsnormen orientiert sich nicht an der wirtschaftlichen Leistungsfähigkeit des Steuerpflichtigen, sondern daran, ob das aufgestellte Verhaltensgebot befolgt wird oder nicht. Damit stellen steuerliche Lenkungsnormen eine Durchbrechung des Leistungsfähigkeitsprinzips dar, die einer besonderen dogmatischen Rechtfertigung bedarf.

I. Besteuerung und Leistungsfähigkeit

1. Rechtfertigung von Steuern durch Gleichmäßigkeit der Steuererhebung

Nach der klassischen Definition von *Otto Mayer* ist „die Steuer eine Geldzahlung, welche dem Untertanen durch die öffentliche Gewalt auferlegt wird, schlechthin zur Vermehrung der Staatseinkünfte, aber nach einem allgemeinen Maßstabe“ [147]. Im Gegensatz zu anderen Abgaben ist die Steuer damit von einem „besonderen Zweck und Zusammenhang“ losgelöst und wird „schlechthin“

---

[144] Vgl. *Heintzen,* in: v. Münch/Kunig, Grundgesetz-Kommentar, Art. 104a Rz. 39.

[145] *Heintzen*, in: v. Münch/Kunig, Grundgesetz-Kommentar, Art. 110 Rz. 16 hält dies bei Steuervergünstigungen, die in keinem Zusammenhang zu einem Steuertatbestand stehen sogar für verfassungswidrig.

[146] Vgl. *Hey*, Grundentscheidungen für ein neues Einkommensteuergesetzbuch, S. 412; *Tipke*, Steurrechtsordnung Bd. I, S. 228 ff.

[147] Siehe *Mayer*, Deutsches Verwaltungsrecht, S. 316.

zur Vermehrung der Staatseinkünfte auferlegt[148]. Diese Definition grenzt die Steuer nicht nur von Gebühren und Beiträgen ab, die jeweils im Zusammenhang mit der Gewährung von Leistungen oder Aufwendungen durch den Staat stehen. Auch Bußen und Kostenersatz unterscheiden sich durch das Vorhandensein eines die Zahlung bedingenden Zusammenhangs. Die Besteuerungsgewalt erklärt sich bei Gegenüberstellung mit den „Kausalabgaben“[149] allein aus der Gebietshoheit und dem Finanzbedarf des Hoheitsträgers. Die einzige causa für die Steuererhebung ist der Finanzbedarf ohne persönlichen Verpflichtungsgrund wie bei den übrigen Abgaben.

Allerdings wird heute nicht mehr die Unterwerfung der Steuerpflichtigen unter die Finanzhoheit eines Staates allein als Rechtfertigung für den hoheitlichen Zugriff gesehen. Vielmehr bedarf es nach heutiger Ansicht einer besonderen Rechtfertigung durch die Sozialpflichtigkeit des Steuergegenstandes und des darüber verfügungsberechtigten Grundrechtsträgers[150]. Eine Steuer kann nur dann gerecht und verfassungsgemäß sein, wenn sie vergleichbare Gruppen gleich belastet. Maßstab dafür ist das Leistungsfähigkeitsprinzip. Das Leistungsfähigkeitsprinzip ist Ausdruck der Grundrechtsbindung des Hoheitsträgers bei der Besteuerung der Steuerpflichtigen. Es soll als Verfassungsprinzip eine verlässliche Gleichmäßigkeit bei der Besteuerung gewährleisten und so den hoheitlichen Eingriff rechtfertigen[151]. Die Frage der Verteilung der Steuerlast ist nicht nur für die Art und Weise der Besteuerung von Bedeutung, sondern ist grundlegend für die Rechtfertigung der Steuererhebung an sich. Das BVerfG vertritt daher die Auffassung, dass der steuerliche Eingriff in die Vermögens- und Rechtssphäre des Einzelnen seine Rechtfertigung auch und gerade aus der Gleichheit der Lastenzuteilung gewinnt[152].

2. Entwicklung der Dogmatik des Leistungsfähigkeitsprinzips

Das vor der Entwicklung des Leistungsfähigkeitsprinzips herrschende Äquivalenzprinzip hat Ähnlichkeiten mit dem im Zivilrecht zu findenden Gedanken des do ut des[153]. Es geht von einem Äquivalenzverhältnis zwischen der Leistung des Staates und der Gegenleistung des Steuerpflichtigen aus. Der Steuerpflich-

---

[148] Siehe *Mayer*, Deutsches Verwaltungsrecht, S. 315 f.
[149] Siehe *Blumenstein*, System des Steuerrechts, S. 2 f.
[150] Vgl. *Kirchhof*, in: Handbuch des Staatsrechts, § 88 Rn. 52.
[151] Vgl. BVerfG v. 27.06.1991, BVerfGE 84, 239 (268 f.).
[152] Vgl. BVerfG v. 27.06.1991, BVerfGE 84, 239 (268 f.); BVerfG v. 22.06.1995, BVerfGE 93, 121 (134).
[153] Vgl. *Tipke*, Steuerrechtsordnung, Bd. I, S. 475.

tige soll so viel an Steuern an den Staat bezahlen, wie er von diesem profitiert. Diese Art der Bestimmung der Höhe des Steuerzugriffsrechts des Staates knüpft noch nicht an die Person des Steuerpflichtigen und dessen persönliche Leistungsfähigkeit an, sondern macht die Staatsleistung zum Maßstab der Besteuerung[154].

Die Kritik am individuellen Äquivalenzprinzip betrifft v.a. die Verletzung des Sozialstaatsprinzips. Eine besonders auf staatliche Leistungen angewiesene Person (z.B. Sozialhilfeempfänger) wäre nach dem Äqivalenzprinzip höher zu besteuern, als jemand, der nicht auf finanzielle staatliche Hilfe angewiesen ist, bzw. weniger oder keine staatlichen Leistungen erhält. Zudem ergeben sich Schwierigkeiten bei der Zurechnung von staatlichen Leistungen zum einzelnen Steuerpflichtigen. Die Steuerpflicht müsste aus Praktikabilitätsgründen zusammengefassten Bevölkerungsgruppen auferlegt werden, jedoch stellt sich hier wiederum das Problem die Gruppe der Steuerschuldner mit der der Nutznießer in Übereinstimmung zu bringen[155]. Hierzu fehlen sachgerechte Maßstäbe, was heute allein schon für einen Verstoß gegen Art. 3 Abs. 1 GG ausreichen würde. Zudem widerspräche eine Steuer, die allein an einem Äquivalenzverhältnis anknüpft auch dem verfassungsrechtlichen Steuerbegriff, der inhaltsgleich mit der in § 3 Abs. 1 AO positivierten, einfachgesetzlichen Definition des Steuerbegriffs ist und das Fehlen einer Gegenleistung für die Zahlung von Steuern als Tatbestandsmerkmal enthält. Eine klare Abgrenzung zur Gebühr wäre nicht mehr möglich, da Abgrenzungskriterium gerade die – bei der Steuer nach der Definition in § 3 Abs. 1 AO fehlende – konkrete Gegenleistung ist.

Trotz dieser Schwachpunkte herrschte das Äquivalenzprinzip zur Steuerrechtfertigung, aber auch zur Bestimmung der Leistungsfähigkeit bis zum Ende des 18. Jahrhunderts. Auch *Adam Smith*, der in der Übergangsphase zum modernen Leistungsfähigkeitsbegriff gegen Ende des 18. Jahrhunderts seine viel beachteten Wirtschaftstheorien aufstellte, zeigt seine Verwurzelung im Äquivalenzprinzip, wenn er proklamiert, dass alle Personen Steuern zahlen sollten "in proportion to the revenue which they respectively enjoy under the protection of the state"[156]. Auch *Smith* stellt auf eine Staatsleistung ab, die durch eine Gegenleistung abzugelten ist.

---

[154] Vgl. *Jüptner*, Leistungsfähigkeit und Veranlassung, S. 22.

[155] Vgl. *Tipke/Lang*, Steuerrecht, §4 Rz. 87.

[156] Siehe *Smith*, Wealth of Nations, Vol. II, Book V Chapter II Part II; eigene Übersetzung: "im Verhältnis zu dem Gewinn, den sie ihrerseits unter dem Schutz des Staates genießen."

Vom individuellen Äquivalenzprinzip im Sinne eines Steuermaßstabs ist das allgemeine Äquivalenzprinzip als Steuerrechtfertigungsgrund zu unterscheiden. Eine Steuer ist gerechtfertigt, wenn sie Äquivalent für die öffentlichen Leistungen des Staates ist (Generaläquivalenz)[157]. General- oder Globaläquivalenz meint die Bestimmung der Staatsleistung global für alle Leistungsempfänger, nicht individuell für den einzelnen Leistungsempfänger. In einem reinen Äquivalenzsystem wäre der Wert der Staatsleistung zu ermitteln, die zur Erzeugung sämtlicher wirtschaftlicher Werte beigetragen hat. Man kann von einem Verhältnis der Gegenseitigkeit sprechen nicht aber von einem Gegenleistungsverhältnis. Dieser Ansatz zur Steuerrechtfertigung löst allerdings noch nicht die Frage nach der individuellen Höhe der Steuerlast und erspart zur Steuerbemessung nicht den Rückgriff auf andere Maßstäbe. Der richtige Maßstab dafür wird nach heute ganz h.M. in der individuellen Leistungsfähigkeit des Einzelnen gesehen. Eine äquivalente Steuer im Sinne einer pauschalen Kopfsteuer wäre nach diesen Maßstäben nicht gerechtfertigt. Die Stärke einer pauschalen Kopfsteuer liegt in ihrer von Volkswirten immer wieder attestierten Allokationseffizienz. Durch die Einheitlichkeit für jeden Bürger ohne Rücksicht auf Vermögen, Einkommen oder andere Indikatoren sollen wirtschaftliche Entscheidungen am wenigsten beeinflusst werden[158]. Dies ändert jedoch nichts an der Tatsache, dass eine gleiche Belastung von wirtschaftlich nicht gleichgestellten Bürgern eine Verletzung des Gleichheitsgrundsatzes darstellt und infolgedessen nicht mit modernen Gerechtigkeitsvorstellungen vereinbar ist.

Einen wirklichen Wendepunkt in der Bestimmung der individuellen Steuerlast markiert die französische Revolution, die sich mit der Deklaration von Menschen- und Bürgerrechten vollständig dem modernen Leistungsfähigkeitsbegriff zuwendete[159]. Durch die Anknüpfung an die individuelle Leistungsfähigkeit des Einzelnen wird gegenüber dem Äquivalenzprinzip der Bezugspunkt gewechselt. Nicht mehr das Verhältnis Staat-Bürger, sondern das besser greifbare Verhältnis Bürger-Staat ist maßgeblicher Anknüpfungspunkt[160]. Dadurch wurde die Frage des Nutzens staatlicher Ausgaben abgekoppelt und der Weg für eine sozialstaatliche Ausgabengestaltung freigemacht. In Deutschland hielt das Leistungsfähigkeitsprinzip zunächst in verschiedenen Verfassungen von Einzelstaaten des Deutschen Bundes zur Zeit des Konstitutionalismus Einzug. Nach dem ersten Weltkrieg wurde das Leistungsfähigkeitsprinzip schließlich in die Weimarer Reichsverfassung aufgenommen. Art. 134 WRV lautete:

---

[157] Vgl. *Tipke*, Die Steuerrechtsordnung, Bd. I, S. 475.
[158] Vgl. *Schön*, in: Mellinghoff u.a., Die Erneuerung des Verfassungsstaates, S. 143 (156).
[159] Vgl. *Tipke/Lang*, Steuerrecht, §4 Rz. 87.
[160] Vgl. *Birk*, Leistungsfähigkeitsprinzip, S. 21 f.

„Alle Staatsbürger ohne Unterschied tragen im Verhältnis ihrer Mittel zu allen Lasten nach Maßgabe der Gesetze bei".

Auch in vielen anderen modernen Verfassungen ist ein solcher Passus, z. T. sogar darüber hinausgehende materiell-rechtliche Festlegungen, enthalten[161]. Dagegen ist im Grundgesetz keine entsprechende Positivierung zu finden[162]. Ungeachtet dessen wird das Leistungsfähigkeitsprinzip ganz überwiegend als ein im Grundgesetz verankertes Verfassungsprinzip anerkannt.

3. Leistungsfähigkeitsprinzip als Verfassungsprinzip

Die Regeln einer Rechtsordnung beruhen auf bestimmten sachgerechten Wertungen, nach denen die Verhältnisse in einer Rechtsgemeinschaft geordnet sind. Die Grundlage hierfür bilden „Prinzipien als ordnungsstiftende Grundwertungen, die als richtunggebende Maßstäbe durch den rechtsethischen Konsens rechtliche Entscheidungen zu rechtfertigen vermögen"[163]. Zu unterscheiden sind die systemtragenden Prinzipien des Steuerrechts, die verfassungskräftigen Subprinzipien und die einfach-gesetzlichen Prinzipien. Die ersteren sind solche Rechtsprinzipien, die das steuerrechtliche System im Ganzen tragen, nämlich die Prinzipien formaler aber auch materialer Rechtsstaatlichkeit[164]. Verfassungsrechtliche Prinzipien sind allgemein gültige Grundsätze, die der Individualisierung im Wege der Ausformung und fachspezifischen Konkretisierung durch Subprinzipien bedürfen. Beispielsweise sind der Gleichheitsgrundsatz, das Legalitätsprinzip, das Übermaßverbot und das sozialstaatliche Prinzip als verfassungsrechtliche Prinzipien im Grundgesetz normiert[165].

Eine Mindermeinung ist der Auffassung, das Leistungsfähigkeitsprinzip sei kein Verfassungsprinzip, sondern lediglich einer von vielen sachlichen Differenzierungsgründen, die eine Verletzung des Gleichheitssatzes rechtfertigen[166]. Damit wird die qualifizierte Stellung des Leistungsfähigkeitsprinzips als systemtragendes Prinzip mit Verfassungsrang bestritten. Der Gesetzgeber hat die

---

[161] Vgl. *Tipke/Lang*, Steuerrecht, §3 Rz. 8.

[162] Eine verfassungsrechtliche Positivierung wird angesichts einer drohenden Zunahme von Gerichtsverfahren auch kritisch gesehen, vgl. *Tipke/Lang*, Steuerrecht, §3 Rz. 8.

[163] Siehe *Larenz*, Richtiges Recht, S. 23ff.

[164] Vgl. *Tipke*, Steuerrechtsordnung, Bd. I, S. 135ff.

[165] Vgl. *Tipke/Lang*, Steuerrecht, § 4 Rn. 13.

[166] Vgl. *Weber-Fas*, Allgemeines Steuerrecht, S. 14 u. 61; *Kruse*, in: Tipke (Hrsg.), Grenzen der Rechtsfortbildung im Steuerrecht, S. 77 ff.; *Kruse*, StuW 1990, 332 (330); *Arndt*, NVwZ 1988, 787 (791).

Wahl, auf welche Art und Weise er Differenzierungen treffen will, solange es dafür einen sachlichen Grund gibt. Die Prüfung einer Steuernorm anhand des Gleichheitssatzes erschöpft sich in der Frage, ob ein sachlicher Grund für eine Ungleichbehandlung vorliegt[167]. Diese Meinung ist aufgrund der ihr immanenten positivistischen Tendenz abzulehnen. Ihr liegt die Annahme zugrunde, der Gesetzgeber allein entscheide über den materiellen Gehalt der Steuergesetze, ohne die Überlegenheit einer verfassungsrechtlichen Dogmatik von der bereichsspezifischen Auslegung des Gleichheitssatzes hin zur Steuergerechtigkeit und zum Prinzip der Besteuerung nach der Leistungsfähigkeit anzuerkennen.

Die herrschende Meinung erblickt im Leistungsfähigkeitsprinzip das Fundamentalprinzip der Besteuerung[168]. Es ist verfassungsrechtliches Subprinzip, das den Gleichheitssatz als höherrangiges und damit abstrakteres Verfassungsprinzip steuerspezifisch konkretisiert. Entsprechend seiner Stellung als hochrangiges Prinzip in der Prinzipienhierarchie und dem dadurch bedingten hohen Grad an Abstraktion bedarf das Leistungsfähigkeitsprinzip jedoch selbst der Konkretisierung. Im Gegensatz zu normierten Prinzipien wirkt das Leistungsfähigkeitsprinzip normkonzipierend, d.h. es wirkt durch Normen, die das Leistungsfähigkeitsprinzip selbst konkretisieren und umsetzen und bei deren Auslegung es heranzuziehen ist. Es ist als wertendes Prinzip von den rein technischen Prinzipien, z.B. dem Prinzip der Zweckmäßigkeit, zu unterscheiden. Durch das Erfordernis einer wertenden Auslegung wird das Leistungsfähigkeitsprinzip nicht etwa zur Leerformel[169], sondern wie bei anderen hoch abstrakten Rechtsprinzipien lässt sich sein Inhalt durch eine wertende Auslegung bestimmen. Damit hat das Leistungsfähigkeitsprinzip durchaus normativen Charakter, es ist nicht etwa nur ein rein finanzwissenschaftliches Postulat[170]. Zwar wird häufig die Besteuerung nach dem Prinzip der Leistungsfähigkeit als politisches Schlagwort benutzt, um Änderungen der Steuergesetzgebung mehr oder weniger inhaltsleer zu begründen. Alleine wegen des betriebenen Missbrauchs kann man dem Begriff aber noch keine mangelnde juristische Aussagefähigkeit oder ideologische Tendenz sozialer Nivellierung vorwerfen[171]. Die materielle Substanz der Begriffe Steuergerechtigkeit bzw. Leistungsfähigkeitsprinzip kann und muss von der

---

[167] Vgl. *Arndt*, NVwZ 1988, 787 (791).
[168] Vgl. *Hey*, Grundentscheidungen für ein neues Einkommensteuergesetzbuch, S. 412; *Tipke*, Steurrechtsordnung, Bd. I, S. 228 ff.
[169] In diesem Sinne aber *Gassner/Lang*, Das Leistungsfähigkeitsprinzip im Einkommen- und Körperschaftsteuerrecht, S. 58 ff. Noch weiter geht *Wenger*, in: FS Rose, S. 181 f., der das Leistungsfähigkeitsprinzip gar als überflüssige „Schrottformel" bezeichnet.
[170] So aber *Kruse*, StuW 1990, 322 (326 f.).
[171] Vgl. *Lang*, in: Tipke/Bozza (Hrsg.), Besteuerung von Einkommen, S. 123 (133) entgegen *Leisner*, StuW 1983, 97.

Steuerrechtswissenschaft aus der Verfassung herausgearbeitet werden[172]. Die Herausbildung einer eigenen Rechtsdogmatik im Bereich der Steuerwissenschaft ist eine der vordringlichsten Aufgaben der Steuerrechtswissenschaft, die sie insbesondere von der Finanzwissenschaft unterscheidet[173].

Das Leistungsfähigkeitsprinzip bedarf aufgrund seines hohen Abstraktionsgrades selbst der Konkretisierung. Diese findet es vor allem in den praktisch wichtigen verfassungskräftigen Subprinzipien subjektives und objektives Nettoprinzip: Die Einkünfte sind nicht nach den Bruttoeinkünften zu bestimmen, sondern richten sich nach den Nettoeinkünften, d.h. dem Einkommen nach Abzug der dadurch veranlassten Ausgaben zur Erhaltung der Erwerbsgrundlage (= objektives Nettoprinzip); aus den Einkünften sind nach der Lehre vom indisponiblen Einkommen die Aufwendungen für den notwendigen Lebensbedarf als für die Steuerzahlung nicht verfügbare Teile des Markteinkommens herauszurechnen. Steuerfrei bleiben muss demnach das Existenzminimum des Steuerpflichtigen und Unterhaltsaufwendungen für Familienangehörige (= subjektives Nettoprinzip)[174]. Das objektive und das subjektive Nettoprinzip treffen lediglich Aussagen über das, was zu besteuern ist, also die individuelle Leistungsfähigkeit der Steuerpflichtigen. Über das „Wie" der Besteuerung sagen sie nichts aus.

Zur Konkretisierung der individuellen Leistungsfähigkeit wurde früher die finanzwissenschaftliche Opfertheorie herangezogen, der zufolge der Grenznutzen von Einkommen mit steigender Höhe abnimmt. Die Proportionen der Besteuerung verschieden Leistungsfähiger sind danach so zu verteilen, "dass die durch die Besteuerung bewirkten Einbußen der einzelnen an ökonomisch-finanzieller Dispositionskraft als relativ gleich schwer anzusehen sind"[175]. Die Steuerhöhe wird nach einer Nutzenfunktion in Abhängigkeit vom Einkommen bestimmt, bei der bei zunehmendem Einkommen ein sinkender Grenznutzen messbar ist[176]. Daraus wurde der Schluss gezogen, dass die steuerliche Leistungsfähigkeit mit steigendem Einkommen zunimmt. Demnach entspricht ein progressiv ausgestalteter Steuertarif dem Prinzip der Besteuerung nach der wirtschaftlichen Leistungsfähigkeit. Die Theorie vom abnehmenden Grenznutzen wird in der heutigen Steuerwissenschaft jedoch wegen der mangelnden wissenschaftlichen Bestimmbarkeit des Grenznutzens kaum mehr herangezogen[177]. Nach dem Ver-

---

[172] Vgl. *Birk*, StuW 1983, 293 (297 ff.).

[173] Vgl. *Birk*, StuW 1983, 293 (295 ff.).

[174] Vgl. *Tipke/Lang*, Steuerrecht, § 4 Rn. 113 und § 9 Rn. 42.

[175] Siehe *Neumark*, Steuerpolitik, S. 135.

[176] Die Problematik liegt in der Bestimmung der Grenznutzenkurve, die nicht ohne Wertungen geschehen kann und stark typisieren und generalisieren muss.

[177] Vgl. *Birk*, Leistungsfähigkeitsprinzip, S. 50.

ständnis der heute wohl h.M. wäre auch ein linearer oder proportionaler Tarif vor dem Leistungsfähigkeitsprinzip gerechtfertigt[178]. Daher lässt sich eine Aussage des Leistungsfähigkeitsprinzips zum Tarifverlauf nur in der allgemeinen Form der Nettoprinzipien und in Form einer Negativabgrenzung treffen[179]. Negativ lässt sich jedenfalls ein degressiver Tarifverlauf als gegen das Leistungsfähigkeitsprinzip verstoßend ausgrenzen. Daraus wird ersichtlich, dass das Leistungsfähigkeitsprinzip nicht unbedingt einen progressiven Steuertarif fordert. Das Erfordernis eines progressiven Tarifverlaufs lässt sich nicht auf das Leistungsfähigkeitsprinzip, sondern allenfalls auf das Sozialstaatsprinzip stützen. Tatsächlich hat demnach das Leistungsfähigkeitsprinzip für die Bestimmung des Steuertarifs und seines Verlaufs wenig Aussagekraft[180]. Weitaus größere Bedeutung kommt dem Leistungsfähigkeitsprinzip bei der Beurteilung der Rechtmäßigkeit der Bemessungsgrundlage zu. Hier kann es überzeugend konkretisiert werden und juristische Aussagekraft entfalten, so dass der Vorwurf der Leerformel widerlegt ist.

4. Leistungsfähigkeitsprinzip als Grundrechtskonkretisierung

Im Grundgesetz findet sich keine spezielle Bestimmung darüber, wie – d.h. nach welchen Grundsätzen – die Staatsbürger an den öffentlichen Lasten zu beteiligen sind. Die Gestaltungsfreiheit des Gesetzgebers im Bereich der Steuererhebung ist jedoch durch die Finanzverfassung und die Grundrechte beschränkt. Zu der Begrenzungswirkung des Gleichheitssatzes kommt seine Bedeutung für die Rechtfertigung der Lastenerhebung an sich. Der steuerliche Eingriff gewinnt seine Rechtfertigung auch und gerade aus der Gleichheit der Lastenzuteilung[181]. Allein die Gewährleistung einer Gleichbehandlung von vergleichbaren Sachverhalten macht den Zugriff des Staates auf das Vermögen der Steuerpflichtigen rechtmäßig[182]. Der Gleichheitssatz ist wegen seiner herausragenden Bedeutung im Bereich der Besteuerung, wie der frühere Bundesverfassungsgerichtspräsident und Bundespräsident *Roman Herzog* es ausdrückte, die „Magna Carta des Steuerrechts“[183].

---

[178] So *Tipke*, Steuergerechtigkeit in Theorie und Praxis, S. 97 ff.

[179] So auch *Schmidt*, FA 26, 385 (403), der für eine negative Definition plädiert und inhaltlich ein Gebot zur Vermeidung einer regressiven Belastung mit Einkommensteuer und eine Pflicht zur Beachtung der Familienverhältnisse vorschlägt.

[180] Dazu *Lang*, in: Tipke/Bozza (Hrsg.), Besteuerung von Einkommen, S. 123 (132).

[181] Vgl. BVerfG v. 27.06.1991, BVerfGE 84, 239 (268 f.).

[182] Siehe dazu auch S. 74 ff.

[183] Siehe *Herzog*, in: Bund der Steuerzahler, VI. Deutscher Steuerzahler-Kongress, S. 11.

a) Allgemeiner Gleichheitssatz

Der allgemeine Gleichheitssatz bildet einen in allen Bereichen geltenden Verfassungsgrundsatz[184]. Als subjektives Abwehrrecht verbietet Art. 3 Abs. 1 GG eine willkürliche Ungleichbehandlung von wesentlich Gleichem und umgekehrt auch eine Gleichbehandlung von wesentlich Ungleichem[185]. Nach der sog. neuen Formel des BVerfG ist bei der Anwendung des allgemeinen Gleichheitssatzes nach der Art der Ungleichbehandlung zu differenzieren. Bei Ungleichbehandlung von Sachverhalten erfolgt lediglich eine Prüfung, ob die Differenzierung willkürlich ist. Willkür ist nicht gegeben, wenn irgendein sachlicher Grund die Ungleichbehandlung rechtfertigt. Differenziert eine Regelung dagegen zwischen vergleichbaren Personengruppen, kann dies nur durch wesentliche Unterschiede der Gruppen gerechtfertigt sein[186]. Notwendig sind Differenzierungsgründe „von solcher Art und solchem Gewicht, dass sie die ungleichen Rechtsfolgen rechtfertigen können"[187]. Die neue Formel macht bei personenbezogenen Regelungen eine Verhältnismäßigkeitsprüfung zur Rechtfertigung einer Ungleichbehandlung erforderlich. Unproblematisch ist dies bei Lenkungssteuern, da hier ein Zweck extrahiert werden und damit eine Zweck-Mittel-Relation durchgeführt werden kann. Problematisch ist dies allerdings bei Lastenausteilungs- (=Fiskalzweck-)normen. Der Zweck, also die Einkünfteerzielung des Staates, ist hier kaum abwägungsfähig, was wohl ein Grund für die eher formale Sicht der Steuergerechtigkeit des BVerfG ist, die die Überprüfungsmöglichkeiten stark einengt.

b) Freiheitsgrundrechte

In den achtziger und neunziger Jahren begann eine Phase neuer Qualität und Intensität in der verfassungsgerichtlichen Kontrolle des Steuergesetzgebers. Das BVerfG ging dazu über, das Leistungsfähigkeitsprinzip nicht mehr nur am allgemeinen Gleichheitssatz festzumachen, sondern es auch aus den Freiheitsgrundrechten – v.a. der Eigentumsfreiheit – zu entwickeln. Mit der Konkretisierung geht auch eine engere Kontrolle der Steuergesetzgebung durch die Rechtsprechung einher[188]. Nach der früheren ständigen Rechtsprechung des BVerfG

---

[184] Vgl. *Jarass/Pieroth*, GG, Art. 3 Abs. 1 Rn. 1.

[185] Nachfolgend wird der Einfachheit halber nur von Ungleichbehandlung gesprochen, jedoch stets auch die Gleichbehandlung von Ungleichem gemeint.

[186] Vgl. z.B. BVerfG v. 08.06.1993, BVerfGE 89, 15 (22 f.), st. Rspr.

[187] Siehe BVerfG v. 10.01.1995, BVerfGE 91, 389 (401).

[188] Die Beschlüsse des BVerfG sind häufig mit der Begründung kritisiert worden, dass es mit den sehr konkreten Ausführungen, insbesondere zum Halbteilungsgrundsatz, zu sehr in die

wurde das Vermögen als Ganzes im Gegensatz zu einzelnen Vermögenswerten nicht geschützt[189]. Der Schutzbereich von Art. 14 Abs. 1 GG wurde durch die Auferlegung von Geldleistungspflichten grundsätzlich als nicht eröffnet angesehen. Eine anerkannte Ausnahme von diesem Grundsatz bestand für den Fall, dass der Pflichtige übermäßig belastet und seine Vermögensverhältnisse grundlegend beeinträchtigt wurden[190]. In den sog. Einheitswertbeschlüssen[191] hat der Zweite Senat des BVerfG eine andere Auffassung vertreten. Am Bestandsschutz nimmt danach nicht nur der Vermögensstamm teil, sondern auch der Vermögensertrag als Grundlage individueller Freiheit. Daher darf eine Vermögensteuer nur so bemessen werden, dass „sie in ihrem Zusammenwirken mit den sonstigen Steuerbelastungen die Substanz des Vermögens, den Vermögensstamm, unberührt läßt und aus den üblicherweise zu erwartenden Erträgen (Sollerträge) bezahlt werden kann"[192]. Dies wurde zu Recht als grundlegender Wandel der Rechtsprechung gedeutet, da das BVerfG in seiner Verfassungsauslegung so weit ging, dem Gesetzgeber sogar zahlenmäßige Vorgaben hinsichtlich der steuerlichen Gesamtbelastung zu machen[193]. Jedenfalls haben die Einheitswertbeschlüsse durch die Möglichkeit einer Überprüfung anhand der Freiheitsgrundrechte zu einer höheren Kontrolldichte der Steuergesetzgebung geführt.

II. Durchbrechung des Leistungsfähigkeitsprinzips durch steuerliche Lenkungsnormen

Die Verwirklichung des Leistungsfähigkeitsprinzips hängt wesentlich davon ab, wie vollständig das Totaleinkommen steuerlich erfasst wird. Bestehen bei der Erfassung des Einkommens erhebliche Lücken durch steuerliche Ausnahmevorschriften, so ist davon auszugehen, dass die Leistungsfähigkeit nicht gleichmä-

---

Zuständigkeit der Legislative vorgedrungen sei und dem Gesetzgeber in zu starkem Maße inhaltliche Vorgaben mache, u.a. *Arndt/Schumacher*, NJW 1995, 2603, *Bull*, NJW 1996, 281 (283). Dem kann so nicht zugestimmt werden. Zum einen ist, entgegen der gegenteiligen Ansicht, das BVerfG durchaus befugt, die verfassungsrechtliche Prüfung auch auf Normen auszudehnen, deren Prüfung von der Vorlagefrage des einfachen Gerichts nicht gedeckt wird, wenn sie entscheidungserheblich ist. Zum anderen zeigt sich in der Präzisierung durch den Halbteilungsgrundsatz das typische Problem, das immer auftaucht, wenn das BVerfG bei der ihm aufgegebenen Konkretisierung aus allgemeinen Verfassungsprinzipien quantifizierbare Aussagen herleiten muss, so auch *Vogel*, NJW 1996, 1257 (1258).

[189] Vgl. BVerfG v. 20.07.1954, BVerfGE 4, 7 (17); BVerfG v. 31.05.1998, BVerfGE 78, 232 (243); st. Rspr.

[190] Vgl. BVerfG v. 31.05.1990, BVerfGE 82, 159 (190).

[191] Vgl. BVerfG v. 22.06.1995, BVerfGE 93, 121 und 165.

[192] Siehe BVerfG v. 22.06.1995, BVerfGE 93, 121 (137)

[193] Vgl. dazu *Leisner*, NJW 1995, 2591 (2594).

ßig abgebildet wird[194]. Einen besonders gewichtigen Störfaktor, der zu einer Verwässerung der Bemessungsgrundlage führt, bilden steuerliche Lenkungsnormen, die weniger die Leistungsfähigkeit des Steuerpflichtigen abbilden, als seine Bereitschaft dem Lenkungsanreiz des Staates zu folgen.

Anders als direkte Subventionen durchbrechen Lenkungssteuern das Leistungsfähigkeitsprinzip[195]. Ihr Zweck ist nicht die gerechte und gleichmäßige Verteilung der Steuerlast, sondern die wirtschaftliche Lenkung oder soziale (auch kulturelle) Gestaltung[196]. Der Steueranreiz entgilt Planungstreue, die steuerliche Sonderlast erschwert Planungsflüchtigkeit jeweils unabhängig von der tatsächlichen Leistungsfähigkeit des Steuerpflichtigen[197]. Im Wesentlichen werden zum Verhältnis von steuerlichen Lenkungsnormen zum Leistungsfähigkeitsprinzip vier Auffassungen vertreten.

1. Unitaristische Auffassung

Die unitaristische Auffassung sieht die gesamten Normen des Steuerrechts als Einheit an, deren Inhalt am Leistungsfähigkeitsprinzip zu messen ist. Auch Steuervergünstigungen werden daran gemessen und verstoßen dagegen. Nach dieser Ansicht ist der Gleichheitssatz durch Steuervergünstigungen stets verletzt. So heißt es in den Beschlüssen zum 57. Deutschen Juristentag:

> „Zur Verwirklichung von Lastengleichheit und Vereinfachung sind Steuervergünstigungen und steuerliche Sonderregelungen zu streichen. Ausnahmen von der Regelbesteuerung zugunsten einzelner Gruppen sind Verstöße gegen die Gleichmäßigkeit der Besteuerung, wenn sie sich nicht an der finanziellen Leistungsfähigkeit... orientieren..."[198].

Scheinbar lässt diese Ansicht auch keinen Differenzierungsgrund zu, um eine Ungleichbehandlung zu rechtfertigen. Damit wäre z.B. auch eine Lenkung mit dem Ziel des Umweltschutzes als nicht an der individuellen Leistungsfähigkeit orientiert und somit verfassungswidrig abzulehnen[199].

---

[194] Vgl. *Lang*, in: Tipke/Bozza (Hrsg.), Besteuerung von Einkommen, S. 123 (140).
[195] Vgl. *Tipke*, Steuerrechtsordnung, Bd. I, S. 361.
[196] Siehe S. 64 ff.
[197] Vgl. *Kirchhof*, Besteuerung im Verfassungsstaat, S. 30.
[198] Siehe Sitzungsbericht N zum 57. Deutschen Juristentag in Mainz 1988, S. 211.
[199] Vgl. Darstellung bei *Tipke*, Steuerrechtsordnung, Bd. I, S. 362 m.w.N.

2. Strikte Trennungstheorie

Eine in der Literatur vertretene Ansicht trennt strikt zwischen Fiskalzwecknormen und Lenkungsnormen (strikte Trennungstheorie). Sie geht von der völligen Verschiedenartigkeit dieser beiden Normenarten aus. Lenkungsnormen hätten inhaltlich grundsätzlich nichts mit der Besteuerung als Geldbeschaffungsmethode des Staates zu tun, sondern bildeten zusammen mit den Fiskalzwecknormen lediglich eine technische, nicht aber eine sachliche Einheit[200]. Sachlich handelt es sich danach bei Lenkungsnormen um Subventionen, Prämien oder Sozialleistungen, die sich von diesen lediglich durch ihre steuertechnische Einkleidung unterscheiden. Lenkungsnormen sind in den Augen der Vertreter der strikten Trennungstheorie Normen des Wirtschaftsrechts[201]. Daher dürften sie nicht anders behandelt werden als direkte Subventionen. Da das Leistungsfähigkeitsprinzip nicht auf direkte Subventionen angewendet werden könne, sei es auch nicht auf steuerliche Subventionen anwendbar. Für Lenkungsnormen gelte ein anderer Maßstab der Sachgerechtigkeit, allerdings erkennt auch diese Ansicht an, dass bei der Gewährung von Steuervergünstigungen geprüft werden muss, ob die Maßnahme geeignet, erforderlich und verhältnismäßig ist[202].

3. Rechtfertigungstheorie

Die Rechtfertigungstheorie trennt ebenfalls zwischen Fiskalzwecknormen und Lenkungsnormen. Jedoch ist ihr zufolge in jedem Einzelfall abzuwägen, ob das Gemeinwohlinteresse an der Durchsetzung der Lenkungsmaßnahme den Einbruch in die Leistungsfähigkeitsbesteuerung zu rechtfertigen vermag. Die mit der Lenkungsmaßnahme beabsichtigten Zwecke sind danach der Intensität der Verletzung des Leistungsfähigkeitsprinzips abwägend gegenüberzustellen[203]. Eine Steuerintervention kann nur gerechtfertigt werden, wenn der Gesetzgeber dadurch das wirtschaftliche Verhalten des Steuerpflichtigen aus Gründen des Allgemeinwohls fördern oder lenken will[204]. Durch dieses Erfordernis soll der Gesetzgeber gezwungen werden, den gemeinwohldienlichen Lenkungszweck strikt vom Gruppenprivileg abzugrenzen und seine Gemeinwohlverpflichtung nachdrücklich gegenüber tagesaktuellen Interventionswünschen abzuschir-

---

200 Vgl. *Zitzelsberger*, StuW 1985, 197 (206).
201 Vgl. *Tipke*, Steuerrechtsordnung, Bd. I, S. 364.
202 Speziell am Merkmal der Geeignetheit macht diese Ansicht Verstöße gegen den Gleichheitsgrundsatz fest – insbesondere bei nicht sachgerechten, unzweckmäßigen Maßstäben bei der Gewährung, vgl. *Tipke*, Steuerrechtsordnung, Bd. I, S. 364.
203 Vgl. *Birk*, Leistungsfähigkeitsprinzip, S. 232 u. 244.
204 Vgl. auch BVerfG v. 22.06.1995, BVerfGE 93, 121 (147).

men[205]. Die Rechtfertigung kann nur über eine Verhältnismäßigkeitsabwägung erfolgen, da an die Stelle des Leistungsfähigkeitsgedankens eine Wertungsalternative tritt: das Gestaltungsziel, das u.U. eine von dem Leistungsfähigkeitsprinzip abweichende Lastenverteilungsentscheidung erforderlich macht. Der Abwägungsvorgang erfolgt durch Gegenüberstellung des Geltungsanspruchs der lastenausteilenden Verfassungsnormen (insbesondere Leistungsfähigkeitsprinzip) und den – eine Durchbrechung dieser Normen erfordernden und insofern – höherwertigen Gemeinwohlinteressen.

Wesentliche Voraussetzung für die Rechtfertigung ist das Bestehen eines Gestaltungsziels. Die Intervention zugunsten außerfiskalischer Zwecke muss vom Gesetzgeber im Voraus bewusst erwogen, entschieden sowie hinreichend kenntlich gemacht worden sein. Deshalb setzt die Rechtfertigung einer Durchbrechung des Leistungsfähigkeitsprinzips eine erkennbare Entscheidung des Gesetzgebers voraus, mit dem Instrument der Steuer auch andere als bloße Ertragswirkungen erzielen zu wollen. Der Lenkungszweck muss mit hinreichender Bestimmtheit tatbestandlich vorgezeichnet sein[206].

Wird das Vorliegen eines Gestaltungsziels bejaht, ist zu prüfen, ob dieses Ziel nicht auch ohne Verstoß gegen die Kongruenz der Belastungswirkungen mit dem Verteilungsmaßstab erreicht werden kann. Liegt keine verteilungsgerechte Alternative vor, ist zu entscheiden, ob die gewählte Regelung so ausgestaltet ist, dass die Verletzung des Verteilungsmaßstabs möglichst gering gehalten wird. Erst nach Bejahung dieser Frage findet eine Verhältnismäßigkeitsprüfung im engeren Sinne, also eine Abwägung des Werts des Gestaltungsziels mit der Intensität der Verletzung des Verteilungsmaßstabs statt. *Birk* schlägt für diesen Abwägungsvorgang ein Vorgehen in drei Schritten vor: Zunächst ist die verfassungsrechtliche Relevanz der bezweckten Gestaltungswirkungen festzustellen, dann ist zu klären, wie intensiv die Belastung vom Verteilungsmaßstab abweicht und schließlich ist zu entscheiden, ob die Durchbrechung gerechtfertigt werden kann[207].

---

[205] Vgl. *Kirchhof*, Besteuerung im Verfassungsstaat, S. 72.

[206] Ein bloßes Dulden einer tatsächlichen Entwicklung – z.B. das Zurückfallen der Einheitswerte hinter die Verkehrswerte – entspricht nicht den Erfordernissen an einen politischen Willensbildungsprozess und wurde daher vom BVerfG abgelehnt: Vgl. BVerfG v. 22.06.1995, BVerfGE 93, 121 (147).

[207] Vgl. *Birk*, Leistungsfähigkeitsprinzip, S. 245.

4. Rechtsprechung des Bundesverfassungsgerichts

Auch das BVerfG unterscheidet in seiner neueren Rechtsprechung zwischen Fiskalzwecknormen und steuerlichen Lenkungsnormen und folgt damit im Wesentlichen der soeben dargestellten Literaturmeinung. Steuerliche Lenkungsnormen sind dem BVerfG zufolge auch als Steuern im Sinne der herkömmlichen Steuerdefinition anzusehen. Auch wenn der Lenkungszweck den fiskalischen Zweck der Generierung von Staatseinnahmen überwiegt oder ihn sogar zum Nebenzweck macht, ist nach der Rechtsprechung des BVerfG noch eine Steuer im Sinne der Steuerdefinition gegeben[208]. Konsequenterweise nimmt das BVerfG daher auch bei der Anwendung des Leistungsfähigkeitsprinzips grundsätzlich keine Differenzierung zwischen Lenkungs- und Fiskalzwecknormen vor. Keine Unterschiede werden bei der Vorfrage gemacht, ob das Leistungsfähigkeitsprinzip überhaupt Anwendung finden soll. Differenzierungen ergeben sich erst bei der Rechtfertigungsmöglichkeit von Verstößen dagegen und nicht schon bei der Frage, ob das Leistungsfähigkeitsprinzip grundsätzlich anwendbar ist. Während Fiskalzwecknormen das Leistungsfähigkeitsprinzip grundsätzlich einhalten müssen, kann eine Durchbrechung des Leistungsfähigkeitsprinzips durch Lenkungsnormen gerechtfertigt sein. Die Durchbrechung des Leistungsfähigkeitsprinzips stellt gerade das wesentliche Unterscheidungsmerkmal zwischen Lenkungs- und Fiskalzwecknormen dar[209]. Für das BVerfG ist das Steuerrecht ein legitimes Lenkungsinstrument der Wirtschafts- und Sozialpolitik und die Rechtfertigung von Verstößen gegen das Leistungsfähigkeitsprinzip grundsätzlich möglich[210]. Allerdings erfordert die Verfassungsmäßigkeit von Lenkungsnormen, dass die Durchbrechung durch einen besonderen wirtschaftlichen oder sozialen Zweck gerechtfertigt ist[211]. Nach der neueren Rechtsprechung des BVerfG kommen zur Rechtfertigung einer Durchbrechung des Leistungsfähigkeitsprinzips lediglich Gründe des allgemeinen Wohls als rechtfertigender Zweck für eine Förderung und Lenkung in Betracht[212].

Zur Rechtfertigung lässt das BVerfG genügen, dass die Lenkungsnorm einem besonderen wirtschaftlichen oder sozialen Zweck dient, der von solcher Art und Güte ist, dass er eine Ungleichbehandlung rechtfertigen kann. Dies wird schon dann angenommen, wenn eine Steuerverschonung zwar gleichheitswidrig wirkt, der Gesetzgeber jedoch dadurch das wirtschaftliche oder sonstige Verhalten des

---

[208] Vgl. BVerfG v. 07.05.1998, NJW 1998, 2341.
[209] Vgl. *Hey*, StuW 1998, 298 (302).
[210] Vgl. BVerfG v. 27.06.1991, NJW 1991, 2129 (2131).
[211] Vgl. BVerfG v. 28.11.1984, BVerfGE 38, 61 (80) m.w.N.
[212] Vgl. BVerfG v. 22.06.1995, BVerfGE 93, 121 (147).

Steuerpflichtigen aus Gründen des Gemeinwohls fördern oder lenken will[213]. Voraussetzung ist allerdings eine erkennbare Entscheidung des Gesetzgebers, mit der Steuernorm auch andere als Vertragszwecke erreichen zu wollen. Verfolgt eine Norm auch Lenkungsziele, so muss der Lenkungszweck mit hinreichender Bestimmtheit tatbestandlich vorgezeichnet und gleichheitsrechtlich ausgestaltet sein. Eine Verschonung, die sich auf mehrere Steuerarten auswirkt, muss sich als solche in jeder einzelnen Steuerart aber auch in der dadurch bewirkten Gesamtentlastung rechtfertigen lassen, andernfalls verstößt sie nach Ansicht des BVerfG gegen den Gleichheitssatz[214]. Eine Prüfung des Verhältnismäßigkeitsgrundsatzes bezüglich des Zwecks, also ob die Verfolgung des Zwecks selbst gerechtfertigt ist, wird im Rahmen der Abwägung zwischen der Schwere des Eingriffs und der Trägfähigkeit des Eingriffsgrundes ebenfalls durchgeführt[215]. D.h. die steuerliche Verhaltenslenkung muss einem außersteuerlichen Zweck dienen, der seinerseits erforderlich, geeignet und verhältnismäßig ist und dieses Ziel effizient mit möglichst großer Zielgenauigkeit erreichen. Bei der Auswahl der Mittel zur Zielerreichung wird dem Gesetzgeber allerdings ein relativ großzügiger Gestaltungsspielraum zugemessen[216].

D. Kritik an der Investitionslenkung durch Subventionen

Die Wirtschaftslenkung mit Hilfe von Subventionen wird zum Teil stark kritisiert. Dabei richtet sich die Kritik zum Teil gegen die Verwendung von Subventionen allgemein, ohne Unterschied zwischen direkter und indirekter Subventionierung. Von einem beachtlichen Teil der Literatur wird jedoch insbesondere die Subventionierung unter Zuhilfenahme von Normen des Steuerrechts angegriffen. Besondere Kritik wird auch an der steuerlichen Förderung von Immobilieninvestitionen geübt. Gerade im Immobilienbereich hat die Förderung mittels steuerlicher Lenkungsnormen in der jüngeren Vergangenheit ihre Schattenseiten gezeigt.

---

[213] Vgl. BVerfG v. 22.06.1995, BVerfGE 93, 121 (147).
[214] Vgl. BVerfG v. 22.06.1995, BVerfGE 93, 121 (148).
[215] Auch wenn dieser Abwägungsvorgang vom BVerfG nicht ausdrücklich so bezeichnet wird, stellt er doch nicht viel anderes als eine Verhältnismäßigkeitsprüfung dar, vgl. *Jakob*, FS Offerhaus, S. 78.
[216] Das betont insbesondere *Weber-Grellet*, NJW 2001, 3657 (3660).

I. Allgemeine Kritik an der Investitionslenkung durch Subventionen

1. Entstehung von Fehlallokationen

Aus volkswirtschaftlicher Sicht werden durch Subventionen im weiteren Sinne, also sowohl steuerliche Lenkungsnormen als auch Direktsubventionen, Fehlallokationen bewirkt. An die Stelle einer souveränen Investitionsentscheidung des Steuerpflichtigen, die sich allein an subjektivem Nutzen, Rendite und Risiko orientiert, tritt eine durch staatliche Markteingriffe beeinflusste Entscheidung. Auf diese Weise bestimmt der Staat über die Qualität von Investitionen, wodurch wiederum Investitionsentscheidungen beeinflusst werden. An die Stelle einer Investitionsentscheidung allein aufgrund von Renditeaussichten am Markt tritt eine durch den staatlichen Investitionsanreiz beeinträchtigte Entscheidung, die sich zumeist nur wegen der staatlichen Förderung wirtschaftlich rentiert. Darüber hinaus entstehen Mitnahmeeffekte bei solchen Steuerpflichtigen, die auch ohne den Subventionsanreiz investiert hätten und die als „Trittbrettfahrer" von der Subvention zusätzlich profitieren[217]. Die auf diese Weise gewonnene Renditemaximierung wird vom Steuerzahler finanziert, was sich auf die Höhe der Steuersätze bzw. der Staatsquote auswirkt.

Nur in Ausnahmefällen, wie dem sog. Marktversagen, ist eine Intervention des Staates marktwirtschaftlich gerechtfertigt[218]. Von Marktversagen wird gesprochen, wenn ohne den Anreiz eine ausreichende Allokation von Gütern und Ressourcen nicht gewährleistet ist. Beispiele sind besonders wirtschaftsschwache Regionen oder Güter, die stark unterbewertet oder marktunfähig sind. So kann bei dem ostdeutschen Beitrittsgebiet nach der Wiedervereinigung wohl von einem Marktversagen gesprochen werden, da es sich um besonders wirtschaftsschwache Gebiete handelte und teilweise noch handelt. Allerdings sind gerade in diesem Bereich auch Fehlallokationen deutlich zu Tage getreten, die eine staatliche Wirtschaftslenkung wie die Ostförderung hervorrufen kann. Milliardenbeträge flossen dort angereizt durch Steuervergünstigungen in den Bau von Immobilien, die nun zum großen Teil leer stehen, da völlig am Markt vorbei investiert wurde[219]. Dabei spielte insbesondere der Einsatz von geschlossenen Immobilienfonds eine große Rolle.

---

[217] Vgl. *Kirchhof*, EStG, Einl. Rz. 12 ff.
[218] Ebenso *Tipke/Lang*, Steuerrecht, § 20 Rz. 4.
[219] Das Ausmaß der strukturellen Leerstände ist so groß, dass die Bundesregierung sich entschlossen hat, durch die Verordnung zum Altschuldenhilfegesetz Wohnungsunternehmen ab 2001 eine zusätzliche Altschuldenentlastung zu gewähren, die sich nach der Größe abgerisse-

Die Entstehung von Mitnahmeeffekten ist nicht nur ein marktwirtschaftliches Problem, sondern führt auch zu erheblichen gleichheitsrechtlichen Bedenken. Gerade im Lichte der sog. neuen Formel[220] des BVerfG dürften diese Effekte zu einer tendenziellen Verfassungswidrigkeit führen, da sie nicht nur gelegentlich auftreten und die „Trittbrettfahrer" im Vergleich zur Allgemeinheit begünstigt werden, obwohl keine Unterschiede von solcher Art und Güte bestehen, dass sie eine Ungleichbehandlung rechtfertigen könnten[221]. Mitnahmeeffekte sind wirkungslose Subventionsgeschenke, da sich der Geförderte auch ohne die Förderung in gleicher Weise verhalten hätte und durch sie zusätzlich bereichert wird[222].

2. Mangelnde Zielgenauigkeit

Subventionierung ist kein Selbstzweck sondern stets auf die Erreichung eines Subventionsziels gerichtet. Der Zweck soll durch die Subvention möglichst punktgenau erreicht werden. Gerade die fehlende Zielgenauigkeit bei der Gewährung von Subventionen bietet häufig Anlass zu Kritik, gerade wenn ein Missverhältnis zwischen Mittelaufwand und Resultat erkennbar ist. Nicht nur die Entstehung von Fehlallokationen durch „Trittbrettfahrer" ist eine kaum zu verhindernde Begleiterscheinung von Subventionen, sondern auch der Eingriff des Staates in den Allokationsprozess des Preissystems. Daher wird vor allem von Vertretern der Wirtschaftswissenschaften gefordert, dem marktwirtschaftlichen Preismechanismus die Allokation zu überlassen und Korrekturen der Primärverteilung sowie Ziele der Einkommenssicherung mit direkten Einkommenstransfers zu verfolgen anstatt mit wenig zielgenauen Mitteln (insbesondere den steuerlichen Lenkungsmitteln)[223].

II. Kritik an der Investitionslenkung durch steuerliche Lenkungsnormen

Neben der Kritik an der Investitionslenkung durch Subventionen allgemein, wird besondere Kritik an der Wirtschaftsförderung durch steuerliche Lenkungs-

---

ner Wohnflächen bemisst.

220 Siehe S. 82 ff.

221 Vgl. *Jakob*, FS Offerhaus, S. 78 f.

222 Im Bereich der Immobilienförderung ist z.B. bei der Eigenheimzulage aufgrund der eher großzügigen Einkommenshöchstgrenzen davon auszugehen, dass ein nicht unerheblicher Teil der Geförderten auch ohne die Steuervergünstigung ein Eigenheim gekauft hätte, vgl. *Schemmel*, in: Lenken mit Steuern und Abgaben, S. 27 und Fn. 65.

223 Vgl. dazu Brockhaus, Die Enzyklopädie, Bd. 21, S. 333.

normen geübt. Der Abbau von Steuersubventionen also steuerlichen Lenkungsnormen ist eine Forderung die in der Reformdiskussion zum Steuerrecht in den letzten Jahren in Deutschland mit stetiger Regelmäßigkeit auftaucht. Dabei wird von den Befürwortern vor allem das Ziel angeführt, das deutsche Steuersystem wieder einfacher und transparenter zu machen[224]. Die Kritik kommt von Seiten der Steuerrechtswissenschaft ebenso wie aus dem Bereich der Wirtschaftswissenschaften. Insbesondere werden durch die Anwendung steuerlicher Lenkungsnormen, vor allem aber durch die – teils rückwirkende – Einschränkung der Inanspruchnahme (verfassungs-)rechtliche Fragen aufgeworfen.

1. Freiheitsgewinn oder Freiheitsverlust

Von den Befürwortern von steuerlichen Lenkungsnormen wird stets der Freiheitsgewinn durch die indirekte Verhaltenssteuerung in den Vordergrund gestellt[225]. Bei Anwendung von steuerliche Lenkungsnormen ist der Freiheitsspielraum der Betroffenen erhöht, da sie nicht einer imperativen, direkten Verhaltenspflicht gehorchen müssen, sondern vor die Wahl gestellt werden, sich entweder normgemäß zu verhalten oder einen finanziellen Nachteil in Kauf zu nehmen[226]. Dieser Nachteil kann je nach Gestaltung der Lenkungsnorm in dem Verlust steuerlicher Vorteile oder in steuerlichen Nachteilen bestehen. Dadurch ist nicht nur die vom Bürger verspürte Eingriffsintensität geringer als bei einem direkten Ge- oder Verbot, sondern die indirekte Lenkung bietet auch Vollzugsvorteile. Zur technischen Abwicklung sind keine besonderen Behörden oder Verwaltungsakte erforderlich, sie geschieht über die Finanzbehörden im Wege der Steuerfestsetzung. Daneben ist auch der Aufwand für die Steuerpflichtigen bei Steuersubventionen meist geringer, da sie nicht auf ein u.U. umfangreiches Antragsverfahren angewiesen sind. Zudem wird von den Steuerpflichtigen der Umfang einer Steuersubvention häufig überschätzt[227], d.h. mit geringerem wirtschaftlichem Aufwand erzielt der Gesetzgeber einen größeren Nutzen als bei direkter Subventionierung.

Dem ist entgegenzusetzen, dass der Verwaltungsaufwand bei Verwendung von steuerlichen Lenkungsnormen nur vordergründig gering ist. Durch die Über-

---

[224] So hat beispielsweise *Kirchhof* mit dem sog. Karlsruher Entwurf ein neues einfaches Einkommensteuergesetz entworfen, das auf steuerliche Lenkungsnormen verzichtet. Vgl. *Kirchhof*, DStR 2001, 913; *Kirchhof*, StuW 2002, 3, kritisch dazu *Weber-Grellet*, ZRP 2003, 279.
[225] Vgl. z.B. *Voß*, ZRP 2003, 458 (459 f.); *Weber-Grellet*, DB 2002, 9 (12); *Sacksofsky*, NJW 2000, 2619 (2624).
[226] So *Voß*, ZRP 2003, 458 (459 f.).
[227] Vgl. *Tipke/Lang*, Steuerrecht, § 20 Rz. 5.

frachtung des Steuerrechts und die damit einhergehende Verkomplizierung besteht ein hoher Bedarf an Personal und dessen Qualifizierung sowohl im Bereich der Finanzverwaltung als auch der Wirtschaft. Das Gegenargument, im Falle einer direkten Subventionierung fänden sich ebenso komplizierte Tatbestände im Bereich des Verwaltungsrechts wieder, ist nur dann richtig, wenn tatsächlich ein unabweisbarer Subventionsbedarf von entsprechendem Komplexitätsgrad anzunehmen wäre[228].

Es besteht jedoch neben praktischen Bedenken noch weiterer Anlass zur Kritik gerade bezüglich der dem Steuerpflichtigen angebotenen Wahlschuld, sich entweder normgemäß zu verhalten oder auf die steuerliche Vergünstigung zu verzichten. Dies berührt die Gleichheit der Lastenverteilung, stellt aber auch einen Eingriff in die Freiheit des Steuerpflichtigen dar. Die Steuer richtet sich nicht mehr rein nach dem Markterfolg des Steuerpflichtigen, sondern nach seiner Befolgungsbereitschaft im Rahmen des steuerlichen Subventionsprogramms[229]. Der Steuerpflichtige verliert somit die Freiheit, seine Investitionsentscheidungen an rein wirtschaftlichen Erwägungen auszurichten. Die Steuer wird nicht mehr anhand des individuellen Markterfolgs und damit anhand der persönlichen Leistungsfähigkeit getroffen, sondern anhand der Befolgungsbereitschaft des Normadressaten. Nicht nur der Ertrag und damit das Privateigentum wird belastet, sondern der Steuerpflichtige ebenfalls in seiner Eigentums- und Berufsfreiheit weitgehend gebunden[230].

Die Möglichkeit des Sich-Erkaufens von Freiheit, d.h. die Nichtbefolgung des Verhaltensgebots, setzt eine entsprechende Leistungsfähigkeit voraus, wodurch wiederum solche Steuerpflichtige in ihrer Freiheit mehr beeinträchtigt werden, die über weniger finanziellen Spielraum verfügen, als solche die sich die Freiheit „leisten" können[231]. Zudem werden durch steuerliche Leistungsanreize Besserverdienende in hohen Progressionsstufen bevorzugt, da sich bei ihnen durch die umgekehrte Progressionswirkung ein höherer Entlastungseffekt ergibt als bei Geringverdienern mit niedriger Progression[232]. Dies wird unter sozialpolitischen Gesichtspunkten als unangemessen kritisiert, weil das Subventionsbedürfnis mit steigendem Einkommen nicht steige, sondern eher abnehme[233]. Aus

---

[228] Ebenso *Zitzelsberger*, StuW 1985, 197 (202).
[229] Vgl. *Kirchhof*, DStR 2001, 913 (915).
[230] *Kirchhof* bezeichnet daher die Streichung von Lenkungsnormen treffend als „Rückkehr zur Freiheit der ökonomischen Vernunft". Siehe *Kirchhof*, EStG, Einl. Rz. 24.
[231] Vgl. *Kirchhof*, StuW 2002, 3 (7 ff.)
[232] *Kirchhof*, DStR 2001, 913 (915) hat wohl Recht mit seiner Behauptung, dass steuerliche Leistungsanreize den Minderbemittelten in der Regel überhaupt nicht erreichen.
[233] Vgl. *Tipke*, Die Steuerrechtsordnung, Bd. I, S. 365 m.w.N.

rechtlicher Sicht kann dagegen wohl nichts eingewendet werden, da es sich bei dem höheren Entlastungseffekt lediglich um eine mathematisch-logische Folge des progressiven Tarifs handelt[234]. Allerdings wird der Progressionseffekt bei Maßnahmen, die auf die Förderung von geringeren Einkommen abzielen, teilweise als unangemessen angesehen[235]. Den Befürwortern ist jedoch zuzugeben, dass sich einige Steuersubventionen, die auf größere Investitionen zielen, vor allem an Besserverdienende richten, da hier größere Investitionsressourcen vorhanden sind.

2. Verkomplizierung des Steuerrechts

Insbesondere in bestehenden steuerlichen Ausnahmetatbeständen in Form von steuerlichen Lenkungsnormen wird eine Ursache für die Kompliziertheit des Steuerrechts und der sich daraus entwickelnden Verschlechterung der Steuermoral gesehen[236]. Die Abschaffung von Steuersubventionen würde zu einer größeren Akzeptanz der Abgabepflicht bei den Steuerpflichtigen führen, die die augenblickliche Regelungsflut nicht mehr überblicken und in eine Resignationshaltung verfallen[237]. Dem Vereinfachungsgedanken wird jedoch von anderer Seite auch entgegengehalten, die Komplexität des Rechts sei ein Spiegel der Komplexität von Staat und Gesellschaft[238]. Auch andere hoch entwickelte Staaten hätten kaum einfachere Steuergesetze[239]. Zudem sei die Einfachheit eines Steuerrechts kein Garant für die Verteilungsgerechtigkeit[240]. Letzterem Argument ist zu entgegnen, dass auch ein hochkomplexes Steuersystem eine gerechte Verteilung der Steuerlast nicht notwendigerweise impliziert. Vielmehr kann das Streben nach Einzelfallgerechtigkeit durch Schaffung zahlreicher Ausnahme- und Sondervorschriften selbst zu Verteilungsungerechtigkeiten führen. Die Undurchdringlichkeit eines solchen Steuerrechts kann nur noch der steuerlich gut (und meist auch teuer) beratene Steuerpflichtige bewältigen. Dabei handelt es sich jedoch zumeist um die oberen Einkommensschichten, so dass Niedrigverdienern schon aus diesem Grund steuersparende Gestaltungen meist ver-

---

[234] Vgl. *Kirchhof*, StuW 2002, 3 (15), a.A. *Tipke/Lang*, Steuerrecht, § 20 Rz. 28.
[235] So *Tipke*, Steuerrechtsordnung, Bd. II, S. 718 f. insbesondere zu § 10e EStG a.F.
[236] Vgl. *Tipke*, Die Steuerrechtsordnung, Bd. I, S. 366.
[237] Ebenso *Siedenberg*, Süddeutsche Zeitung v. 6./7. September 2003, spricht gar von einer Steuerallergie, die entwickelt werde.
[238] Vgl. *Rüthers*, Rechtstheorie, Rn. 214.
[239] So weist z.B. *Schön*, StuW 2002, 23 (27) darauf hin, dass der US-amerikanische Internal Revenue Code beinahe 10000 Paragrafen allein für das Bundes-Einkommensteuerrecht hat und weitere 20000 Seiten Verwaltungsanweisungen dazu existieren.
[240] Vgl. *Weber-Grellet*, NJW 2001, 3657 (Fn. 46).

wehrt bleiben[241] und vor allem diese die Steuerbelastung in Höhe der Regelbelastung tragen. Hinzu kommt das Damoklesschwert der strafbewehrten Verantwortlichkeit für die Richtigkeit von Steuererklärungen, die kaum ein Steuerpflichtiger noch versteht. Im besten Falle kann die sorgfältige Auswahl des steuerlichen Beraters gewährleistet werden, kaum aber die Richtigkeit von dessen Steuererklärungsvorschlag[242].

3. Steuersystematische Bedenken

Die Wirtschaftslenkung durch Steuernormen stößt auch deswegen auf Kritik, weil das Ziel der Lenkungsnorm, nämlich die Erreichung des Lenkungsziels, das Steueraufkommen notwendig und idealtypisch gegen Null reduzieren würde[243]. Das gilt bei Auferlegung von Geldzahlungspflichten im Falle der Nichtbefolgung einer Verhaltensempfehlung aber auch bei Steuervergünstigungen im Falle der Befolgung im Sinne des Lenkungsziels. Durch die Verwendung von steuerlichen Lenkungsnormen entsteht ein systemimmanenter Widerspruch zwischen der Verminderung der Steuerlast durch Anregung der Vermeidung bestimmter Verhaltensweisen und dem Zweck eines möglichst hohen und konstanten Steueraufkommens[244]. Hinzu kommt die oft unvorhersehbare Wirkung von steuerbegünstigenden Lenkungsnormen, nämlich eine Motivation zu steuergestaltenden Modellen, die entgegen der ökonomischen Vernunft auf die Erlangung des Steuervorteils ausgerichtet werden[245]. Als Beispiel lässt sich die Generierung von hohen Verlustzuweisungen durch möglichst hohe Anlaufkosten bei geschlossenen Immobilienfonds nennen. Allerdings wird der Ertragsrelevanz einer Abgabe nach höchstrichterlicher Rechtsprechung schon genügt, wenn die Abgabe objektiv Ertrag bringt; ein darüber hinausgehendes finales Element wird nicht gefordert[246]. Da der Fall, dass das Aufkommen Null ist, rein hypothetisch ist, wird die Steuereigenschaft an sich nicht beeinträchtigt[247]. Der Steuerpflichtige hat jedoch die Möglichkeit, sich seine Freiheit zu erkaufen, wenn er sich nicht der Verhaltensempfehlung gemäß verhalten möchte. Das be-

---

[241] Ein weiterer Grund ist, dass sich Progressionseffekte bei Niedrigverdienern kaum auswirken, vgl. S. 91 f.

[242] Vgl. *Kirchhof*, EStG, Einl. Rz. 19.

[243] Vgl. *Kirchhof*, NJW 1987, 3217 (3226).

[244] Vgl. z.B. *Kirchhof*, EStG, Einl. Rn. 26.

[245] Vgl. *Kirchhof*, EStG, Einl. Rn. 24, vgl. dazu auch S. 102.

[246] Vgl. BVerwG v. 19.08.1994, BayVBl. 1995, 23 (25); BVerfG v. 07.05.1998, BayVBl. 1998, 493.

[247] Vgl. *Jakob/Zugmaier*, Grundfragen zur Einführung von Umweltabgaben, S. 11 ff. (S. 16f.) sehen die Lösung für den Gesetzgeber in einem „Mixtum Compostitum" von Lenkung und Ertrag, um der objektiven Ertragsrelevanz Genüge zu tun.

deutet andererseits, dass eine Lenkungssteuer nur in Bereichen einsetzbar ist, in denen der Staat auf eine Einhaltung des erwünschten Verhaltens auch verzichten kann, da stets die Gefahr besteht, dass das Lenkungsziel verfehlt wird. Daher sind Lenkungssteuern insbesondere auf dem Gebiet der Gefahrenabwehr oder zur Sicherung eines existenziellen Bedarfs generell ungeeignet[248].

4. Neutralität der Besteuerung

Neutralität der Besteuerung ist ein volkswirtschaftlicher Grundsatz, der sich aus der Annahme der Effizienz der marktwirtschaftlichen Ressourcenallokation ergibt. Folgerichtig sollte insbesondere die Herbeiführung von allokativen Verzerrungen durch Steuern verhindert werden[249]. Es ist zwar davon auszugehen, dass keine Steuer in ihrer Wirkungsweise völlig neutral ist, da grundsätzlich jede Steuer wegen des zwangsläufigen Entzugs disponibler Mittel ökonomische Wirkungen auslöst[250]. Eine neutrale Steuer wäre jedoch der Idealfall in einer Marktwirtschaft, in der sich ökonomische Kräfte grundsätzlich frei entfalten können sollen. Es ist Ziel jeder Besteuerung, die allein fiskalische Zwecke hat, möglichst neutral auf den marktwirtschaftlichen Wettbewerb zu wirken[251]. Steuerlenkungsnormen mit außerfiskalischen Zielen hingegen führen durch Eingriffe in die Wirtschaft zu zusätzlicher Beeinträchtigung des marktwirtschaftlichen Preisfindungsprozesses. Wegen dieser erhöhten Beeinträchtigung begegnen steuerliche Lenkungsnormen gravierenden volkswirtschaftlichen Bedenken. Durch die Möglichkeit der Steuerzahler, die persönliche Steuerlast unter Ausnutzung von Lenkungsnormen (oftmals progressionswirksam) massiv zu senken, führen sie dazu, Steuersätze mittel- und langfristig in die Höhe zu treiben und verfälschen die effektiven Steuerbelastungssätze der Begünstigten[252]. Steuersubventionen bilden das Steuerbelastungsniveau insgesamt falsch ab und falsifizieren damit die volkswirtschaftliche Steuerquote. Die Spanne zwischen den Steuersätzen und der tatsächlichen individuellen Steuerquote wird dadurch immer größer[253]. Die negative Wirkung hoher Steuersätze auf Investitionsentscheidungen gerade ausländischer Investoren, die von den hohen Grenzsteuer-

---

[248] Vgl. ebenda.

[249] Vgl. *Kiesewetter*, StuW 1997, 24.

[250] Vgl. *Selmer*, Steuerinterventionismus und Verfassungsrecht, S. 61; *Kiesewetter*, StuW 1997, 24.

[251] Vgl. auch die Ausführungen auf S. 52 f.

[252] Vgl. *Zitzelsberger*, StuW 1985, 197 (202).

[253] Ausweislich der Grafik bei *Tipke/Lang*, Steuerrecht, § 9 Rz. 743 ist bei Erreichen des Spitzensteuersatzes von 42% ab dem Veranlagungszeitraum 2005 bei einem zu versteuerndem Einkommen von mindestens EUR 52.125 der Durchschnittssteuersatz bei etwas mehr als 25%.

sätzen abgeschreckt werden, obwohl die tatsächlichen Durchschnittssteuersätze weit niedriger sind, liegt auf der Hand. Auch deshalb gewinnen Modelle von einer Einkommensteuer mit niedrigen Steuersätzen und breiter Bemessungsgrundlage (sog. „flat tax") immer mehr Anhänger[254].

Hinzu kommt, dass Erfolg oder Misserfolg von steuerlichen Lenkungsnormen kaum messbar sind. Zwar wird das Gesamtvolumen der in Anspruch genommenen Steuersubventionen im Subventionsbericht der Bundesregierung veröffentlicht[255]. Damit wird jedoch nur eine Aussage über den Einnahmenausfall durch Inanspruchnahme einer Subventionsmaßnahme getroffen. Eine Bestimmung der Wirksamkeit der steuerlichen Lenkungssubvention wird dagegen nicht vorgenommen, wohl weil dies beinahe unmöglich ist[256]. Ebenso schwer zu messen wie die makroökonomische Wirksamkeit auf der einen Seite, ist auf der anderen Seite der individuelle Erfolg einer Subventionsmaßnahme und deren Kosten. Die Vielzahl von Faktoren, die im geltenden Recht mehr oder weniger versteckt die Steuerlast beeinflussen, ist so groß, dass auch die Finanzwissenschaft nur unter Verwendung zahlreicher Prämissen die wirtschaftliche Steuerbelastung bei einer einzigen Investition berechnen kann[257]. Auch dem Bundesrechnungshof fehlen die Möglichkeiten, die Effektivität und Effizienz der Verwirklichung von Subventionsprogrammen genau zu überprüfen[258]. Die mangelnde Nachprüfbarkeit und die daraus resultierende Zielungenauigkeit ist daher auch einer der gravierendsten Nachteile von Steuersubventionen.

5. Rückwirkungsproblematik

Das Steuerrecht ist zu einem zentralen Lenkungsinstrument der aktiven staatlichen Wirtschafts- und Gesellschaftspolitik geworden[259]. Durch steuerliche Anreize werden Steuerpflichtige zu Investitionen motiviert, die der Steuergesetzgeber als sinnvoll erachtet. Der Steuerpflichtige ist bei seinen Investitionsplanungen auf die Kontinuität der Rechtsordnung – insbesondere der Förderungsvorschriften – angewiesen. Er muss bei seiner Investitionsentscheidung darauf vertrauen können, dass der Gesetzgeber nicht rückwirkend steuerschärfend in nicht mehr zu ändernde Vermögensdispositionen eingreift[260]. Besonders anhand

---

254 Grundlegend dazu *Hall/Rabushka*, The Flat Tax.
255 Aktuell: 19. Subventionsbericht der Bundesregierung.
256 Vgl. *Schemmel*, in: Lenken mit Steuern und Abgaben, S. 39.
257 Vgl. *Schneider*, DB 1992, 1737 (1739).
258 Vgl. *Kirchhof*, DStR 2001, 913 (915).
259 Vgl. *Zugmaier*, BayVBl. 1998, 592.
260 Vgl. *Schaumburg*, DB 2000, 1884.

der Rückwirkungsproblematik wird deutlich, dass es sich bei der Investitionslenkung und der Korrektur von Fehlentwicklungen nicht nur um eine wirtschaftspolitische Frage handelt, sondern auch um eine rechtliche.

a) Besondere Schutzbedürftigkeit bei steuerlichen Lenkungsnormen

Insbesondere bei der rückwirkenden Aufhebung steuerlicher Lenkungsnormen besteht eine besondere Schutzbedürftigkeit der Steuerpflichtigen[261]. Steuersubventionen zielen auf eine wirtschaftliche Lenkung und nicht auf eine gerechte und gleichmäßige Steuerlastverteilung. Sie unterscheiden sich darin von den primär auf staatliche Einnahmenerzielung abzielenden Fiskalzwecknormen. Lenkungsnormen beziehen sich in höherem Maße auf einzelne Dispositionen als Fiskalzwecknormen. Bei ihnen hat darum der für die Planungssicherheit erforderliche Vertrauensschutz, bezogen auf die einzelnen Dispositionen, einen besonders hohen Stellenwert[262]. Entgegen der Rechtsprechung des BVerfG, das scheinbar bei Steuerpflichtigen, die Lenkungsnormen in Anspruch nehmen, von einer herabgesetzten Schutzwürdigkeit des Vertrauens ausgeht[263], sind besonders hohe Anforderungen an die rückwirkende Änderung von steuerlichen Lenkungsnormen zu stellen[264]. Fiskalzwecknormen sollten keine bevorzugte Behandlung gegenüber Lenkungsnormen erfahren[265]. Durch die gezielte Beeinflussung wirtschaftlicher Entscheidungen der Steuerpflichtigen, die für diese u.U. eine Entscheidung für eine unter normalen Verhältnissen unwirtschaftlichen Investition zur Folge hat, schafft der Gesetzgeber ein besonderes Vertrauensverhältnis. Daher ist eine auf das Vertrauen der Steuerpflichtigen besonders Rücksicht nehmende Zurückhaltung zu fordern, wenn es sich bei der rückwirkend geänderten Norm um eine steuerliche Lenkungsnorm handelt[266].

b) Verfassungsrechtliches Rückwirkungsverbot

Der zeitliche Anwendungsbereich einer Norm, wird durch den Zeitpunkt bestimmt, in dem die Rechtsfolgen einer gesetzlichen Regelung eintreten sollen. Eine Rechtsnorm entfaltet Rückwirkung, wenn der Beginn ihres zeitlichen An-

---

[261] Ebenso *Lang*, Wpg. 1998, 163 (174); *Schaumburg*, DB 2000, 1884; *Vogel*, JZ 1988, 833 (839).

[262] Vgl. *Schaumburg*, DB 2000, 1884 (1889).

[263] Vgl. Sondervotum *Steinberger* in BVerfG v. 14.05.1986, BVerfGE 72, 200 (276 f.).

[264] So auch *Vogel*, JZ 1988, 838; *Lang*, Wpg. 1998, 163 (174); aber auch BFH v. 23.03.1979, BStBl. II 1979, 455 (457).

[265] Vgl. den Vorlagebeschluss des IX. Senat des BFH v. 16.12.2003, DStRE 2004, 199 (205).

[266] Ebenso *Hey*, BB 1998, 1444 (1448).

wendungsbereichs auf einen Zeitpunkt festgelegt ist, der vor dem Zeitpunkt liegt, zu dem die Norm gültig geworden ist[267]. Bei der Klärung der Frage der Verfassungswidrigkeit einer Rückwirkung von Gesetzen werden vom BVerfG zwei Varianten der Rückwirkung unterschieden: die sog. echte und die sog. unechte Rückwirkung, in der Nomenklatur des Zweiten Senats des BVerfG Rückbewirkung von Rechtsfolgen und tatbestandliche Rückanknüpfung genannt[268]. Die unterschiedlichen Bezeichnungen der beiden Fallgruppen durch die Senate werden (nunmehr) synonym verwendet[269]. Sachliche Differenzen sind nach neuerer Auffassung nicht mehr beabsichtigt[270].

Die tatbestandliche Rückanknüpfung (unechte Rückwirkung) betrifft nicht den zeitlichen, sondern den sachlichen Anwendungsbereich einer Norm[271]. Die Rechtsfolgen eines Gesetzes treten erst nach Verkündung der Norm ein, deren Tatbestand erfasst aber Sachverhalte, die bereits vor Verkündung ins Werk gesetzt worden sind[272]. Bei periodisch veranlagten Steuern werden Gesetzesänderungen im laufenden Veranlagungszeitraum grundsätzlich als unechte Rückwirkung angesehen, weil der Steueranspruch erst mit Ablauf des Veranlagungszeitraums entsteht (§ 36 Abs. 1 EStG i.V.m. § 38 AO) – sog. Veranlagungszeitraum-Rechtsprechung[273]. Die Tatbestände, die den Eintritt ihrer Rechtsfolgen von Gegebenheiten aus der Zeit vor ihrer Verkündung abhängig machen, berühren vorrangig die Grundrechte und unterliegen weniger strengen Beschränkungen als die Rückbewirkung von Rechtsfolgen[274]. Das BVerfG sieht die unechte Rückwirkung als grundsätzlich zulässig an und beschränkt sie nur ausnahmsweise aus Vertrauensschutzgründen.

Im Allgemeinen erlaubt die Verfassung nur belastende Gesetze, deren Rechtsfolgen für einen frühestens mit der Verkündung beginnenden Zeitraum eintreten. Daher ist die Anordnung einer Norm, eine belastende Rechtsfolge solle schon in einem vor dem Zeitpunkt der Verkündung der Norm liegenden Zeitpunkt eintreten, als grundsätzlich unzulässig anzusehen (Rückbewirkung von Rechtsfolgen, echte Rückwirkung)[275]. Das BVerfG erkennt an, dass der Betrof-

---

[267] Vgl. BVerfG v. 14.05.1986, BVerfGE 72, 200 (241).
[268] Vgl. BVerfG v. 22.03.1983, BVerfGE 63, 343 (353).
[269] Vgl. BVerfG v. 05.02.2002, BVerfGE 105, 17 (36 f.).
[270] Vgl. *Papier*, Stbg. 1999, 49 (56).
[271] Vgl. BVerfG v. 03.12.1997, BVerfGE 97, 67 (79).
[272] Vgl. BVerfG v. 14.05.1986, BVerfGE 72, 200 (242).
[273] Vgl. BVerfG v. 23.03.1971, BVerfGE 30, 392 (401 f.); vgl. dazu auch *Spindler*, DStR 1998, 953 (956).
[274] Vgl. BVerfG v. 15.05.1995, BVerfGE 92, 277 (344).
[275] Vgl. BVerfG v. 03.12.1997, BVerfGE 97, 67 (78).

fene aus Gründen der Rechtssicherheit und der Rechtsstaatlichkeit grundsätzlich bis zum Zeitpunkt der Verkündung einer Neuregelung darauf vertrauen können muss, dass er nicht nachträglich einer bisher nicht geltenden Belastung unterworfen wird[276].

c) Ausnahmen vom Rückwirkungsverbot

Das BVerfG lässt von den genannten Grundsätzen weite Ausnahmen zu, die auch eine echte Rückwirkung zu rechtfertigen vermögen. Rückwirkende Regelungen sind insbesondere zulässig, wenn der Vertrauensschutz bei den von der Regelung Betroffenen fehlt oder zwingende Gründe des Gemeinwohls dies fordern und das Ergebnis den grundrechtlichen Schutz des Lebenssachverhalts nicht verletzt[277]. Letzteres Kriterium läuft im Bereich der Aufhebung von Steuersubventionen praktisch leer, da das gesetzliche Angebot von Steuersubventionen vom BVerfG nicht als durch Einsatz von Arbeit oder Kapital erworbene Rechtsposition und folglich nicht als Eigentum i. S. des Art. 14 Abs. 1 GG angesehen wird[278]. Damit ist eine Durchbrechung des Rückwirkungsverbots bei Steuersubventionen in der Praxis stets gerechtfertigt, wenn zwingende Gründe des Gemeinwohls dies erfordern oder kein Vertrauensschutz besteht. Hinzu kommt, dass der Vertrauensschutz dem sog. Schiffsfondsurteil des BVerfG zufolge bereits ab dem Zeitpunkt entfallen soll, in dem die Bundesregierung (nicht etwa der Gesetzgeber selbst) eine beabsichtigte Änderung publiziert hat[279]. Zwingende Gründe des Gemeinwohls sollen bereits vorliegen, wenn die Gefahr besteht, dass Steuerpflichtige die Ankündigung einer Gesetzesänderung nutzen, um der vom Gesetzgeber beabsichtigten Wirkung zuvorzukommen und die Steuersubvention noch vor dem Beschluss der Streichung durch Tatbestandserfüllung ausnutzen[280]. In der Möglichkeit des Gesetzgebers, Steuergesetze bereits dann rückwirkend auch durch Rückbewirkung von Rechtsfolgen zu ändern, wenn sie für wirtschaftlich verfehlt gehalten werden, ist eine unzulässige Ausweitung der Ausnahmen des Verbots der echten Rückwirkung zu sehen[281].

---

[276] Vgl. BVerfG v. 03.12.1997, BVerfGE 97, 67 (78 f.).

[277] Vgl. BVerfG v. 03.12.1997, BVerfGE 97, 67 (79 f.).

[278] Vgl. BVerfG v. 03.03.1965, BVerfGE 18, 392 (397); st. Rspr.

[279] Vgl. BVerfG v. 03.12.1997, BVerfGE 97, 67 (80). Insofern widersprüchlich ist die Argumentation des BVerfG, dass ein bei der Publikation der Bundesregierung genannter Stichtag kein schutzwürdiges Vertrauen hinsichtlich der Einhaltung des Termins begründen können soll, vgl. Minderheitsvotum des Richters *Kruis*, in BVerfG v. 03.12.1997, BVerfGE 97, 67 (85 ff.), *Spindler*, DStR 1998, 953 (958).

[280] Vgl. BVerfG v. 03.12.1997, BVerfGE 97, 67 (80).

[281] So auch *Spindler*, DStR 1998, 953 (958).

d) Kritik an der Rechtsprechung zur Rückwirkungsproblematik

Zu Recht wird die Rechtsprechung des BVerfG zur Rückwirkungsproblematik im Steuerrecht durch das Schrifttum kritisiert[282]. Schon die sog. Veranlagungszeitraum-Rechtsprechung, die allein an den Zeitpunkt der Entstehung des Steueranspruchs am Ende des Veranlagungszeitraums anknüpft und so beinahe alle rückwirkenden Änderungen im periodischen Steuerrecht zu Fällen der grundsätzlich zulässigen tatbestandlichen Rückanknüpfung macht, wird als unbefriedigend empfunden[283]. Sie ist rechtsfolgenbezogen und macht den Vertrauensschutz der Steuerpflichtigen überwiegend von dem technischen Moment der Steuererhebung abhängig[284]. Durch die Anknüpfung an den Zeitpunkt, in dem die Rechtsfolgen eintreten, wird erhebliche Rechtsunsicherheit geschaffen, da zwischen der Handlung und dem Eintritt der Rechtsfolgen ein langer Zeitraum liegen kann. Daher ist ein handlungsorientierter (= dispositionsbezogener) Rückwirkungsbegriff zu fordern, der das Vertrauen der Steuerpflichtigen im Zeitpunkt der jeweiligen Handlung schützt, die zu steuerlichen Folgen führt[285]. Auf diese Weise wird der Bedeutung des Vertrauensschutzes und der Rechtssicherheit angemessen Rechnung getragen. Eine Änderung der Perspektive bei der Beurteilung der Rückwirkungsproblematik hätte einen weiteren Vorteil, der über die rechtliche Dimension hinausgeht. Durch sie wird geschaffen, was die Wirtschaft seit Jahren fordert: Planungssicherheit im Bereich des Steuerrechts[286], wenigstens in zeitlicher Dimension[287]. Auch der IX. Senat des BFH hat sich der Forderung nach einem dispositionsbezogenen Rückwirkungsbegriff zumindest im Steuerrecht angeschlossen. In einem Vorlagebeschluss gemäß Art. 100 Abs. 1 Satz 1 GG vertritt er die Auffassung, die Gewährung von Vertrauensschutz und Rechtssicherheit sei im Steuerrecht einheitlich dahingehend zu verbessern, dass der Schutz von Dispositionen erhöht werde[288].

---

[282] Vgl. z.B. *Schaumburg*, DB 2000, 1884; Minderheitsvotum des Richters *Kruis*, in BVerfG v. 03.12.1997, BVerfGE 97, 67 (85 ff.); *Spindler*, DStR 1998, 953 (958).

[283] Vgl. *Tipke*, Steuerrechtsordnung, Bd. I, S. 187 ff.; *Tipke/Lang*, Steuerrecht, § 4 Rz. 177; *Kirchhof*, DStR 1979, 275 (279); *Schaumburg* DB 2000, 1884 (1886), *Lang*, Wpg 1998, 169 (171 f.).

[284] Vgl. *Hey*, BB 1998, 1444 (1446).

[285] Ebenso *Lang*, Wpg. 1998, 163 (168).

[286] Vgl. *Rose*, in: Gedächtnisschrift für Knobbe-Keuk, S. 515 (516) m.w.N.

[287] Inhaltlich und hinsichtlich der Frequenz von Steueränderungen kommt dem Gesetzgeber weiterhin ein weiter Gestaltungsspielraum zu.

[288] Vgl. BFH v. 16.12.2003, BStBl. II 2004, 284 zur rückwirkenden Verlängerung der Veräußerungsfrist im Rahmen von privaten Veräußerungsgeschäften gemäß § 23 Abs. 1 Satz.1 Nr. 1 EStG; beim BVerfG anhängige Verfahren zu dieser Frage: 2 BvL 14/02 und 2 BvL 2/04.

Eine unzulässige Ausweitung der Ausnahmen des Verbots der echten Rückwirkung ist auch im sog. Schiffsfondsurteil des BVerfG zu erkennen[289]. Vor allem in zeitlicher Hinsicht enthält diese Entscheidung des BVerfG eine Verschärfung zulasten der Steuerpflichtigen. Sie dehnt den Zeitpunkt des Entfalls des Vertrauensschutzes auf den frühest denkbaren Zeitpunkt, nämlich die Bekanntgabe einer Änderungsabsicht durch die Bundesregierung aus. Solche Ankündigungen haben häufig zunächst einen gegenteiligen Hamstereffekt, da versucht wird die Steuervergünstigung noch zu nutzen, bevor die Änderung in Kraft tritt[290]. Rein praktisch mag es daher einleuchtend erscheinen diese Ankündigungseffekte durch eine Vorverlagerung des Zeitpunkts einer möglichen Rückwirkung zu verhindern. Allerdings trifft dies auf massive rechtliche Bedenken. Solche vorlegislatorischen Aktivitäten setzen noch kein neues Recht, sind daher unverbindliche Absichtsäußerungen, die lediglich Rechtsunsicherheit erzeugen[291]. Der Steuerpflichtige kann sich deshalb noch nicht auf ein neues Recht einstellen. Eine Rückwirkung eines Gesetzes auf den Zeitpunkt seines Beschlusses mag noch vertretbar sein, dagegen erscheint eine Ausdehnung bis zu der unverbindlichen Erklärung der Änderungsabsicht, noch dazu der Bundesregierung, als Exekutivorgan, als einseitige Belastung des Steuerpflichtigen. Die Rechtssicherheit und mit ihr das Rechtsstaatsprinzip wird damit aus fiskalischen Gründen über die Maße zurückgedrängt. Freilich würde die Diskussion um die Problematik der Rückwirkung im Steuerrecht an Brisanz verlieren, wenn steuerliche Lenkungsnormen im Rahmen einer großen Steuerreform weitgehend eliminiert würden und damit das Hase-und-Igel-Rennen[292] auch in Bezug auf die Inanspruchnahme und rückwirkende Nichtgewährung von Steuersubventionen zwischen Steuergesetzgeber und Steuerpflichtigen beendet würde. Auch verfassungsrechtlich hätte eine Abschaffung von Lenkungssteuern damit einen wünschenswerten Vereinfachungseffekt.

---

289 Vgl. BVerfG v. 03.12.1997, BVerfGE 97, 67.

290 Vgl. *Lang*, Wpg. 1998, 163 (171). Beispielsweise wirkte sich die Ankündigung der Bundesregierung, zum 01.01.2000 die Steuerfreiheit von Kapitallebensversicherungen gemäß § 20 Abs. 1 Nr. 6 EStG aufzuheben als wahrer Katalysator für den Abschluss von Lebensversicherungsverträgen aus. Dass die Änderung nie beschlossen wurde und zahlreiche Bürger Lebensversicherungen in einem ökonomisch sinnlosen Maß abschlossen, ist ein weiteres Beispiel, wie unkalkulierbar und unbeherrschbar die Folgen der steuerlichen Lenkung sind und zu welchen Fehlallokationen der Einsatz von steuerlichen Lenkungsnormen führen kann, vgl. *Heuchert*, Steuern auf Lebensversicherungen?

291 Vgl. *Lang*, Wpg. 1998, 163 (171).

292 So die bildhafte Beschreibung des Status-Quo von *Steinberger* in seinem Sondervotum zu BVerfG v. 14.05.1986, BVerfGE 72, 200 (276 f.).

III. Spezielle Kritik an der steuerlichen Investitionslenkung im Bereich der Immobilienkapitalanlage

Wohl in kaum einem anderen Wirtschaftszweig werden Investitionen so stark durch steuerliche Lenkungsnormen gefördert und wird die Förderung von den Steuerpflichtigen in so hohem Maße angenommen wie im Bereich der Immobilieninvestitionen. Allein die Förderung des Wohnungswesens macht mit rund EUR 6,4 Milliarden fast 29% aller Subventionen des Bundes aus[293]. Dabei sind die Formen der Förderung so unterschiedlich wie die Motivation der Investoren zum Bau oder Kauf einer Immobilie. Eins haben die Investoren jedoch gemein: alle werden steuerlich gefördert. Ob Häuschenbauer oder Einkommensmillionär, alle profitieren – allerdings in verschiedenem Maße – von der steuerlichen Sonderbehandlung der Immobilieninvestition. Die einzelnen Arten und Wirkungsweisen der Vergünstigungen werden im Rahmen der Kapitel B. und C. dieser Arbeit dargestellt. An dieser Stelle seien als Beispiele für die steuerliche Förderung von Immobilieninvestitionen genannt: die Möglichkeit der Inanspruchnahme hoher Sofortabschreibungen v.a. im Bereich von geschlossenen Immobilienfonds sowie Sonderabschreibungen und erhöhte Absetzungen für bestimmte Objekte im Bereich der fremdvermieteten Immobilien, die Privilegierung von Mietverträgen zwischen nahen Angehörigen, aber auch die Förderung von eigengenutzten Immobilien beispielsweise durch Eigenheimzulage oder Wohnungsbauprämien.

1. Hohe Wirksamkeit contra Fehlallokationen

Dem großen Angebot an Förderungsmöglichkeiten v.a. im Bereich der Steuersubventionen ist ein Mangel an Wirksamkeit keinesfalls abzusprechen. Die rege Inanspruchnahme der Förderungen beweist die hohe Wirksamkeit von steuerlichen Lenkungsvorschriften. Allerdings zeigt sich auch und gerade am Beispiel der Immobilieninvestitionen, wie unkontrollierbar der Umfang der Inanspruchnahme für den Gesetzgeber ist[294]. Das Subventionsvolumen bei steuerlichen Lenkungsnormen kann im Voraus kaum bestimmt werden. Hinzu kommt, dass das Fördervolumen anders als bei direkten Subventionen nicht durch den Gesetzgeber im Voraus beschränkt werden kann. Der Gesetzgeber kann bei Erlass einer steuerlichen Lenkungsnorm lediglich schätzen, wie viele Steuerpflichtige

---

[293] Vgl. Süddeutsche Zeitung v. 30.09.2004.

[294] Vgl. *Kirchhof*, EStG, Einl. Rz. 29, der auch auf das Problem der zunehmenden Verflechtung zwischen Staat und Wirtschaft, die zu einer Art Mischsystem der Kooperation zwischen Staat und Wirtschaft führt.

den Lenkungsanreiz annehmen und in welcher Höhe dadurch Steuerausfälle entstehen.

Das Entstehen von Fehlallokationen ist auf diese Weise vorprogrammiert, da es dem Gesetzgeber oftmals wie Goethes Zauberlehrling ergeht[295]. In den vergangenen Jahren sind zahlreiche ökonomische und ökologische Fehlentwicklungen zu Tage getreten, die über den Bereich des Lenkungszwecks hinausschossen, den der Gesetzgeber mit der Einführung der Steuersubventionen verfolgte. Eklatantestes Beispiel einer Förderung von Immobilieninvestitionen, die völlig am Markt vorbei ging, ist die Subvention des Immobilienbaus in den fünf neuen Bundesländern in den Jahren nach der Wiedervereinigung[296]. Obwohl kurz nach der Wiedervereinigung große Nachfrage nach Wohnraum herrschte, zeichnet sich der Mietmarkt seit einigen Jahren durch einen Angebotsüberhang aus, der sich in sinkenden Mieten und großen Vermietungsschwierigkeiten bis hin zu hohen Leerstandszahlen bemerkbar macht. Der Grund für diese Fehlentwicklungen am Wohnungsmarkt liegt in dem Bündel von Förderungsmaßnahmen, das Anfang der neunziger Jahre geschaffen wurde und zu einem Investitionsboom führte, der jedoch weit über das Ziel hinausschoss. Neben hohen Abwanderungszahlen in den Westen Deutschlands führte vor allem die Bevorzugung von Neubauten bei der Förderung zu einer Konzentration der Baumaßnahmen auf die Randgebiete der Großstädte und damit zu einer Suburbanisierung mit hohen Leerstandszahlen in den Innenstädten[297]. Folge dieser Fehlentwicklung ist die Gewährung von Bundesfinanzhilfen für den Abriss von Wohnraum in den neuen Ländern gemäß der Verordnung zum Altschuldenhilfegesetz. Der Bund hat nach diesen Vorschriften bis zum Jahr 2003 bereits Finanzhilfen in Höhe von EUR 385 Mio. für den Abriss von leerstehenden Wohnungen gewährt[298].

2. Widersprüchlichkeit der Rechtsordnung – insbesondere § 2b EStG

Ein wesentliches Prinzip bei der Konkretisierung der verfassungsrechtlichen Vorgaben für die Steuererhebung ist das Prinzip der Folgerichtigkeit, das insbesondere in Bereichen zu einer Bindung des Gesetzgebers führt, in denen ihm ein weitgehender Gestaltungsspielraum eingeräumt wird. Das Prinzip der Folgerichtigkeit und der Widerspruchsfreiheit verpflichtet den Gesetzgeber zur folgerichtigen Umsetzung einer einmal getroffenen Belastungsentscheidung im Sinne

---

[295] Siehe zum Thema Fehlallokationen auch S. 89 f.
[296] Vgl. *Loritz*, WM 1998, 685 (688).
[297] So auch *Mäding/Mohr*, LKV 2001, 433
[298] Vgl. 19. Subventionsbericht der Bundesregierung, S. 47.

der Belastungsgleichheit[299]. Die Bemessungsgrundlage muss den wirtschaftlichen Vorgang sachgerecht aufnehmen und realitätsgerecht abbilden.

Das BVerfG ist in neuerer Rechtsprechung dazu übergegangen, das Gebot der Widerspruchsfreiheit der Rechtsordnung nicht nur aus Art. 3 Abs. 1 GG herzuleiten, sondern es gleichermaßen mit dem Rechtsstaatsprinzip zu begründen[300]. Zwar betrafen beide Entscheidungen jeweils Kompetenzfragen zwischen Bund und Ländern, so dass sich das Gericht nicht zur Übertragbarkeit der Rechtsprechung auf Widersprüchlichkeiten innerhalb der Bundesgesetzgebung äußern musste. Jedoch kann und muss die Übertragbarkeit gerade wegen der Begründung mit dem Rechtsstaatsprinzip angenommen werden[301]. Danach sind die rechtsetzenden Organe verpflichtet, Regelungen so aufeinander abzustimmen, dass den Normadressaten keine gegenläufigen Regelungen erreichen, die die Rechtsordnung widersprüchlich machen[302]. Das BVerfG entnimmt dem Grundgesetz ein Gebot an den Gesetzgeber, gesetzliche Regelungen für den Betroffenen verständlich sowie verlässlich und effizient vollziehbar auszugestalten[303].

Der Einsatz steuerlicher Lenkungsnormen führt jedoch gerade zur Widersprüchlichkeit der Rechtsordnung. Dies ließe sich durch einen weitgehenden Verzicht auf solche Lenkungsmaßnahmen vermeiden. Nicht zuletzt die große Anzahl an steuerlichen Ausnahmetatbeständen mit Subventionscharakter führt zu einer immer größeren Undurchdringlichkeit und Unverständlichkeit des Steuerrechts[304]. Dies ist nicht nur einer der Gründe für eine wachsende Steuerverdrossenheit[305], sondern bringt einzelne Regelungen allein durch ihre Kompliziertheit in die Nähe der Verfassungswidrigkeit. Einerseits werden gerade im Bereich der Immobilieninvestition gewisse Verhaltensweisen durch die Schaffung von Steuervergünstigungen gefördert, andererseits aber wird deren Ausnutzung durch den Steuerzahler durch die Finanzverwaltung und teilweise auch durch die Rechtsprechung systematisch erschwert oder verhindert. Dadurch setzt sich der Staat in Gestalt von Exekutive bzw. Judikative in Widerspruch zu seinen ei-

---

299 Vgl. BVerfG v. 27.06.1991, BVerfGE 84, 239 (271); BVerfG v. 30.09.1998, BVerfGE 99, 88 (95).
300 Vgl. BVerfG jeweils v. 07.05.1998, NJW 1998, 2341 (2342) und NJW 1998, 2346 (2347)
301 Vgl. *Kirchhof*, Stbg. 1998, 385 (388) und ihm folgend *Birk/Kulosa* FR 1999, 433 (436).
302 Vgl. BVerfG v. 07.05.1998, NJW 1998, 2341 (2342).
303 Vgl. BVerfG v. 10.04.1997, BVerfGE 96, 1 (7).
304 So auch *Schemmel*, in: Lenken mit Steuern und Abgaben, S. 18 f. Auch wegen dieser Fehlentwicklung sollte die der Einsatz von Steuersubventionen überdacht werden. Siehe dazu auch S. 90 ff.
305 Vgl. *Rose*, in: Rose (Hrsg.), Steuern einfacher machen!, S. 41.

genen Lenkungsentscheidungen bei der Steuergesetzgebung[306]. Ein Beispiel hierfür ist der 5. Bauherrenerlass[307] bzw. die ihm vorausgehende Rechtsprechung des BFH zu den Eigenkapitalvermittlungsprovisionen[308], die eine Nutzung von bestehenden Steuervorteilen bei der Immobilieninvestition in Form einer Personengesellschaft (Bauherrengemeinschaft oder geschlossener Immobilienfonds) praktisch unmöglich machen.

Noch extremer tritt der Widerspruch, in den sich der Gesetzgeber begibt, bei der Vorschrift des § 2b EStG zu Tage. Die vom Steuergesetzgeber an sich gewollte Inanspruchnahme von steuerlichen Abschreibungsmöglichkeiten wird darin zum Tatbestandsmerkmal für eine Aberkennung der Einkünfteerzielungsabsicht gemacht. Nach der Begründung des Finanzausschusses soll § 2b EStG die Verminderung unerwünschter Steuersparmodelle bewirken[309]. Die Norm selbst stellt in ihrem Wortlaut auf die „Erzielung eines steuerlichen Vorteils" ab und zielt damit eindeutig auf die Nichterreichung eines solchen Vorteils[310]. Damit setzt sich jedoch der Gesetzgeber in Widerspruch zu seiner selbst gewählten Entscheidung, Lenkungsvorschriften in Form von Steuervorteilen als Teil seiner Wirtschaftspolitik zu verwenden. Darin kann ein Verstoß gegen das verfassungsrechtliche Konsequenzgebot erblickt werden[311]. Zwar hat der Gesetzgeber einen weitgehenden Gestaltungsspielraum bei der Ausgestaltung der Vorschriften zur Ermittlung der steuerlichen Leistungsfähigkeit, jedoch kann er, nachdem er sich für ein bestimmtes System entschieden hat, nicht ohne hinreichenden Grund davon abweichen (verfassungsrechtliches Konsequenzgebot)[312]. Dass ein solcher Grund für die Schaffung von § 2b EStG vorgelegen hat, ist zumindest fraglich angesichts der auch zuvor schon vorhandenen Rechtsprechung zur Liebhaberei und der damit einhergehenden Einschränkungen der Verlustnutzung. Zudem könnte der Gesetzgeber auf systemkonformem Weg dem Problem der übermäßigen Entstehung von Buchverlusten entgegenwirken, z.B. durch Streichung oder Reduzierung und vor allem künftiger Unterlassung von Möglichkeiten zu Sonderabschreibungen und erhöhten Absetzungen.

Die Einführung von § 2b EStG zeigt noch eine weitere Problematik auf, nämlich die durch sich ständig zuungunsten der Steuerpflichtigen ändernde Gesetz-

---

306 Vgl. *Kirchhof*, EStG, Einl. Rn. 26.

307 Vgl. BMF v. 20.10.2003, BStBl. I 2003, 546 Tz. 35.

308 Vgl. BFH v. 08.05.2001, BStBl. II 2001, 720; BFH v. 28.06.2001, BStBl. II 2001, 717.

309 Vgl. BT Drucks. 14/443, S. 46.

310 Vgl. *Seeger*, in: Schmidt, EStG, § 2b Rz. 1.

311 In diesem Sinne auch *Birk/Kulosa*, FR 1999, 433 (436); *Raupach/Böckstiegel*, FR 1999, 617 (627 ff.); dem folgend *Seeger*, in: Schmidt, EStG, § 2b Rz. 25.

312 Vgl. BVerfG v. 22.06.1995, BVerfGE 93, 121 (136).

gebung zunehmende Rechtsunsicherheit. Sie zwingt Anleger und Immobilienwirtschaft zu immer neuen steueroptimierten Konstruktionen, um sich der sich stetig wandelnden Rechtslage anzupassen, die aber stets das Risiko in sich tragen, künftige Anforderungen nicht zu erfüllen. Diese Unsicherheit bewirkt nicht zuletzt eine Investitionszurückhaltung im Inland bzw. eine Investitionsverlagerung in das Ausland, wie sich gerade an dem stark wachsenden Markt für Auslandsimmobilienfonds zeigt[313].

3. Einbeziehung von verteilungspolitischen Wirkungen

Bei der Frage nach der Sinnhaftigkeit von Steuersubventionen bzw. deren Auswahl ist auch die verfassungsrechtliche Problematik zu beachten. Eine Vorgabe der neueren Rechtsprechung des BVerfG zum Gleichheitsgrundsatz ist die Abwägung zwischen der Schwere des Eingriffs und der Trägfähigkeit des Eingriffsgrunds[314]. Damit wird eine Art Verhältnismäßigkeitsprüfung auch im Bereich des Gleichheitsgrundsatzes eingeführt, was im Bereich von steuerlichen Lenkungsnormen nur heißen kann, dass das Interventionsziel mit den gewählten Mitteln effizient und mit einem Minimum an Eingriffen in die Belastungsgleichheit erreichbar sein muss. Für steuerliche Lenkungsnormen des Einkommensteuerrechts bedeutet dies, dass die verteilungspolitischen Wirkungen von Steuerinterventionen aus verfassungsrechtlichen Gründen mitbedacht und mit den Lenkungseffekten abgewogen werden müssen[315].

Die Subventionierung des Baus oder Erwerbs von eigen- oder fremdgenutztem Wohneigentum an sich ist verfassungsrechtlich grundsätzlich unproblematisch. Auch für eine sachliche Ungleichbehandlung gegenüber anderen nicht geförderten Investitionen lassen sich sachliche Gründe – wie etwa die besondere Bedeutung von Immobilien beim Vermögensaufbau und der Alterssicherung - anführen. Allerdings muss bei dem Eingriff in die Belastungsgleichheit die Frage ge-

---

[313] So übertrafen die Investitionen allein in US-Fonds im Jahr 2002 mit Mrd. EUR 2,03 die Investitonen in deutsche geschlossene Immobilienfonds mit Mrd. EUR 2,0; Zahlen von *Loipfinger*, Marktanalyse der Beteiligungsmodelle 2003, zitiert nach: *Zitelmann*, Immobilien-Newsletter Nr. 05/03, www.zitelmann.de. Allerdings konnte sich der deutsche Markt zwischenzeitlich stabilisieren. 2004 betrug das von Fonds mit deutschen Objekten eingesammelte Eigenkapital Mrd. EUR 2,2 während in US-Immobilienfonds nur noch Mrd. EUR 1,17 flossen, was jedoch wohl vornehmlich am gesunkenen Dollarkurs und Problemen liegt, am überhitzten US-amerikanischen Markt Immobilien zu angemessenen Preisen zu finden, Zahlen von *Loipfinger*, Marktanalyse der Beteiligungsmodelle 2005, zitiert nach: *Zitelmann*, Immobilien-Newsletter Nr. 04/05, www.zitelmann.de.

[314] Vgl. BVerfG v. 10.01.1995, BVerfGE 91, 389 (401).

[315] So *Jakob*, FS Offerhaus, S. 78.

stellt werden, ob die Art und Weise der konkreten Förderung die effektivste und damit verhältnismäßig ist. Es ist verfassungsrechtlich von Belang, ob die Förderung progressionswirksam durch Abzug von der einkommensteuerlichen Bemessungsgrundlage oder progressionsneutral durch Abzug von der Steuerschuld ausgestaltet ist. Sollen die Bezieher hoher Einkommen zu Investitionen angetrieben werden - z.B. wegen hoher benötigter Investitionsbeträge im Wohnungsbau - ist der progressiv wirkende Steueranreiz ein effektives Mittel und daher gerechtfertigt[316]. Jedoch ist das Ansteigen des Vergünstigungsvorteils bei zunehmendem Einkommen zu kritisieren, wenn es nicht zieladäquat und nicht sachgerecht ist[317]. Soll z.B. der Erwerb von selbstgenutztem Wohnungseigentum gefördert werden, befindet sich die Zielgruppe, die gefördert werden soll, v.a. im Bereich niedrigerer und mittlerer Einkommensgruppen. Daher ist in diesem Bereich eine progressionswirksame Förderung weniger effektiv und bevorzugt ungerechtfertigterweise höhere Einkommensgruppen. Zu Recht wurde daher die frühere progressionswirksame Eigenheimförderung des § 10e EStG durch eine progressionsunabhängige Förderung durch das Eigenheimzulagengesetz ersetzt[318].

---

[316] Vgl. *Jakob*, FS Offerhaus, S. 78.
[317] Vgl. *Tipke/Lang*, Steuerrecht, § 19 Rz. 28.
[318] Siehe S. 110.

2. Kapitel: Die Investition in Einzelimmobilien

Die Investition in Einzelimmobilien beruht auf verschiedenen Beweggründen. Oftmals werden Immobilien von vornherein selbst genutzt und dienen damit nicht der Einkünfteerzielung, sondern primär der Ersparnis von Mietaufwendungen bzw. als sichere Kapitalanlage. Vor allem bei vermieteten Wohnimmobilien ist häufig eine Eigennutzung nach einer Phase der Fremdvermietung beabsichtigt[319]. Im Gegensatz zur steuerfreien Eigennutzung führt die Fremdvermietung grundsätzlich zu Einkünften, die der Einkommensteuer unterliegen. Eine besondere Stellung nimmt die verbilligte Wohnraumüberlassung vor allem an Angehörige ein. Aus den verschiedenen Nutzungsarten sowie der unterschiedlichen Wirkungsweise der vorhandenen Förderungsformen, die bei den jeweiligen Nutzungsformen existieren, ergeben sich verschiedene steuerliche Besonderheiten.

A. Eigennutzung von Immobilien

Die selbstgenutzte Immobilie ist nach wie vor als inflationsfeste Kapitalanlage eine beliebte Form der Altersvorsorge. Durch die Mieterspamis und die seit fünfzig Jahren – von kleineren Schwankungen abgesehen – positive Wertentwicklung kann daher auch bei Eigennutzung von Immobilien von einer Investition gesprochen werden. Die Investition in eigengenutzte Wohnimmobilien wird seit langem staatlich gefördert, wobei inzwischen durch die Einführung der Förderung im Wege der Eigenheimzulage eine Form der direkten Subventionierung gewählt wurde. Durch die grundsätzliche Steuerfreiheit der Veräußerungsgewinne aufgrund des im Einkommensteuerrecht existierenden Systems des Dualismus der Einkunftsarten wird die Attraktivität der Investition in Immobilien zusätzlich verstärkt.

I. Formen der Wohneigentumsförderung

Auch der Kauf einer selbstgenutzten Wohnimmobilie stellt eine Investition dar. Die Investition in Immobilien ist eine krisen- und inflationsfeste Anlageform,

[319] Zumeist liegt jedoch bei von Anfang an beabsichtigter anschließender Selbstnutzung keine Einkünfteerzielungsabsicht vor. Allerdings wird die Einkünfteerzielungsabsicht vermutet und folglich nicht geprüft, wenn keine besonderen Umstände auf ihr Fehlen hinweisen. Solche Indizien sind bei Wohnungen befristete Mietverträge oder Darlehen mit kurzer Laufzeit, vgl. *Fleischmann*, DB 2005, 67.

was sich insbesondere anhand der Erfahrungen der Nachkriegszeit zeigt. Nicht nur ist seither der Wert von Wohnimmobilien – abgesehen von kleineren Korrekturen jüngerer Zeit – kontinuierlich gestiegen[320]. Auch die Ersparnis der Miete und die damit verbundene Sicherheit insbesondere im Rentenalter, wenn Einkünfte erfahrungsgemäß niedriger ausfallen, macht die Wohnimmobilie zur Kapitalanlage.

1. Nutzungswertbesteuerung und Sonderausgabenabzug

Auch die frühere steuerliche Behandlung von selbstgenutzten Immobilien macht den Investitionscharakter deutlich. Bis 31.12.1986 wurde bei Eigennutzung der Nutzungswert der Immobilie besteuert. Der Nutzungswert wurde durch Gegenüberstellung einer anhand der Marktmiete zu schätzenden Rohmiete und der Werbungskosten festgestellt und sollte den Wert der ersparten Mietausgaben abbilden[321]. Dies zeigt, dass eine eigengenutzte Wohnimmobilie durchaus einen wirtschaftlichen Wert innehat, der durch die längerfristige Festlegung finanzieller Mittel gesichert wird. Insofern liegt eine Investition im Sinne des vermögensrechtlichen Investitionsbegriffs vor[322]. Die Nutzungswertbesteuerung wurde durch das Wohneigentumsförderungsgesetz mit Wirkung vom 1.1.1987 abgeschafft und durch einen Sonderausgabenabzug gemäß § 10e EStG ersetzt. Die Möglichkeit zum Sonderausgabenabzug wurde nicht nur begrüßt, da er als progressionswirksame Förderungsform Steuerpflichtige in höheren Progressionsstufen stärker von der Förderung profitieren lässt als Steuerpflichtige in niedrigeren Progressionsstufen. Neben der verteilungspolitischen Dimension dieser Problematik, die hier nicht erörtert werden soll, bestehen auch gleichheitsrechtliche Fragen[323]. Aus Sicht der Besteuerungsgleichheit ist zu differenzieren: Sollen die Bezieher hoher Einkommen zu Investitionen angetrieben werden – z.B. wegen hoher benötigter Investitionsbeträge im Wohnungsbau –, ist der progressiv wirkende Steueranreiz ein effektives Mittel und sachlich gerechtfertigt[324]. Jedoch ist das Ansteigen des Vergünstigungsvorteils bei zunehmendem Einkommen abzulehnen, wenn es weder zieladäquat noch sachgerecht ist[325]. Soll der Erwerb von selbstgenutztem Wohnungseigentum gefördert werden, befindet sich die Zielgruppe, die gefördert werden soll, v.a. im Bereich niedrigerer und mittlerer Einkommensgruppen. Daher ist in diesem Bereich eine

---

320 Vgl. *Opitz*, Geschlossene Immobilienfonds, S. 30.
321 Vgl. *Drenseck*, in: Schmidt, EStG, 5. Aufl., § 21 Rz. 11.
322 Zum Investitionsbegriff vgl. S. 41 ff.
323 Siehe auch S. 106 f.
324 Vgl. *Jakob*, FS Offerhaus, S. 78.
325 Vgl. *Tipke/Lang*, Steuerrecht, § 19 Rz. 28.

progressionswirksame Förderung weniger effektiv und bevorzugt in ungerechtfertigter Weise höhere Einkommensgruppen. Zu Recht wurde daher die progressionswirksame Eigenheimförderung des § 10e EStG ab dem Veranlagungszeitraum 1996 durch eine progressionsunabhängige Förderung im Wege der Gewährung der Eigenheimzulage ersetzt[326]. Mit Ausnahme des Sonderausgabenabzugs gemäß § 10f EStG für zu eigenen Wohnzwecken genutzte Baudenkmale und Gebäude in Sanierungsgebieten besteht damit heute zu Recht keine progressionswirksame Förderung von selbstgenutztem Wohneigentum mehr.

2. Eigenheimzulage

a) Voraussetzungen der Gewährung

Durch das Eigenheimzulagengesetz wird die Herstellung oder Anschaffung von zu eigenen Wohnzwecken genutzten oder Angehörigen unentgeltlich überlassenen Wohnimmobilien gefördert[327]. Bei der Höhe der Eigenheimzulage wird seit 1.1.2004 nicht mehr zwischen Anschaffung und Herstellung unterschieden. Unabhängig vom persönlichen Steuersatz der Berechtigten erhalten diese seitdem jährlich maximal EUR 1.250 Grundförderung plus EUR 800 für jedes zum Haushalt gehörende Kind (vgl. § 9 Abs. 2 und 5 EigZulG). Die Einkunftsgrenze, bis zu der die Eigenheimzulage gewährt wird, ist in § 5 EigZulG geregelt. Danach darf die Summe der positiven Einkünfte des Anspruchsberechtigten gemäß § 2 Abs. 2 EStG im Erstjahr und im Jahr davor zusammengenommen bei Alleinverdienern EUR 70.000 (EUR 140.000 bei Verheirateten) nicht übersteigen. Für jedes Kind, für das die Kinderzulage gemäß § 9 Abs. 5 EigZulG in Anspruch genommen werden kann, kommen EUR 30.000 hinzu. Die Eigenheimzulage wird jedem Steuerpflichtigen grundsätzlich nur für ein Objekt gewährt (§ 6 Abs. 1 EigZulG). Zuständig für die Festsetzung der Eigenheimzulage ist das Finanzamt, das auch für die Einkommensbesteuerung des Berechtigten zuständig ist (§ 11 Abs. 1 EigZulG). Die Eigenheimzulage gehört nicht zu den Einkünften im Sinne des Einkommensteuergesetzes, sie mindert auch nicht die steuerlichen Anschaffungs- und Herstellungskosten[328].

---

[326] Vgl. zur historischen Entwicklung *Wacker*, Eigenheimzulagengesetz, Vor § 1 Rz. 30 ff.
[327] Vgl. Gesetzentwurf der Bundesregierung, BR Drucks. 498/95.
[328] Vgl. § 16 EigZulG.

b) Eigenheimzulage als steuerliche Subvention

Die Gewährung der Eigenheimzulage erfolgt weitgehend losgelöst von der steuerlichen Situation der Berechtigten in Form der Gewährung einer von der steuerlichen Progression unabhängigen Zulage. Die Frage, ob es sich bei der Eigenheimzulage angesichts dessen um eine steuerliche Subvention handeln kann, ist umstritten[329]. Nach dem Willen des Gesetzgebers stellt die Eigenheimzulage eine steuerliche Lenkungsnorm auf Grundlage des Art. 105 Abs. 2 GG dar[330]. Dies hat einerseits zur Folge, dass der Bund die konkurrierende Gesetzgebungskompetenz hat, andererseits führt die Auszahlung aus Einnahmen der Einkommensteuer (§ 13 EigZulG) zur Aufteilung der Kosten zwischen Bund, Ländern und Gemeinden gemäß Art. 106 Abs. 3 und Abs. 5 GG. Die so verteilten Kosten werden in den Haushaltsplänen nicht ausgewiesen[331]. Vor allem diese Folge der Einordnung als steuerliche Regelung ist bedenklich, da die Einordnung keineswegs als zweifelsfrei bezeichnet werden kann. Wäre die Eigenheimzulage als Direktsubvention zu qualifizieren, müssten die Ausgaben dafür in die Haushaltspläne eingestellt werden (Art. 110 GG). Entgegen einem obiter dictum des BFH, in dem die Eigenheimzulage als „Steuervergünstigung“ [332] bezeichnet wird und entgegen der Gesetzesbegründung, handelt es sich um eine direkte Subvention auf dem Gebiet des Wohnungswesens und nicht um eine steuerliche Lenkungsnorm. Die Eigenheimzulage ist weder Steuervergütung noch Steuererstattung gemäß § 37 AO. Eine Steuererstattung liegt nicht mehr vor, wenn Zahlungen unabhängig davon geleistet werden, ob den Begünstigten überhaupt eine Steuerschuld trifft[333]. Der Auffassung, der Begriff der Steuervergütung sei weit auszulegen und setze lediglich voraus, dass Zahlungen unmittelbar aus dem Steueraufkommen geleistet werden, kann nicht gefolgt werden[334]. Diese Ansicht würde dazu führen, dass allein durch den Rückgriff auf die Finanzierungsmodalitäten die für allgemeine Subventionen geltenden Lastenverteilungs- und insbesondere die Zuständigkeitsregeln unterlaufen werden könnten[335]. Zwar steht die Eigenheimzulage in der Tradition einer steuerlichen Förderung von Wohneigentum vor allem im Wege der Gewährung erhöh-

---

329 Vgl. *Wacker*, Eigenheimzulagengesetz, Vor § 1 Rz. 70 ff.

330 Vgl. Gesetzentwurf der Bundesregierung, BR Drucks. 498/95.

331 Vgl. *Wacker*, Eigenheimzulagengesetz, Vor § 1 Rz. 70 und die Kritik an der haushaltsmäßigen Intransparenz auf S. 73 f.

332 Siehe BFH v. 29.03.2000, BStBl. II 2000, 352.

333 Vgl. dazu die Entscheidung BVerwG v. 12.03.1985, NJW 1985, 1972, die die Investitionszulage nicht als Steuererstattung, sondern als Subvention einordnet; auch *Wacker*, Eigenheimzulagengesetz, Vor § 1 Rz. 73 lehnt die Qualifikation als Steuererstattung ab.

334 So aber *Koch/Scholtz*, § 3 Rz. 15.

335 Ebenso *Wacker*, Eigenheimzulagengesetz, Vor § 1 Rz. 73.

ter Absetzungen und des Sonderausgabenabzugs[336]. Auch bezieht sich die Eigenheimzulage bei der Ermittlung der Einkommensgrenze auf den einkommensteuerlichen Begriff der Summe der positiven Einkünfte gemäß § 2 Abs. 2 EStG[337] und sind die Finanzämter für die Gewährung der Eigenheimzulage zuständig. Jedoch stellt dies noch keine ausreichend enge Verflechtung von Wohneigentumsförderung und einkommensteuerrelevantem Tun dar[338]. Dazu hätte man die Eigenheimzulage zumindest in das Veranlagungsverfahren integrieren und als Steuerermäßigung ausgestalten müssen. Ohne solche enge Verknüpfung kann eine Einordnung als „steuerliches Leistungsgesetz" nicht gerechtfertigt werden, da durch diesen Kunstgriff die Kompetenz- und Haushaltsregeln des Grundgesetzes umgangen werden[339]. Infolgedessen ist die Eigenheimzulage m.E. als Direktsubvention anzusehen und zu behandeln.

c) Weitere Förderungsformen und Rechtsentwicklung

Neben der Förderung von Wohneigentum durch die Eigenheimzulage bestehen zahlreiche weitere Förderungsmöglichkeiten. Vor allem das Bausparen wird durch die Gewährung von Bausparprämien und Wohnungsbauprämien staatlich gefördert. Angesichts der schlechten Renditen und hohen Nebenkosten für die Anleger lohnen sich Bausparverträge zumeist nur aufgrund der staatlichen Förderung. Schon aus diesem Grund sollte auch diese Förderungsform, die letztlich vor allem den Bausparunternehmen zugute kommt, überdacht werden. Sie stellt ein typisches Beispiel dafür dar, dass staatliche Förderung zumeist eine preistreibende Wirkung hat. Anbieter von geförderten Produkten erhöhen ihre Gewinnmarge durch überhöhte Preise, die durch die staatliche Förderung abgemildert werden, so dass Produkte gegebenenfalls trotz verhältnismäßig hoher Kosten attraktiv sind[340].

Eine weitere Form der Förderung im Wege der Finanzierungsverbilligung ist die Gewährung zinsgünstiger Darlehen durch die Kreditanstalt für Wiederaufbau (KfW). Die KfW fördert den Erwerb von selbstgenutztem Wohneigentum durch Vergabe von zinsverbilligten Krediten bis zu einem relativen Finanzierungsanteil von 30% der angemessenen Gesamtkosten oder einem absoluten

---

[336] Z.B. durch die §§ 7b und 10e EStG a.F.
[337] Vgl. § 5 Abs. 1 EigZulG.
[338] A.A. *Handzik*, DStZ 1996, 2002, der ohne Weiteres von einer steuerlichen Förderung des privaten Wohneigentums ausgeht.
[339] A.A. *Wacker*, Eigenheimzulagengesetz, Vor § 1 Rz. 74.
[340] Vgl. dazu S. 95 ff.

Förderungshöchstbetrag von EUR 100.000[341]. Des Weiteren fördert die KfW Wohnungsbauinvestitionen in Form von Modernisierungsmaßnahmen in den neuen Bundesländern und Ost-Berlin durch die Vergabe von Krediten, die ebenfalls in den ersten zehn Jahren zinsverbilligt sind[342]. Neben der bundesrechtlichen Förderung durch die KfW existieren zahlreiche darlehensbasierte Förderungsmöglichkeiten vor allem für einkommensschwächere Familien auf Landesebene.

Insgesamt gehen die aktuellen Entwicklungen bei der Förderung von Wohnraum weg von einer Förderung in Form von direkten Zuwendungen, hin zu einer Förderung in Form von zinsverbilligten Darlehen. Im Lichte dieser Entwicklung ist auch die seit längerem schwelende Diskussion um die Abschaffung der Eigenheimzulage zu sehen. Es ist absehbar, dass selbst wenn die Eigenheimzulage in ihrer heutigen Form abgeschafft werden sollte, an ihre Stelle eine gezieltere Förderung des Erwerbs von selbstgenutztem Wohneigentum vor allem durch junge Familien treten wird[343].

II. Kritik an der Wohnbauförderung insbesondere durch die Eigenheimzulage und Abschaffungstendenzen

Das Förderungsvolumen der Wohnbauförderung macht nach Angaben der Bundesregierung etwa ein Drittel aller Subventionen des Bundes aus[344]. Wegen weitgehender Sättigung der Wohnmärkte wird seit geraumer Zeit die Abschaffung bzw. starke Einschränkung der Eigenheimzulage gefordert. Es wurde daher schon mehrmals versucht, die Eigenheimzulage ganz abzuschaffen, was jedoch bislang stets an fehlenden politischen Mehrheiten gescheitert ist[345]. Die Eigenheimzulage fördert unter sehr großem Mittelaufwand den Wohnungsmarkt, obwohl abgesehen von einigen Ballungsräumen keine Knappheit an Wohnraum besteht. Hinzu kommt die absehbare demographische Entwicklung. Zwar wird der individuelle Wohnraumbedarf noch bis 2015/2020 ansteigen, jedoch wird der Bevölkerungsrückgang langfristig die Entwicklung des Woh-

---

[341] Vgl. www.kfw.de, Programm-Nr. 124 und 126.
[342] Vgl. www.kfw.de, Programm-Nr. 129.
[343] Vgl. Die Welt v. 06.09.2004.
[344] Vgl. Süddeutsche Zeitung v. 30.09.2004.
[345] Zuletzt scheiterte eine Gesetzesinitiative der Bundesregierung (BT-Drucks. 15/3821) zur Abschaffung der Eigenheimzulage im November 2004 an der Zustimmung des Bundesrats und einer Vertagung der Entscheidung durch den Vermittlungsausschuss am 15. Dezember 2004.

nungsmarktes dominieren[346]. Infolgedessen ist auf lange Sicht vor allem auf Teilmärkten mit hohem Leerstand mit einer negativen Wertentwicklung zu rechnen. Dieser Effekt wird durch eine Fortführung der Förderung ohne Differenzierung nach dem eigentlichen Bedarf noch verstärkt.

Auch aus Gründen des Umweltschutzes und der Städtebaupolitik wird die Förderung von Immobilien durch die Eigenheimzulage kritisiert, da sie insbesondere unter dem Verdacht steht, die Zersiedelung in Deutschland zu fördern. Dies ist zum einen aus städtebaulichen Gründen unerwünscht, da die Innenstädte aussterben. Zum anderen nimmt der Individualverkehr und die Umweltbelastung durch die steigende Anzahl von Pendlern zu. Laut dem Bundesamt für Bauwesen und Raumordnung wohnen bereits jetzt mehr Menschen in den Randgebieten als in den Städten selbst[347]. Der Trend, ins Grüne zu ziehen, führt zu einer zunehmenden Versiegelung von Flächen und ist daher aus Umweltschutzgründen ebenfalls nicht zu begrüßen. Nach einer Schätzung in einem Dossier der Umweltschutzorganisation BUND wird täglich eine Fläche von etwa 105 Hektar neu bebaut[348], das ergibt ca. 380 Quadratkilometer im Jahr. Während die Städte v.a. in strukturschwachen Regionen hohe Leerstandszahlen verzeichnen, gehen außerhalb Flächen für Erholung, Landwirtschaft und Naturschutz verloren.

Zu einem Teil ist die zunehmende Flächenversiegelung auch eine Auswirkung der Förderung durch die Eigenheimzulage, die bis Ende 2003 Neubauten mit einem doppelt so hohen Grundbetrag förderte als Altbauten. Diese Differenzierung der Förderung ging an den städtebaulichen Erfordernissen vorbei. Vorzugswürdig wäre die Modernisierung und Revitalisierung der Ballungsräume und die Schaffung bzw. Erneuerung von Wohnraum dort, wo er tatsächlich benötigt wird. Um eine Entwicklung in Richtung einer Revitalisierung der Ballungsräume zu verstärken, wäre die Fokussierung der Wohnungsförderung auf die tatsächlichen Erfordernisse in diesen Gebieten erforderlich. Es sollten künftig nur Anreize zur Investition in einem volkswirtschaftlich, umweltpolitisch und städtebaulich sinnvollen Bereich gesetzt werden.

---

[346] Vgl. Süddeutsche Zeitung v. 30.09.2004.
[347] Zitiert nach Süddeutsche Zeitung v. 26.11.2004.
[348] Vgl. Pressemitteilung v. 22.10.2004, http://vorort.bund.net/verkehr/aktuell/aktuell_8/aktuell_198.htm.

III. Keine Besteuerung von Veräußerungsgewinnen als Folge des Einkünftedualismus

Nach den Erfahrungen in der ersten Hälfte des 20. Jahrhunderts mit mehreren Hyperinflationen kam und kommt der Wertbeständigkeit von Immobilien besondere Bedeutung bei der Vermögensanlage zu[349]. Bei der Investitionsentscheidung ist daher auch die Frage der Besteuerung von Wertzuwächsen bedeutsam. Wertsteigerungen im Bereich des Betriebsvermögens eines Steuerpflichtigen werden bei der Gewinnermittlung gemäß § 4 EStG steuerlich erfasst[350]. Der Wertzuwachs von Vermögensgegenständen, die sich im Privatvermögen des Steuerpflichtigen befinden ist dagegen nach dem Konzept des EStG grundsätzlich steuerfrei[351]. Dies liegt am Konzept des Einkünftedualismus im Einkommensteuerrecht, das hinsichtlich der Gewinneinkunftsarten der Reinvermögenszugangstheorie folgt, während es bei den Überschusseinkunftsarten der Quellentheorie zuneigt[352]. Eine Ausnahme in dieser Hinsicht bilden die sog. privaten Veräußerungsgeschäfte als sonstige Einkunftsart gemäß § 22 Nr. 2 i.V.m. § 23 Abs. 1 Satz 1 Nr. 1 EStG, die Zuwächse des Vermögensstamms im Privatvermögen bei Immobilienveräußerungen bei kürzerer als (nunmehr) zehnjähriger Haltedauer der Besteuerung unterwerfen. Allerdings sind davon selbstgenutzte Immobilien gemäß § 23 Abs. 1 Satz 1 Nr.1 Satz 3 EStG ausgenommen, wenn sie im Jahr der Veräußerung und in den beiden vorausgegangenen Kalenderjahren zu eigenen Wohnzwecken verwendet wurden. Dabei ist die Nutzung durch den Steuerpflichtigen als rechtlicher oder wirtschaftlicher Eigentümer erforderlich, die vorangegangene Nutzung als Mieter reicht nicht aus[353]. Durch die partielle Steuerfreiheit von Wertzuwächsen ist die selbstgenutzte Wohnimmobilie eine interessante Investitionsform, zumal in den zurückliegenden Jahrzehnten der Wert von Immobilien stetig gestiegen ist. Allerdings zeichnet sich ein Ende dieses Trends angesichts der demographischen Entwicklung und zunehmender Leerstände auch im Bereich der Wohnimmobilien ab[354].

---

[349] Vgl. dazu auch S. 109 ff.

[350] Vgl. *Fischer*, in: Kirchhof, EStG, § 23 Rz. 1.

[351] Eine Ausnahme bildet hierbei auch die Veräußerung einer wesentlichen Beteiligung an einer Kapitalgesellschaft gemäß § 17 Abs. 1 Satz 1EStG, die nunmehr schon bei einer Beteiligung am Kapital von über 1% vorliegt.

[352] Vgl. zum Ganzen die weitergehenden Ausführungen auf S. 149 ff.

[353] Vgl. BFH v. 08.04.2003, BFH/NV 2003, 1171.

[354] Vgl. dazu auch S. 114 ff.

B. Verbilligte Wohnraumüberlassung – ein Fall verdeckter Subventionierung?

Die Regelung des § 21 Abs. 2 EStG enthält eine Besonderheit für die teilweise unentgeltliche Wohnraumüberlassung. Die Regelung ordnet an, dass bei einem Entgelt von weniger als 56% der ortsüblichen Miete eine Aufteilung in einen entgeltlichen und einen unentgeltlichen Teil stattfindet. Umgekehrt sind Werbungskosten grundsätzlich voll abziehbar, wenn das Entgelt mindestens 56% der ortsüblichen Miete beträgt[355]. Damit behandelt das Gesetz solche Nutzungsüberlassungen wie voll entgeltliche mit der Rechtsfolge, dass der Überlassende die vollen Werbungskosten abziehen kann[356]. Es soll sich dabei angeblich lediglich um eine gesetzliche Typisierung handeln[357]. Diese soll im Interesse der Steuervereinfachung eine genaue Ermittlung der Marktmiete sowie in dem von ihr vorgegebenen Rahmen eine Aufteilung vermeiden und ferner eine Prüfung darüber erübrigen, aus welchen Gründen die ortsübliche Marktmiete im Einzelfall unterschritten wird[358].

In der Mehrzahl der Fälle dürfte die verbilligte Vermietung auf Gründen beruhen, die im privaten Bereich des Steuerpflichtigen liegen[359]. Ob es sich bei dem vergünstigt Mietenden um einen nahen Angehörigen handelt oder um einen fremden Dritten ist zwar unbeachtlich, jedoch dürften Angehörigenvermietungen in der überwiegenden Mehrzahl der Anwendungsfälle betroffen sein[360]. Durch die hohen Werbungskostenüberschüsse, die bei hohem Fremdkapitalanteil entstehen, spielen gerade Angehörigenmietverhältnisse in der Praxis eine große Rolle[361]. Trotz privat veranlasster Vergünstigung können dadurch veranlasste Werbungskosten in voller Höhe abgezogen werden[362]. Dies bedeutet insbesondere bei der Angehörigenvermietung eine Ausnahme vom Grundsatz der

---

355 Vgl. *Mellinghoff*, in: Kirchhof, EStG, § 21 Rz. 154. Dies gilt nicht, wenn die Einkünfteerzielungsabsicht fehlt, was jedoch nur bei einer Miete unter 75% der Marktmiete geprüft wird, vgl. BFH v. 05.11.2002, BStBl. II 2003, 646 sowie die Ausführungen auf S. 122 ff.

356 Vgl. BFH v. 15.12 1992, BStBl. II 1993, 490, unter 3.).

357 So BFH v. 29.04.1999, BStBl II 1999, 652; BFH v. 05.11.2002, BStBl. II 2003, 646 unter II. 1. a) bb).

358 Vgl. BT-Drucks. 10/3633, S. 16, 17, 20, 23; BT-Drucks. 10/5208, S. 41.

359 Ebenso *Paus*, DStZ 2003, 189 (190).

360 Kritisch zur Anwendung der Vorschrift auch in Fällen der Fremdvermietung, in denen der Steuerpflichtige aus vertraglichen oder rechtlichen Gründen an der Erhöhung gehindert ist: *Kohlhaas*, DStR 1998, 1039.

361 So *Mellinghoff*, in: Kirchhof, EStG, § 21 Rz. 30.

362 Zur Sonderbehandlung der verbilligten Wohnraumüberlassung im Bereich der Prüfung der Einkünfteerzielungsabsicht vgl. S. 125 ff.

steuerlichen Unbeachtlichkeit der Einkommensverwendung in der Privatsphäre (§ 12 EStG) und ähnelt in der Wirkung einem Steuerfreibetrag in Höhe von nunmehr bis zu 46% der ortsüblichen Miete. Durch die faktische Privilegierung von verbilligter Wohnraumvermietung, nimmt diese eine Mittelstellung zwischen der steuerlich – nach Abschaffung der Nutzungswertbesteuerung – unbeachtlichen Eigennutzung und der Fremdvermietung zu ortsüblicher Miete ein.

Die Vorschrift des § 21 Abs. 2 EStG ist nicht analogiefähig und damit nicht auf andere Einkunftsarten anwendbar[363]. Sie enthält eine Steuersubvention allein zugunsten verbilligter Wohnraumvermietung. In der Privilegierung der vergünstigten VuV ist daher eine Verletzung des Gleichheitssatzes zu sehen[364]. Zwar steht es dem Gesetzgeber nach der Rechtsprechung des BVerfG grundsätzlich frei, eine Subventionierung im Wege einer steuerlichen Privilegierung durchzuführen, wenn dies durch einen besonderen wirtschaftlichen oder sozialen Zweck gerechtfertigt ist[365]. Allerdings fordert das BVerfG von der Gesetzgebung Subventionsklarheit, indem es eine steuerliche Begünstigung nicht versteckt in Fiskalzwecknormen duldet, sondern verlangt, sie in Sozialzwecknormen hinreichend bestimmt tatbestandlich zu normieren und gemeinwohlbezogen zu rechtfertigen[366]. Es ist fraglich, ob § 21 Abs. 2 EStG diesen Anforderungen standhält, da der historische Gesetzgeber mit der Vorschrift allein eine Typisierung bezweckte; eine Subventionierung der verbilligten Wohnraumvermietung war ausweislich des Fehlens jedweder Andeutung in den Gesetzesmaterialien nicht intendiert[367]. Grundsätzlich sind Typisierungen zulässig, wenn sie „im rechten Verhältnis zu der mit der Typisierung notwendig verbundenen Ungleichheit in der steuerlichen Belastung stehen“[368]. Eine Typisierung jedoch, die auch noch einen Vollabzug der Werbungskosten bei einer Miete von knapp über der halben Marktmiete zulässt, geht weit über den beabsichtigten Vereinfachungseffekt hinaus und vermag eine so gravierende Verletzung des Nettoprinzips nicht zu rechtfertigen[369]. Da die Grenzen der Typisierung zugunsten einer versteckten Subventionierung überschritten sind, ist die Norm verfassungswidrig[370]. Zu Recht wird daher ihre Abschaffung gefordert[371]. Auch der IV. und der X. Senat

---

[363] Vgl. BFH v. 29.04.1999, BStBl II 1999, 652 (1. Leitsatz)

[364] Ebenso *Tipke/Lang*, Steuerrecht, § 9 Rz. 567; *Paus*, DStZ 2003, 189 (190); a.A. *Obermeier*, Das selbstgenutzte Wohneigentum, S. 86, der seine Meinung mit der Typisierungsfunktion begründet.

[365] Vgl. BVerfG v. 28.11.1984, BVerfGE 38, 61 (80) m.w.N. Vgl. dazu auch S. 87 ff.

[366] Vgl. BVerfG v. 22.06.1995, BVerfGE 93, 121 (148).

[367] Vgl. BT-Drucks. 10/3633; BT-Drucks. 10/5308; ebenso *Kanzler*, FR 1999, 818.

[368] Siehe BFH v. 05.11.2002, BStBl. II 2003, 646 unter II. 1. a) cc).

[369] Im Ergebnis ebenso *Paus*, DStZ 2003, 189 (190).

[370] Vgl. *Paus*, DStZ 1987, 88 (89); *Fischer*, FR 1999, 1377 (1379).

[371] Vgl. *Stein*, DStZ 2002, 828 (830).

haben bereits Zweifel daran geäußert, dass die Vorschrift als systemwidrige Begünstigung verfassungsgemäß ist[372]. Der IX. Senat des BFH beurteilt dies jedoch unter Hinweis auf die Schwierigkeiten bei der Ermittlung der Marktmiete und das Erfordernis einer Typisierung anders und sieht die Norm als verfassungsgemäß an[373].

C. Fremdvermietung von Immobilien

Neben den Förderungsmöglichkeiten für eigengenutzte und verbilligt vermietete Wohnimmobilien, existieren auch für vermietete Immobilien zahlreiche Vergünstigungen im Bereich des Steuerrechts. Zu unterscheiden sind hier Vergünstigungen, die im Bereich der laufenden Einkünfte bestehen und Vorteile im Bereich der steuerlichen Behandlung von Veräußerungsgewinnen.

I. Besteuerung der laufenden Erträge

1. Abgrenzung der Einkunftsarten

Bei der Betrachtung der steuerlichen Besonderheiten der Besteuerung von Einkünften aus Immobilieninvestitionen, ist zunächst die Einkunftsart festzustellen. Aufgrund des Dualismus der Einkunftsarten ergeben sich Unterschiede bei der Ermittlung des zu versteuernden Einkommens des Steuerpflichtigen je nachdem, ob er Überschusseinkünfte oder Gewinneinkünfte erzielt. Außerdem machen es einkunftsartspezifische Besonderheiten bei der Frage der Einkünfteerzielungsabsicht erforderlich, zunächst die Einkunftsart klären[374].

Gemäß § 2 Abs. 1 Nr. 6 i.V.m. § 21 Abs. 1 EStG unterliegen Einkünfte aus Vermietung und Verpachtung (VuV) der Einkommensteuer. Ausgangspunkt für die Einordnung von Einkünften in die Einkunftsart VuV sind die zivilrechtlichen Vorschriften zum Mietvertrag (§§ 535 ff., 581 ff. BGB)[375]. Wegen der wirtschaftlichen Betrachtungsweise im Steuerrecht ist die Qualifikation der Einkunftsart jedoch nicht an die zivilrechtliche Form oder die Bezeichnung der

---

[372] Vgl. die Entscheidungen BFH v. 29.04.1999, BStBl. II 1999, 652 des IV. Senats und BFH v. 14.01.1998, BFHE 185, 230 des X. Senats, die jedoch beide offen lassen, ob tatsächlich eine Verfassungswidrigkeit vorliegt.
[373] Vgl. BFH v. 05.11.2002, BStBl. II 2003, 646 unter II. 1. a) cc).
[374] Vgl. BFH v. 29.3.2001, DStRE 2001, 729.
[375] Vgl. *Drenseck*, in Schmidt, EStG, § 21 Rz. 1.

von den Beteiligten geschlossenen Verträge gebunden, sondern orientiert sich allein an deren wirtschaftlichem Gehalt[376]. Tatbestandsmäßig ist die Erzielung von Einkünften aus der zeitlich begrenzten, entgeltlichen Überlassung von unbeweglichen Gegenständen des Privatvermögens oder damit zusammenhängenden Rechten zum Gebrauch oder zur Nutzung[377]. Die Fremdvermietung von Immobilien direkt durch einen Steuerpflichtigen führt ebenso zu Einkünften aus VuV, wie die Vermietung durch eine nicht gewerblich geprägte, rein vermögensverwaltende Personengesellschaft[378].

2. Einkünfteerzielungsabsicht

a) Subjektives Tatbestandsmerkmal aller Einkunftsarten

Grundsätzliche Voraussetzung für die Steuerbarkeit aller Arten von Einkünften ist das subjektive Merkmal der Einkünfteerzielungsabsicht. Sie ist zwar ein nur in § 15 Abs. 2 EStG für gewerbliche Einkünfte als Gewinnerzielungsabsicht normiertes Merkmal, das jedoch nach ganz herrschender Auffassung allen steuerbaren Tätigkeiten zugrunde liegen muss[379]. Erfüllt eine Tätigkeit zwar nach ihrer äußeren Form die Tatbestandsvoraussetzungen einer Einkunftsart, ist sie ihrer Zweckrichtung nach aber nicht dazu bestimmt oder geeignet, Einkünfte zu erzielen, wird das Einkommen aus dieser Tätigkeit steuerlich nicht berücksichtigt. Die Tätigkeit ist in diesem Fall als steuerlich unbeachtliche Liebhaberei einzuordnen. Zu den steuerrechtlich unbeachtlichen Motiven für die Aufnahme einer Tätigkeit gehört auch die ausschließliche Absicht Steuern zu sparen[380].

Bei der Einkünfteerzielungsabsicht handelt es sich um eine innere Tatsache, die nur anhand objektiver äußerer Umstände nachgewiesen werden kann[381]. Vom

---

[376] Vgl. *Drenseck*, in: Schmidt, EStG, § 21 Rz. 1.
[377] Vgl. *Mellinghoff*, in: Kirchhof, EStG, § 21 Rz. 1.
[378] Vgl. dazu S. 166 ff.
[379] St. Rspr. seit BFH GrS v. 25.06.1984, BStBl. II 1984, 751 (766); *Seeger*, in: Schmidt, EStG, § 2 Rz. 22; *Kirchhof*, EStG, § 15 Rz. 34; zur Dogmatik eingehend *Jakob/Hörmann*, FR 1989, 665 (668 f.), die die Liebhaberei deshalb von der Besteuerung ausnehmen, weil sie als Einkommensverwendung die steuerliche Leistungsfähigkeit des Steuerpflichtigen nicht beeinflusst (sog. Leistungsfähigkeitsthese).
[380] Vgl. BFH v. 12.12.1995, BStBl. II 1996, 219 (222).
[381] Vgl. BFH GrS v. 25.06.1984, BStBl. II 1984, 751. Die subjektive Ausrichtung des Tatbestandsmerkmals ist zu kritisieren, da sie nicht zielführend ist. Allein objektive Anhaltspunkte, wie die Wesensart der Erwerbsgrundlage, die Art ihrer Nutzung und ihrer Indienstnahme innerhalb der Erwerbssphäre, entscheiden letztlich über die steuerliche Relevanz von Einkünf-

Fehlen der Einkünfteerzielungsabsicht ist auszugehen, wenn auf Grund einer Prognoseentscheidung zum Zeitpunkt der feststehenden oder nach dem mutmaßlichen Geschehensablauf zu erwartenden Aufgabe der Tätigkeit oder Vermögensnutzung ein Einnahmenüberschuss nicht erreicht sein wird[382]. Grundsätzlich erfolgt demnach die Bestimmung der Totalperiode durch eine ex-ante-Betrachtung nach der voraussichtlichen Tätigkeitsdauer[383]. Dabei sind die Art der Betriebsführung und die Verhältnisse eines bereits abgelaufenen Zeitraums wichtige Anhaltspunkte. Liebhaberei ist anzunehmen, wenn im Vordergrund einer Tätigkeit die Minderung der Steuerbelastung des Steuerpflichtigen steht[384]. Die bloße Steuerersparnisabsicht ist keine Einkünfteerzielungsabsicht, wie sich aus § 15 Abs. 2 Satz 2 EStG jedenfalls für die Einkünfte aus Gewerbebetrieb, in entsprechender Anwendung aber auch für alle anderen Einkunftsarten, ergibt[385].

Der Nachweis erfolgt nicht durch bloße Erklärungen des Steuerpflichtigen, sondern allein anhand von objektiven Beweisanzeichen[386]. Generell trägt der Steuerpflichtige die Feststellungslast für die Einkünfteerzielungsabsicht, jedoch geht die Rechtsprechung grundsätzlich von einem Beweis des ersten Anscheins für deren Vorliegen aus, wenn sich der Steuerpflichtige ernsthaft betätigt und die Tätigkeit nach ihrer Wesensart grundsätzlich geeignet ist, Gewinne zu erzielen[387]. Nur in Ausnahmefällen kann die Finanzverwaltung diesen Anscheinsbeweis entkräften. Dabei genügt allein der Umstand der Generierung von Verlusten über einen längeren Zeitraum grundsätzlich noch nicht zur Entkräftung des Beweises des ersten Anscheins für das Vorliegen der Einkünfteerzielungsab-

---

ten, vgl. *Schuhmann*, StBp 2003, 87 (90), *Kirchhof*, in: Kirchhof/Söhn/Mellinghoff, EStG, § 2 Rz. A 121.

382 Vgl. BMF v. 08.10.2004, BStBl. I 2004, 933 Tz. 34.

383 So schon BFH GrS v. 25.06.1984, BStBl. II 1984, 751.

384 Vgl. BFH v. 21.08.1990, BStBl. II 1990, 564.

385 Anders dagegen noch der Große Senat des BFH in seiner Entscheidung BFH GrS v. 17.01.1972, BStBl. II 1972, 700 (703), der eine Gewinnabsicht auch bei Bestehen einer Absicht unter Ausnutzung von Steuervergünstigungen Steuern zu sparen, annahm. Diese Rechtsprechung wurde durch eine weitere Entscheidung des Großen Senats jedoch geändert, BFH GrS v. 25.06.1984, BStBl. II 1984, 751 (766) und etwa zeitgleich § 15 Abs. 2 Satz 2 EStG eingeführt.

386 Von der Rechtsprechung wird die Parteivernehmung entgegen § 82 FGO, § 445 ZPO zum Nachweis der Einkünfteerzielungsabsicht nicht zugelassen, BFH v. 02.08.1994, BFH/NV 1995, 866; vgl. zur Kritik daran *Seeger*, in: Schmidt, EStG, § 2 Rz. 23 und 31.

387 So z.B. der VIII. Senat in BFH v. 21.08.1990, BStBl. II 1991, 564 für gewerbliche Einkünfte eines Fonds und der IV. Senat für Einkünfte eines Steuerberaters aus selbständiger Tätigkeit in BFH v. 31.05.2001, BStBl. II 2002, 276; vgl. auch die Nachweise bei *Weber-Grellet*, in: Schmidt, EStG, § 15 Rz. 33..

sicht[388]. Hinzukommen müssen auch bei längeren Verlustperioden weitere Beweisanzeichen, die die Annahme einer Tätigkeit aus Gründen aus dem Bereich der persönlichen Lebensführung nahe legen. Ein objektives Beweisanzeichen kann gegeben sein, wenn nach der vertraglichen Gestaltung kein positives Totalergebnis erreicht werden kann und die Tätigkeit allein darauf angelegt ist, Steuervorteile dergestalt zu erzielen, dass durch die Geltendmachung von Verlusten andere an sich zu versteuernde Einkünfte nicht versteuert werden müssen[389].

b) Unwiderlegbare Vermutung auf Tatbestandsebene bei Einkünften aus Vermietung und Verpachtung

Auch bei den Einkünften aus VuV setzt eine einkommensteuerrechtlich relevante Betätigung bzw. Vermögensnutzung die Absicht voraus, auf Dauer gesehen nachhaltig Überschüsse zu erzielen. Bei der Anwendung der Grundsätze des Großen Senats zur Gewinnerzielungsabsicht geht des IX. Senat des BFH jedoch eigene Wege und lehnt eine schematische Übernahme ab. Dessen Grundsätze zur Einkünfteerzielungsabsicht erfahren eine einkunftsartspezifische Anwendung[390].

aa) Implizierung bei normgemäßem Verhalten

Bei normgemäßem Verhalten, d.h. bei auf Dauer angelegten Einkünften aus Vermietung und Verpachtung ist dem BFH zufolge wegen des Regelungszwecks des § 21 Abs. 1 Nr. 1 EStG grundsätzlich vom Vorliegen der Einkünfteerzielungsabsicht „auszugehen“[391]. Mit dieser Wortwahl scheint jedoch kein Anscheinsbeweis – wie bei den anderen Einkunftsarten – gemeint zu sein, der widerlegt werden könnte, sondern eine unwiderlegbare Vermutung im Bereich der Auslegung des Tatbestandsmerkmals der Einkünfteerzielungsabsicht[392]. Das normgemäße Verhalten des Steuerpflichtigen „impliziert“ seine Einkünfteerzielungsabsicht[393]. Sie wird in normtypischer Auslegung dieses Tatbestandsmerkmals unterstellt und zwar unabhängig davon, ob tatsächlich nur Werbungskos-

---

388 St. Rspr., vgl. z.B. BFH v. 30.09.1997, BStBl. II 1998, 771; BFH v. 08.12.1998, BStBl. II 1999, 468 (471).
389 Vgl. BFH v. 31.03.1987, BStBl. II 1987, 668.
390 Vgl. *Ebling*, FS Offerhaus, S. 567 (568 f.); *Heuermann*, StuW 2003, 101 (104).
391 Siehe BFH v. 06.11.2001, BStBl. II 2002, 726.
392 Vgl. *Heuermann*, StuW 2003, 101 (105), der als Mitglied des IX. Senats diese Sichtweise vertritt.
393 Siehe ebenda.

tenüberschüsse erzielt werden. Die Vermutung der Einkünfteerzielungsabsicht ist allerdings nicht heranzuziehen, wenn der Steuerpflichtige sich nicht normgemäß verhält; in diesen Fällen kann eine Prüfung der Einkünfteerzielungsabsicht durch die Finanzverwaltung vorgenommen werden.

bb) § 21 EStG – eine versteckte Subvention?

Der BFH hebt die Frage der Einkünfteerzielungsabsicht für einen ersten Prüfungsschritt von der Beweis- auf die Tatbestandsebene und kommt so zur Unwiderlegbarkeit der Vermutung auch in Fällen, bei denen tatsächlich kein Totalüberschuss entsteht. Zur Begründung führt er aus, die Norm des § 21 EStG beruhe auf der typisierenden Annahme, dass „die langfristige Vermietung und Verpachtung trotz über längere Zeiträume anfallender Werbungskostenüberschüsse in der Regel letztlich zu positiven Einkünften führt"[394]. Dem widerspricht nur scheinbar, dass die Einkunftsart des § 21 EStG als a priori defizitär angesehen wird und der Gesetzgeber damit möglicherweise eine verdeckte Subvention von Immobilieninvestitionen bewirken will[395]. Zwar wird dem entgegengehalten, das Steuerrecht sei Einnahmerecht und § 21 EStG eine Fiskalzwecknorm[396]. Allerdings gibt es – soweit ersichtlich – keine veröffentlichten Zahlen über das Steueraufkommen bei den Einkünften aus Vermietung und Verpachtung[397]. Unterstellt man, das Steueraufkommen wäre tatsächlich permanent negativ und der Gesetzgeber kenne diese Tatsache, so wäre in § 21 EStG tatsächlich eine Subventionsvorschrift zu sehen[398]. Die Subventionierung liegt in der steuerlichen Anerkennung einer Betätigung, die mangels einer positiven Totalgewinnprognose bei anderen Einkunftsarten steuerlich unbeachtlich wäre[399]. Angesichts einer solch bewussten Entscheidung des Gesetzgebers wäre der Hinweis auf den grundsätzlichen Charakter des Steuerrechts als Einnahmenrecht des Staates verfehlt. Damit kann zwar kritisiert werden, dass der Gesetzgeber eine solche Entscheidung überhaupt getroffen hat, da eine defizitäre Einkunftsart im Einkommensteuergesetz tatsächlich keinen Platz haben sollte, nicht aber die konsequente Umsetzung der gesetzgeberischen Entscheidung durch die Rechtsprechung[400]. Der BFH dreht das fiskalische Argument gewissermaßen

---

394 Siehe BFH v. 30.06.1997, BStBl. II 1998, 771.

395 Vgl. *Heuermann,* StuW 2003, 101 (104); kritisch dazu: *Stein,* DStZ 2004, 189 (192).

396 So *Stein,* DStZ 2002, 828 (829); *ders.,* DStZ 2004, 189 (192).

397 Vgl. *Trzaskalik,* Kirchhof/Söhn/Mellinghof, EStG, § 21 Rz. A 45 und A 48 zur Forderung nach konkreten Untersuchungen des Steueraufkommens in diesem Bereich. Vgl. auch *Stein,* DStZ 2002, 828 (828 f.); *ders.,* DStZ 2004, 189 (192 f.)

398 So auch *Stein,* DStZ 2004, 189 (192 f.).

399 Vgl. *Paus,* DStZ 2003, 189 (193).

400 Auch Trzaskalik, in: Kirchhof/Söhn/Mellinghoff, EStG, § 21 Rz. A 43 lehnt eine Ein-

um: er setzt voraus, dass der Gesetzgeber eine bewusste Entscheidung hinsichtlich der Besteuerung von Einkünften aus Vermietung und Verpachtung getroffen hat und vollzieht diese Entscheidung im Sinne einer Indizierung der Einkünfteerzielungsabsicht durch die Erfüllung des objektiven Einkünftetatbestands.

Wäre in der Behandlung von Einkünften aus VuV eine Verlustakzeptanz durch den Gesetzgeber zu sehen, wäre es vorzugswürdig, das Tatbestandsmerkmal der Einkünfteerzielungsabsicht bei dieser Einkunftsart auf den Prüfstand zu stellen und nicht – wie der BFH – den Weg über eine wirklichkeitsfremde Auslegung des Tatbestandsmerkmals der Einkünfteerzielungsabsicht gehen[401]. Je mehr Verluste für eine Einkunftsart typisch sind, um so weniger lassen diese sich mit Hilfe des Kriteriums der Einkünfteerzielungsabsicht diskreditieren[402]. Hierbei kann ein Vergleich zur Rechtsprechung des BFH zur früheren Nutzungswertbesteuerung gezogen werden. Die Nutzungswertbesteuerung, die den Abzug von Werbungskosten von einem vergleichsweise niedrigen Nutzungswert zuließ, führte häufig zu Werbungskostenüberschüssen[403]. In der Praxis war dies sogar die Regel, da vom angesetzten Nutzungswert Sonderabschreibungen und erhöhte Absetzungen zum Abzug bis unter Null DM führten und zugelassen wurden[404]. Der BFH hatte die zur Liebhaberei entwickelten Grundsätze im Rahmen der Pauschalierung des Nutzungswerts für von vornherein nicht anwendbar erklärt, da der Gesetzgeber die Entstehung von Werbungskostenüberschüssen aus wohnungsbau- und eigentumsförderungspolitischen Gründen akzeptiert hatte – entgegen dem ursprünglichen Plan einer Begrenzung des Werbungskostenabzugs bis auf Null DM[405]. Analog sollten auch im Fall einer aus Subventionsgründen bewussten Verlustakzeptanz des Gesetzgebers im Bereich der Einkünfte aus VuV die Grundsätze zur Einkünfteerzielungsabsicht überhaupt nicht angewendet werden.

cc) Problem der Rechtssicherheit

Die Subventionierung des Immobilienbaus ist eines der zahlreichen Beispiele, bei denen der Gesetzgeber das Steuerrecht für außersteuerliche Zwecke nutzt. Konsequenterweise räumt der BFH dem gesetzgeberischen Zweck der Eigen-

---

kunftsart ab, die dem Staat dauerhaft keine Einkünfte bringt.

401 Zu letzterem Gesichtspunkt vgl. auch *Paus*, DStZ 2003, 189 (193).

402 Ebenso Trzaskalik, in: Kirchhof/Söhn/Mellinghoff, EStG, § 21 Rz. B 253.

403 Vgl. § 21a EStG in der bis einschließlich dem VZ 1986 geltenden Fassung..

404 Vgl. *Ebling*, FS Offerhaus, S. 567 (576).

405 Vgl. BFH v. 25.06.1991, BStBl. II 1992, 23.

tumsbildung und Wohnraumschaffung mit seiner Rechtsprechung zur Implizierung der Einkünfteerzielungsabsicht Vorrang ein[406]. Das ist aus Sicht der Steuerpflichtigen zwar zu begrüßen, allerdings ist an dieser Entwicklung aus grundsätzlichen Erwägungen Kritik angebracht. Es ist im Steuerrecht die Tendenz festzustellen, dass die Rechtsprechung an zahlreichen Stellen Unzulänglichkeiten der Gesetzgebung über komplizierte und von zahlreichen Ausnahmen geprägte dogmatische Konstruktionen zu korrigieren versucht[407]. Es ist gerade dieser Mechanismus aus außersteuerlichen Zielsetzungen und dem dadurch entstehenden Korrekturbedarf durch die Rechtsprechung, der das Steuerrecht kompliziert und unvorhersehbar macht. Nur allzu oft ist die Rechtsprechung gezwungen, einen Systembruch zugunsten der Steuerpflichtigen aufgrund von Gerechtigkeitserwägungen aber auch zu deren Lasten aus fiskalischen Gründen hinzunehmen.

Neben systematischen Problemen, sind dabei auch rechtsstaatliche Bedenken angebracht, v.a. in Bezug auf die Rechtssicherheit[408]. Es ist eine „unter rechtsstaatlichen Gesichtspunkten vielfach beklagenswerte Situation“ auszumachen[409]. Das Gesetz spielt in der Praxis nicht mehr die entscheidende Rolle angesichts seiner Unverständlichkeit, Kompliziertheit und Unklarheit. Auf die vermeintliche Sicherheit durch Erlasse des Bundesfinanzministeriums kann sich der Steuerpflichtige nicht verlassen, wenn sich die Rechtsprechung darüber hinwegsetzt[410]. Hinzu kommt, dass gerade bei Steuersparmodellen, bei denen die Erzielung eines steuerlichen Vorteils im Vordergrund steht, keine Möglichkeit besteht eine verbindliche Auskunft einzuholen[411]. Gerade im Bereich der Liebhaberei ist Rechts- bzw. Planungssicherheit für Investitionen von herausragender Bedeutung, weil durch die Aberkennung der Einkünfteerzielungsabsicht die gesamte steuerliche Anerkennung fortfällt.

c) Fallgruppenweise Prüfung der Einkünfteerzielungsabsicht

Infolge der Vermutung der Einkünfteerzielungsabsicht auf Tatbestandsebene zugunsten des Steuerpflichtigen bei normgemäßem Verhalten, wird die Frage

---

406 Vgl. *Ebling*, FS Offerhaus, S. 567 (576).

407 Zahlreiche Beispiele dafür finden sich bei *Loritz*, WM 1998, 685 (686 ff.); *Loritz*, BB 2000 Beilage Nr. 11, 2.

408 *Loritz*, WM 1998, 685 (687) kritisiert ebenfalls den Mangel an Zuverlässigkeit, der durch die Steuerrechtsanwendung im Bereich der Kapitalanlagen entstanden ist.

409 Siehe *Loritz*, WM 1998, 685 (689).

410 Vgl. Beispiele bei *Loritz*, WM 1998, 685 (689).

411 Vgl. BMF v. 29.12.2003, DStR 2004, 316 Tz. 2.5.

der Einkünfteerzielungsabsicht von der Finanzverwaltung nur ausnahmsweise in Fällen nicht normgemäßen Verhaltens geprüft. Die Einkünfteerzielungsabsicht fehlt, wenn Beweisanzeichen für ein solches normwidriges Verhalten bestehen, z.B. weil die Vermietung befristet und damit die Betätigung des Steuerpflichtigen nicht auf Dauer angelegt ist[412]. Der BFH hat Fallgruppen entwickelt, in denen der Steuerpflichtige seine Vermietungstätigkeit nicht auf Dauer oder nicht marktgerecht ausrichtet[413]. Je nach Fallgruppe spricht eine Vermutung, ein Anscheinsbeweis oder Beweisanzeichen für das nicht normgemäße Verhalten und damit für das Fehlen der Einkünfteerzielungsabsicht.

Der Beweis des ersten Anscheins spricht gegen die Normgemäßheit des Verhaltens in Konstellationen, bei denen davon auszugehen ist, dass der Steuerpflichtige sich nicht zu einer langfristigen Vermietung entschlossen hat. Das sind z.B. Beteiligungen an Mietkaufmodellen[414] oder einem Bauherrenmodell[415]. Bei Verlustzuweisungsmodellen spricht eine Vermutung gegen eine Einkünfteerzielungsabsicht[416]. Begründet wird dies ebenfalls damit, dass modellhafte Betätigung kein normgemäßes Verhalten sei, da es nicht auf eine langfristige Vermietung gerichtet sei[417].

Neben den genannten Fallgruppen existieren zahlreiche weitere, bei denen Beweisanzeichen dafür bestehen, dass die Betätigung nicht normgemäß ist. Außerdem kann sich auch allein aus der Art der Nutzung der Immobilie ein Indiz für die private, nicht mit der Erzielung von Einkünften zusammenhängende Veranlassung ergeben, wie z.B. bei der Vermietung einer teilweise selbstgenutzten Ferienwohnung[418]. Dagegen ist die Vermietung einer Ferienwohnung normgemäßes Verhalten, wenn der Steuerpflichtige sich die Selbstnutzung weder vertraglich vorbehält noch sie tatsächlich selbst nutzt[419]. Außer dem Erwerb einer Immobilie unter Vereinbarung einer Rück- oder Verkaufsgarantie[420], gilt auch eine Vermietungstätigkeit, die zeitlich begrenzt ist, als Indiz für ein nicht

---

[412] Vgl. BMF v. 08.10.2004, BStBl. I 2004, 933 Tz. 33 und 5.
[413] Vgl. *Heuermann*, StuW 2003, 101 (106).
[414] Vgl. BFH v. 09.02.1993, BStBl. II 1993, 658.
[415] Vgl. BFH v. 14.09.1994, BStBl. II 1995, 116.
[416] Vgl. dazu näher auf S. 166 ff.
[417] Vgl. *Heuermann*, StuW 2003, 101 (106).
[418] Vgl. BFH v. 13.08.1996, BStBl. II 1997, 42.
[419] Vgl. BFH v. 06.11.2001, BStBl. II 2002, 726.
[420] Vgl. dazu näher S. 166 ff.

normgemäßes Verhalten, wenn die Umstände auf eine von vorn herein bestehende Selbstnutzungs- oder Verkaufsabsicht schließen lassen[421].

Die verbilligte Vermietung von Immobilien ist ebenfalls ein Indiz für das Fehlen eines normgemäßen Verhaltens, da es nicht dem marktgerechten Verhalten der Gewinnmaximierung entspricht. Allerdings gewährt der BFH hierbei einen Toleranzbereich bei einer Miete von über 75% der ortsüblichen Miete, innerhalb dessen die Miete als vollentgeltlich beurteilt und die Einkünfteerzielungsabsicht indiziert wird[422]. Eine darunter liegende Vermietung ist kein marktgerechtes Verhalten und ermöglicht bzw. erfordert die Prüfung der Einkünfteerzielungsabsicht. Dabei kann es dazu kommen, dass aufgrund der Anwendung der Vorschrift des § 21 Abs. 2 EStG eine negative Prognose entsteht, da die verbilligte Miete bis 56% der ortsüblichen Miete betragen kann, aber die Werbungskosten voll abgezogen werden können. Für diese Fälle sieht der BFH eine teleologische Reduktion des § 21 Abs. 2 EStG dergestalt vor, dass bei einer Miete von 50% (nach Änderung der Vorschrift nunmehr 56%) bis 75% auf das gesetzliche Prinzip der Aufteilung des teilentgeltlichen Geschäfts zurückgegriffen wird, wenn ansonsten die Einkünfteerzielungsabsicht ganz entfiele[423]. Die Werbungskosten sind dann nur anteilig abziehbar, dafür ist in den meisten Fällen der Abzug nicht wegen fehlender Einkünfteerzielungsabsicht völlig ausgeschlossen. Diese Sonderbehandlung ist ein weiteres Beispiel einer systemwidrigen, undogmatischen und das Steuerrecht komplizierenden Ausnahme durch die Rechtsprechung, die aufgrund von Schwierigkeiten bei der Anwendung steuerlicher Subventionsvorschriften entsteht[424].

d) Totalgewinnprognose

Sprechen Beweisanzeichen gegen die Normgemäßheit des Verhaltens des Steuerpflichtigen, ist stets zu prüfen, ob ein Totalüberschuss innerhalb der tatsächlichen Vermögensnutzung zu erzielen ist. Die Finanzverwaltung prüft im Rahmen einer Prognose, ob während der Totalperiode ein Totalgewinn bzw. -

---

[421] *Heuermann*, StuW 2003, 101 (108) betont, dass die Befristung eines Mietvertrags allein noch kein ausreichendes Indiz ist, außer eine Verlängerungsmöglichkeit wäre von vornherein ausgeschlossen.

[422] Vgl. BFH v. 05.11.2002, BStBl. II 2003, 646; *Paus*, DStZ 2003, 189 (192) kritisiert die Grenze als willkürlich und wirft dem BFH Überschreitung seiner Befugnisse vor.

[423] Vgl. zur Dogmatik eingehend *Heuermann*, DB 2003, 112 (115); außerdem *Heuermann*, StuW 2003, 101 (110); kritisch *Paus*, DStZ 2003, 189.

[424] Vgl. zur allgemeinen Kritik daran S. 93 ff.

überschuss (objektiv) erzielt werden kann[425]. Sie bejaht bei der Prüfung die Einkünfteerzielungsabsicht, wenn während der voraussichtlichen Vermögensnutzung durch den Steuerpflichtigen und seinen Gesamtrechtsnachfolger bzw. seinen voll unentgeltlichen Einzelrechtsnachfolger ein positives Gesamtergebnis zu erwarten ist[426]. Weitgehend umstritten ist, ob in die Prognose (steuerpflichtige) private Veräußerungsgewinne und Verluste aus der Geltendmachung von steuerlichen Subventions- und Lenkungsnormen einzubeziehen sind.

aa) Einbeziehung von privaten Veräußerungsgewinnen

Der Große Senat des BFH hat sich bislang im Bereich der Überschusseinkünfte lediglich dahingehend geäußert, „steuerfreie Veräußerungsgewinne" nicht in die Prognose mit einbeziehen zu wollen[427]. Eine Gelegenheit zur ausführlichen Klärung der Frage bot sich – wohl auch angesichts der früher nur zweijährigen Spekulationsfrist – bisher nicht. Eine Betätigung, die so kurz war, trug schon deshalb den Verdacht der Liebhaberei in sich, zu einer Totalgewinnprognose kam es in diesen Fällen wohl gar nicht. Die Frage, ob in die Totalgewinnprognose im Bereich der Überschusseinkünfte Veräußerungsgewinne einzubeziehen sind, wurde durch die BFH-Rechtsprechung stets mit einer formelhaften Begründung – bislang jedoch lediglich obiter dictum – verneint[428]. Die Einbeziehung könne nicht erfolgen, da Veräußerungsgewinne bei Einkünften aus VuV als Überschusseinkunftsart nicht erfasst würden[429]. Der BFH folgt damit ohne dies zu problematisieren einer einzelnen Literaturansicht. Danach stellen Einkünfte aus VuV gemäß § 21 EStG und sonstige Einkünfte aus privaten Veräußerungsgeschäften gemäß §§ 22 Nr. 2, 23 EStG verschiedene Einkunftsarten dar, bei denen die Einkünfteerzielungsabsicht jeweils getrennt zu ermitteln sei[430].

Die h.M. im Schrifttum bezieht Veräußerungsgewinne in die Totalüberschussprognose ein[431]. Eine große Zahl von Befürwortern der Einbeziehung von Veräußerungsgewinnen entstand durch die Verlängerung der Haltefrist von zwei

---

[425] Vgl. *Weber-Grellet*, in: Schmidt, EStG, § 15 Rz. 30.
[426] Vgl. BMF v. 08.10.2004, BStBl. I 2004, 933 Tz. 34.
[427] So der Große Senat des BFH in der Entscheidung BFH GrS v. 25.06.1984, BStBl. II 1984, 751 (766), wenn auch obiter dictum, unter Verweis auf BFH v. 23.03.1982, BStBl. II 1982, 463; ebenso *Hellwig*, DStR 1984, 328.
[428] Vgl. BFH v. 08.12.1998, BStBl. II 1999, 468.
[429] Vgl. BFH v. 31.03.1987, BStBl. II 1987, 668.
[430] Vgl. *Hellwig*, DStR 1984, 328.
[431] Vgl. *Pezzer*, StuW 2000, 457, *Thürmer;* DB 2002, 444 (449).

auf zehn Jahre durch das Steuerentlastungsgesetz 1999/2000/2002[432]. Jedoch wurde bereits vorher die Einbeziehung von einer Reihe von Autoren auch bei Steuerfreiheit der Wertsteigerung erwogen, die eine natürliche, steuerlich nicht vorgeprägte Sicht forderten, da eine rein steuerliche Sicht die tatsächlichen Renditeerwägungen denaturiere[433]. Es erscheint in der Tat seltsam, eine Betätigung des Steuerpflichtigen als Liebhaberei zu qualifizieren, obwohl dieser aufgrund eines Überschusses des Veräußerungsgewinnes über etwaige negative Einkünfte aus VuV eine wirtschaftlich positive Rendite erzielt[434]. Andererseits kann die Erzielung nicht steuerbarer Einkünfte aufgrund des fehlenden steuerlichen Nexus keine Auswirkung auf die Besteuerung haben[435].

Mag man die Einbeziehung von steuerfreien Veräußerungserlösen deshalb noch mit dem Großen Senat ablehnen, sind jedoch jedenfalls steuerpflichtige private Veräußerungsgewinne in die Totalgewinnprognose einzubeziehen[436]. Es besteht eine Konkordanz des wirtschaftlichen Ertrags aus VuV und privaten Veräußerungsgeschäften, die sich in einer wirtschaftlichen Gesamtrendite der Investition niederschlägt[437]. Allein diese hat der Steuerpflichtige im Blick, wenn er sein Vermögen investiert. In Bezug auf die Argumentation des BFH ist auf den Zusammenhang zwischen VuV-Einkünften und der Ermittlung privater Veräußerungsgewinne hinzuweisen, der in § 23 Abs. 3 Satz 4 EStG zum Ausdruck kommt[438]. Diese Vorschrift sieht einen Abzug von Absetzungen für Abnutzung, erhöhten Absetzungen und Sonderabschreibungen von den Anschaffungs- oder Herstellungskosten im Rahmen der Ermittlung des Veräußerungsgewinns vor. Daraus ist richtigerweise der Schluss zu ziehen, dass zumindest in Veräußerungsfällen, die in die 10-jährige Veräußerungsfrist fallen und damit steuerverstrickt sind, eine Einbeziehung in die Prognose unabdinglich ist. Es ist zudem systemwidrig, das Prinzip des Einkünftedualismus durch die ausnahmsweise Steuerpflicht von Veräußerungsgewinnen im Bereich der privaten Vermögensverwaltung bei Immobilien einerseits zu durchbrechen, andererseits aber etwaige steuerpflichtige Veräußerungserlöse anders als bei den Gewinneinkünften nicht in die Berechnung des Totalgewinns einzubeziehen. Unter Berufung auf die bisherige Rechtsprechung des BFH vertritt auch die Finanzverwaltung die

---

432 Vgl. *Paus*, DStZ 2001, 200; *Pezzer*, StuW 2000, 457.

433 So schon *Jakob/Hörmann*, FR 1989, 665 (672 f.); a.A. *Heuermann*, DB 2002, 2011 (2012).

434 Ebenso *Paus*, DStZ 2001, 200.

435 Vgl. *Wirtz*, FR 2003, 711 (714).

436 So auch *Drenseck*, in: Schmidt, EStG, § 21 Rz. 12; *Heuermann*, StuW 2003, 101 (112 f.).

437 Vgl. *Jakob/Hörmann*, FR 1989, 665 (672 f.), die vom Maßstab des „homo oeconomicus“ sprechen.

438 Vgl. *Heuermann*, StuW 2003, 101 (112 f.).

Auffassung, bei der Prüfung der Überschusserzielungsabsicht seien im Rahmen von Einkünften aus VuV steuerfreie Veräußerungsgewinne nicht in die Betrachtung einzubeziehen[439].

bb) Besteuerung von Veräußerungsgewinnen als Lösung des Problems?

Die Differenzierung bei der Besteuerung von Veräußerungsgewinnen durch den Einkünftedualismus als Folge der Geltung zweier verschiedener Einkommenstheorien für den Bereich der Gewinneinkünfte und den Bereich der Überschusseinkünfte ist zu kritisieren[440]. Die Steuerfreiheit von Veräußerungsgewinnen im Bereich der Überschusseinkunftsarten führt zur Nichteinbeziehung von Veräußerungsgewinnen in die Totalüberschussprognose im Rahmen der Prüfung der Einkünfteerzielungsabsicht. Fraglich, ist ob die Einführung einer durchgehenden Besteuerung aller Veräußerungsgewinne daran etwas ändern würde. Der BFH lehnt eine Einbeziehung auch steuerpflichtiger privater Veräußerungsgewinne bisher ab[441]. Die Einkünfteerzielungsabsicht könne jeweils nur für die Einkunftsarten getrennt ermittelt werden[442]. Diese Sicht vertritt auch der IX. Senat des BFH, der zuletzt zudem Tendenzen zeigt, den Begriff der Einkünfteerzielungsabsicht einkunftsartspezifisch auszulegen und damit einer Sonderbehandlung von VuV-Einkünften Tür und Tor öffnet[443].

Schon einmal war im Rahmen des Steuerentlastungsgesetzes 1999/2000/2002 eine Änderung des § 23 EStG dahingehend geplant, die Veräußerungsfrist von 10 Jahren abzuschaffen und eine durchgehende Steuerpflicht für Gewinne aus Immobilienveräußerungen im Privatbereich zu etablieren. Abgesehen vom Scheitern des Gesetzes im Bundesrat, wäre mit einer solchen Änderung in Bezug auf Einkünfteerzielungsabsicht nach der bisherigen Rechtsprechung des BFH nichts erreicht worden. §§ 22 Nr. 2, 23 Abs. 1 Satz 1 Nr. 1 EStG betreffen sonstige Einkünfte und damit eine andere Einkunftsart als Einkünfte aus VuV. Nach Auffassung des BFH, der bei der Beurteilung der Einkünfteerzielungsabsicht formal zwischen den Einkunftsarten unterscheidet, wären nach einer solchen Änderung Veräußerungsgewinne nach wie vor nicht in die Prognose ein-

---

[439] Das bis vor kurzem gültige BMF v. 23.07.1992, BStBl. I 1992, 434 bezog sich auf die Entscheidung des BFH v. 23.03.1982, BStBl. II 1982, 463. Das augenblicklich gültige Schreiben der Finanzverwaltung, BMF v. 08.10.2004, BStBl. I 2004, 933 Tz. 34 nennt keine BFH-Entscheidung mehr als Grundlage für die dort gleichermaßen vertretene Ansicht.

[440] Vgl. S. 149 ff.

[441] Vgl. BFH v. 08.12.1998, BStBl. II 1999, 468.

[442] Diese Ansicht vertritt auch *Wirtz*, FR 2003, 711 (712).

[443] Vgl. *Heuermann*, StuW 2003, 101 (105).

zubeziehen. Allerdings ist fraglich, ob der BFH im Falle der ausnahmslosen Besteuerung von Veräußerungsgewinnen an seiner formalistischen Auffassung festhalten könnte[444]. Die Unterscheidung der Einkunftsarten ist rein technischer Natur und verkennt den dahinter stehenden einheitlichen wirtschaftlichen Investitionsvorgang[445]. Ein Steuerpflichtiger der aus der Vermietung nur Werbungskostenüberschüsse erwirtschaftet, diese aber durch eine steuerpflichtige Veräußerung überkompensieren will, erstrebt durch die Betätigung einen insgesamt positiven Gesamtüberschuss[446]. Dies muss schon heute bei einer steuerpflichtigen Veräußerung innerhalb der Veräußerungsfrist von zehn Jahren gemäß § 23 Abs. 1 Satz Nr. 1 EStG gelten, umso mehr aber im Falle der Aufhebung der Haltefristen zugunsten einer durchgehenden Besteuerung privater Veräußerungsgewinne.

cc) Einbeziehung von Verlusten aufgrund steuerlicher Subventions- und Lenkungsnormen

Bei der Prognose, ob ein Totalüberschuss erzielt wird, sind nach der Rechtsprechung des BFH negative Einkünfte aufgrund von steuerlichen Subventions- und Lenkungsnormen grundsätzlich außer Ansatz zu lassen[447]. Das bedeutet insbesondere, dass in die Rechnung lediglich die lineare AfA bis zum Veräußerungszeitpunkt einbezogen wird, nicht aber etwaige Sonderabschreibungen oder erhöhte Absetzungen[448], die in Anspruch genommen werden[449]. Dem ist zuzustimmen, da die soziale und wohnungspolitische Zielsetzung dieser Normen unterlaufen würde, wenn die entstandenen Werbungskostenüberschüsse wegen fehlender Einkünfteerzielungsabsicht unberücksichtigt bleiben müssten[450]. Die

---

[444] Ebenso *Voos*, DStR 1999, 877 (883); *Drenseck*, in: Schmidt, EStG, § 21 Rz. 10.

[445] Zur Kritik an einer rein steuerlichen Sichtweise vgl. *Jakob/Hörmann*, FR 1989, 665 (672 f.).

[446] So auch Pezzer, StuW 2000, 457 (466); *Drenseck*, in: Schmidt, EStG, § 21 Rz. 10; a.A. ohne Begründung *Hecht*, BB 2000, 226 (229).

[447] Vgl. BFH v. 30.09.1997, BStBl. II 1998, 771, wo auf BFH v. 25.06.1991, BStBl. II 1992, 23 verwiesen wird; ebenso BFH v. 06.11.2001, DStR 2002, 253 unter Punkt II. 1. e) ff).

[448] Zu den Begriffen vgl. S. 142 ff.

[449] Noch weiter geht *Meichsner*, DStR 1985, 647 (649), der jedoch mit der Forderung Gebäudeabschreibungen im Bereich der Überschusseinkünfte angesichts der Steuerfreiheit des Vermögensbereichs überhaupt nicht zu berücksichtigen, allein geblieben ist. Seine Begründung, dass bereits der Abzug der AK/HK-Kosten wegen des grundsätzlich fehlenden Zusammenhangs mit der Einkünfteerzielung nur aufgrund der ausdrücklichen gesetzlichen Vorschrift des § 9 Abs. 1 Satz 3 Nr. 7 EStG erfolgt, entspricht nicht dem Nettoprinzip, wonach grundsätzlich alle zur Einkunftserzielung gemachten Aufwendungen abziehbar sein müssen, ebenso *Stuhrmann*, BB 1996, 1645 (1646).

[450] Ebenso *Grube*, DB 1991, 2220; *Stuhrmann*, BB 1996, 1645.

Nichtberücksichtigung im Rahmen der Totalüberschussprognose bedeutet kein Abweichen von allgemeinen Prinzipien der Einkünfteermittlung[451], vielmehr wird auf diese Weise ein Widerspruch der Rechtsordnung vermieden[452]. Insbesondere werden dadurch vom Staat bewusst gewährte Vorteile nicht durch Einbeziehung in die Prognose in ihr Gegenteil verkehrt[453]. Die Finanzverwaltung folgt der Rechtsprechung des BFH mittlerweile[454]. Auch nach ihrer Auffassung werden Sonderabschreibungen und erhöhte Absetzungen bei der Totalüberschussprognose grundsätzlich nicht berücksichtigt. Die Finanzverwaltung bezieht darüber hinaus ausdrücklich auch degressive Abschreibungen nicht in die Prognose mit ein[455].

Etwas anderes soll jedoch bei von vornherein zeitlich befristeter Vermietung gelten. So hat jedenfalls der IX. Senat des BFH mit der Begründung entschieden, die kurzfristige Vermietung entspreche nicht dem Regelungszweck des § 21 EStG und führe zu dauerhaften Steuervorteilen insbesondere bei Inanspruchnahme von Sonder-AfA, die nicht durch einen entsprechend geringeren Restwert in späteren Veranlagungszeiträumen nivelliert werden, etwa weil die tatsächliche Nutzungsdauer des Steuerpflichtigen kürzer als die AfA-Nutzungsdauer ist[456]. Nach dieser Entscheidung sind negative Einkünfte aufgrund von steuerrechtlichen Subventions- und Lenkungsnormen bei einer kurzfristig angelegten Vermietungstätigkeit in die entsprechend befristete Totalüberschussprognose einzubeziehen, wenn der jeweilige Zweck der Subventions- und Lenkungsnorm sowie die Art der Förderung dies gebieten. Die Finanzverwaltung hat sich dem kürzlich angeschlossen[457].

Diese Auffassung von Rechtsprechung und Finanzverwaltung ist nicht unumstritten. Zunächst verwundert, dass der BFH im Falle der Ferienwohnungsver-

---

[451] So aber Stein, DStZ 2000, 780 (783 f.).
[452] Vgl. dazu die Ausführungen auf S. 103 ff.
[453] Vgl. *Sauren*, DStR 1998, 1877 (1878).
[454] Vgl. BMF v. 08.10.2004, BStBl. I 2004, 933 Tz. 34 Beispiel 2, nachdem die Finanzverwaltung die Entscheidung des BFH v. 30.09.1997, BStBl. II 1998, 771 zunächst mit einem Nichtanwendungserlass belegt hatte, BMF v. 04.11.1998, DStR 1998, 1877.
[455] Vgl. BMF v. 08.10.2004, BStBl. I 2004, 933 Tz. 34. Damit setzt sie die Entscheidungen des BFH zur Nichtberücksichtigung von steuerlichen Subventions- und Lenkungsnormen folgerichtig um, vgl. FG Düsseldorf, DStRE 1999, 783. Bei der degressiven Abschreibung handelt es sich wegen ihres Förderungscharakters um eine steuerliche Lenkungsnorm, und nicht um eine Vorschrift aus dem klassischen Repertoire des Steuerbilanzrechts, vgl. dazu *Hey*, StuW 1998, 298 (301), *Jakob/Jakob*, StuW 2004, 24 (28).
[456] Vgl. BFH v. 09.07.2002, BFHE 199, 422.
[457] Vgl. BMF v. 08.10.2004, BStBl. I 2004, 933 Tz. 36.

mietung im Jahr 2001 klar und bedingungslos ausgesprochen hat, dass steuerliche Subventions- und Lenkungsnormen außer Ansatz zu lassen sind[458], um dann ein halbes Jahr später bei befristeter Vermietung – wie die zeitweise Vermietung von Ferienwohnungen ein Fall, in dem ausnahmsweise die Einkünfteerzielungsabsicht zu prüfen ist – das Gegenteil festzustellen[459]. Die Differenzierung wird mit einem dauerhaften beim Steuerpflichtigen verbleibenden steuerlichen Vorteil aus der Inanspruchnahme von Sonderabschreibungen bei befristeter Vermietung begründet[460]. Diese Begründung stößt jedoch auf Bedenken. Zwar ist richtig, dass dem Steuerpflichtigen u.U. ein Steuervorteil verbleibt, wenn die Vermietung befristet wird und nur in den Jahren mit hohen Werbungskostenüberschüssen stattfindet[461]. Andererseits ist die besondere Situation bei Werbungskostenüberschüssen durch steuerliche Subventions- und Lenkungsnormen zu beachten. Diese sind auch in Form von Sonderabschreibungen, erhöhten Absetzungen und degressiver AfA Fremdkörper im Bereich des Steuerrechts[462]. Sie gehören damit sachlich zum Subventionsrecht und sind ebenso zu behandeln wie direkte Subventionen[463]. Die Nichtberücksichtigung von Sonderabschreibungen, erhöhten Absetzungen und degressiver AfA betrifft die Ausgabenseite bei der Ermittlung des Totalüberschusses. Auf der Einnahmenseite sind staatliche Subventionsmaßnahmen zugunsten des Steuerpflichtigen zu berücksichtigen. So werden Investitionszulagen und andere öffentliche Fördermittel konsequenterweise in die Totalgewinnprognose einbezogen[464]. Dies gilt auch dann, wenn sie die steuerliche Bemessungsgrundlage nicht erhöhen, wie beispielsweise Investitionszulagen gemäß § 2 InvZulG[465]. Eine Einbeziehung von steuerlichen Subventions- und Lenkungsnormen in der Form von Abschreibungsvorteilen zum Nachteil der Steuerpflichtigen erscheint vor diesem Hintergrund wenig konsequent.

Auch aus subventionspolitischen Gründen ist eine Einbeziehung nicht sinnvoll. Die Lenkungswirkung wird durch die Berücksichtigung im Rahmen der Totalüberschussprognose konterkariert. Es könnte die paradoxe Situation entstehen, dass eine Vermietungstätigkeit, die unter Zugrundelegung der Regel-AfA rentabel, unter Einbeziehung von Sonderabschreibungen jedoch im Rahmen einer

---

458 Vgl. BFH v. 06.11.2001, DStR 2002, 253 unter Punkt II. 1. e) ff).
459 Vgl. BFH v. 09.07.2002, BFHE 199, 422.
460 Vgl. BFH v. 09.07.2002, BFHE 199, 422.
461 Dies hebt *Kirchhof*, EStG, § 2 Rz. 48c hervor, der der Ansicht des BFH folgt.
462 Vgl. *Voos*, DStR 1999, 877 (880), vgl. auch die Ausführungen dazu auf S. 66 ff.
463 Ebenso *Hey*, StuW 1998, 298 (301); *Voos*, DStR 1999, 877 (880 f.).
464 Vgl. BMF v. 04.03.1999, juris VV-Steuer.
465 Vgl. *Seeger*, in: Schmidt, EStG, § 2 Rz. 24; a.A. *Stein*, DStZ 2000, 780.

rein steuerlichen Prognose verlustbringend ist[466]. Dies ist vor allem dann problematisch, wenn die Vermietungstätigkeit in einem erheblich kürzeren Zeitraum endet als dem allgemeinen Prognosezeitraum[467]. Allein durch die Ausnutzung eines Subventionsangebots würde die Steuerpflichtigkeit der Tätigkeit entfallen und ein (politisch aufgrund des Lenkungsziels eigentlich in Kauf genommener) Verlustabzug versagt. Angesichts dieses Ergebnisses ist die Einbeziehung von Subventions- und Lenkungsnormen konsequent und ausnahmslos abzulehnen.

e) Prognosezeitraum

Maßgeblich für die Ermittlung der Überschusserzielungsabsicht ist nicht der einzelne Veranlagungszeitraum sondern ein Prognosezeitraum, die sog. Totalperiode[468]. Bei der Prüfung der Überschusserzielungsabsicht ist auch nach Auffassung der Finanzverwaltung „nicht auf das Ergebnis der Vermögensnutzung eines oder weniger Jahre, sondern auf das positive Gesamtergebnis der voraussichtlichen Vermögensnutzung durch den Steuerpflichtigen und seinen Gesamtrechtsnachfolger oder seinen voll unentgeltlichen Einzelrechtsnachfolger abzustellen"[469]. Hinsichtlich des Prognosezeitraums ist nicht ab-strakt auf die Dauer der Nutzungsmöglichkeit, sondern konkret auf den voraussichtlichen Zeitraum zwischen Beginn und Ende der steuerbaren Tätigkeit abzustellen, da die Totalperiode subjektbezogen beurteilt wird und nicht rein nach der objektiven Lebensdauer des Objekts[470]. Unstreitig ist in Fällen einer vorauszusehenden Aufgabe des Betriebs bzw. des Objekts vor Ablauf der Nutzungsdauer, nicht der regelmäßige Prognosezeitraum maßgeblich, sondern der kürzere Zeitraum bis zur (vertraglich vereinbarten) Veräußerung[471]. Die Totalperiode wurde im Rahmen einer objektbezogenen Sichtweise angesichts der langen Lebensdauer von Immobilien großzügig bemessen und umfasste nach bislang herrschender Praxis bei Immobilien grundsätzlich einen Zeitraum von 100 Jahren[472], so dass bei Einkünften aus VuV nur in Ausnahmefällen von Liebhaberei auszugehen war und die Diskussion um die Liebhaberei dadurch etwas abgemildert wurde. Nunmehr geht die Finanzverwaltung jedoch von einem deutlich kürzeren Prognosezeitraum von 30 Jahren aus[473]. Auch der IX. Senat des BFH befürwortet in

---

466 So auch *Voos*, DStR 1999, 877 (881).
467 Vgl. *Stein*, DStZ 2000, 780 (784).
468 Vgl. dazu grundlegend BFH v. 25.06.1984, BStBl. II 1984, 751.
469 Siehe BMF v. 08.10.2004, BStBl. I 2004, 933 Tz. 34.
470 Vgl. *Jakob/Hörmann*, FR 1989, 665 (675).
471 Vgl. BFH v. 08.12.1998, DStR 1999, 358.
472 So die früher durch den BFH unwidersprochen gebliebene Haltung der Finanzverwaltung, vgl. BMF v. 23.7.1992, BStBl. I 1992, 434.
473 BMF v. 08.10.2004, BStBl. I 2004, 933 Tz. 34. Die Finanzverwaltung beruft sich dazu auf

seiner neueren Rechtsprechung die Verkürzung des Prognosezeitraums auf 30 Jahre:

„Da für die Dauer des Prognosezeitraums die Art und Weise der Nutzung durch die Steuerpflichtigen (und gegebenenfalls ihre Rechtsnachfolger) maßgebend ist, scheidet eine Prognose aus, die auf die voraussichtliche tatsächliche (100 Jahre; vgl. dazu BMF-Schreiben in BStBl I 1992, 434) oder auf die bei der Absetzung für Abnutzung -AfA- (§ 7 Abs. 4 EStG) typisierend mit 50 Jahren angenommene Nutzungsdauer eines Gebäudes abstellt. Hinzu kommt, dass eine Prognose über diese Zeiträume zu viele spekulative Komponenten enthält (BFH-Urteil vom 27. Juli 1999 IX R 64/96, BFHE 190, 125, BStBl II 1999, 826). Andererseits werden Immobilienkäufe im Regelfall mit Kredit finanziert. Dies rechtfertigt es, als überschaubaren (Prognose-)Zeitraum nicht einen kürzeren Zeitraum (z.B. 20 Jahre oder noch weniger) zugrunde zu legen, sondern zugunsten der Steuerpflichtigen eine Zeitspanne von 30 Jahren anzunehmen; denn innerhalb einer Laufzeit von 25 bis 30 Jahren werden bei einer Finanzierung zu Standardkonditionen die Kredite getilgt“[474].

Zur Begründung verweist der BFH auf Stimmen in der Literatur, die ebenfalls auf das Vorhandensein zahlreicher spekulativer Komponenten bei einem langen Prognosezeitraum aufmerksam machen[475]. Die überwiegende Literaturmeinung hingegen stellt vorwiegend auf die im Falle von Immobilien tatsächlich meist lange, nach wirtschaftlichen Grundsätzen zu bemessende Nutzungsdauer ab, die typisierend auf 50 bis 100 Jahre bestimmt wird[476]. Die Schaffung einer steuerlichen neben einer natürlich-wirtschaftlichen Nutzungsdauer wird zu Recht abgelehnt[477]. Bereits die Einführung der Regel-AfA gemäß § 7 Abs. 4 EStG für Im-

---

„BFH-Urteile vom 09.07.2003“ ohne Angabe einer Fundstelle, meint damit aber wohl die Entscheidungen des BFH v. 09.07.2002, DStR 2002, 1609, 1611, 1899 zur Einkünfteerzielungsabsicht bei Ferienimmobilien, da keine der sieben am 09.07.2003 ergangenen Entscheidungen Ausführungen zum Prognosezeitraum enthält.

[474] Vgl. BFH v. 06.11.2001, BStBl. II 2002, 726.

[475] Vgl. *Mellinghoff*, in: Kirchhof, EStG, § 21 Rz. 25; *Pezzer*, DStR 1995, 1853 (1858), wobei dieser wohl zu unrecht vom BFH zur Untermauerung seiner Ansicht zitiert wird, da er trotz spekulativer Elemente eines so langen Prognosezeitraums für die Beachtung der tatsächlichen Nutzungsdauer von 100 Jahren plädiert..

[476] Vgl. *Jakob/Hörmann*, FR 1989, 665 (674): 100 Jahre; *Groh*, DB 1984, 2424 (2426): mindestens 50 Jahre; *Hergarten*, BB 1984, 2121 (2123): ca. 100 Jahre.

[477] So *Jakob/Hörmann*, FR 1989, 665 (674), die konsequent auch die Inbezugnahme der AfA-Zeiträume ablehnen, weil diese nicht den gegenständlich wirkenden Wertverzehr ausdrücke (anders die sog. Wertverzehrthese), sondern mit ihrer Hilfe die Anschaffungs- und Herstel-

mobilien in Höhe von 2% pro Jahr mit der ihr zugrunde liegenden Nutzungsdauer von 50 Jahren ist nach der Gesetzesbegründung eine Maßnahme der Wohnungspolitik[478]. Vor ihrer Einführung 1964 hatte die Nutzungsdauer für Immobilien gemäß § 7 Abs. 1 EStG a.F. 100 Jahre betragen[479]. Dies ist insbesondere vorzugswürdig, da auch der BFH selbst eine Einbeziehung der Nutzungszeiten durch unentgeltliche Rechtsnachfolger ausdrücklich bejaht[480]. Bezieht man aber diese Nutzungsperioden mit ein, kann die oben zitierte Begründung des BFH nicht überzeugen. Ein Prognosezeitraum von 30 Jahren erscheint angesichts der tatsächlich deutlich längeren Nutzungsmöglichkeit willkürlich zu kurz bemessen. Auch der BFH mag eine nach wirtschaftlichen Grundsätzen bemessene Nutzungsdauer im Blick zu haben, wenn er auf gängige Kreditlaufzeiten abstellt. Allerdings wird übersehen, dass die Tilgung der Kredite zumeist nicht nur mit Hilfe von Mitteln aus der VuV geschieht, sondern regelmäßig auch durch Mittel aus anderen Einkünften, um die Kredite möglichst schnell abzuzahlen[481]. Mit einer Tilgung rein aus den erwirtschafteten Einkünften aus VuV ist eine Tilgung innerhalb von 30 Jahren nicht zu erreichen[482]. Selbst *Stein*, ein Vertreter der Finanzverwaltung, gibt zu bedenken, dass im Bereich des Wohnungsbaus Anlaufverluste über mehr als 30 Jahre hinweg „nicht die Ausnahme" sind[483]. Die Tilgung aus Eigenmitteln hat neben einer Verkürzung der Tilgungsdauer den Effekt, dass sich die Zinslast schneller verringert und damit der Werbungskostenüberschuss schneller abnimmt und früher in einen Einnahmenüberschuss umschlägt. Da die Tilgungsaufwendungen aus dem Privatvermögen bei der Totalprognose keine Berücksichtigung finden, dürften sie folgerichtig auch bei der Bestimmung des Prognosezeitraums nicht berücksichtigt werden.

Es ist nicht nur die Annahme eines zu kurzen Tilgungszeitraums durch den BFH zu kritisieren, sondern auch die grundsätzliche Beschränkung des Prognosezeit-

---

lungskosten auf die Dauer eines gesetzlich konstituierten Zeitraums verteilt würden (sog. Aufwandsverteilungsthese); vgl. zur Abgrenzung auch S. 137 ff.

478 Vgl. BT-Drucks. IV/2008, S. 5.

479 Vgl. *Pezzer*, StuW 2000, 457 (461).

480 Vgl. BFH v. 06.11.2001, BStBl. II 2002, 726.

481 Jedenfalls findet sich weder in der Entscheidung des BFH v. 06.11.2001, BStBl. II 2002, 726 noch bei *Heuermann*, DB 2002, 2011 (Fn. 14) ein Hinweis darauf, dass dies bedacht worden wäre. Praktisch erscheint eine Tilgung in 30 Jahren nur bei Aufwendung eines nicht unbeträchtlichen Eigenkapitals, niedrigen Kreditzinsen und einer Tilgung aus Eigenmitteln möglich.

482 Vgl. Rechenbeispiel bei *Jakob/Hörmann*, FR 1989, 665 f., das selbst bei anfänglich einprozentiger Tilgung aus eigenen Mitteln und fortschreitender Tilgungserhöhung durch ersparte Zinsen schon über 30 Jahre bis zur Tilgung verzeichnet.

483 Siehe *Stein*, DStZ 2002, 828.

raums bis zum Ende einer regelmäßigen Tilgung. Konsequenterweise müsste bei der Bestimmung des Prognosezeitraums der regelmäßig deutlich gewinnträchtigere Zeitraum nach Tilgung der Darlehen bei der Prognoserechnung mit einbezogen werden. Es ist – unabhängig von allen Spekulationen über künftige Anlageentscheidungen – regelmäßig davon auszugehen, dass ein wirtschaftlich denkender Steuerpflichtiger sein Engagement in der Gewinn- bzw. Überschussphase fortsetzt und gerade dann nicht beendet. Es fällt auch eine gewisse Widersprüchlichkeit in der Rechtsprechung des IX. Senats auf, wenn er einerseits normgemäßes Verhalten – und mag es noch so unwirtschaftlich sein – durch eine unwiderlegbare Indizierung der Einkünfteerzielungsabsicht prämiert und andererseits in Fällen nicht normgemäßen Verhaltens die Totalperiode so verkürzt, dass eine Vielzahl von Wohnungsbauprojekten keinen Totalgewinn innerhalb dieses Zeitraums erwirtschaften können.

3. Werbungskosten

a) Absetzungen für Abnutzung als Werbungskosten

Aufwendungen, die durch die Absicht veranlasst sind, Einkünfte aus VuV zu erzielen (§ 21 Abs. 1 EStG), sind in voller Höhe sofort als Werbungskosten (§ 9 Abs. 1 Satz 1 EStG) abziehbar. Dagegen sind Anschaffungs- oder Herstellungskosten nur im Rahmen der Absetzung für Abnutzung (AfA) zu berücksichtigen, soweit es sich um abnutzbare Wirtschaftsgüter handelt[484]. Da nur abnutzbare Wirtschaftsgüter Gegenstand der AfA sind, ist bei Immobilien stets zu unterscheiden zwischen dem nicht abnutzbaren Grundstück und den abnutzbaren Gebäuden. Während Anschaffungs- oder Herstellungskosten, soweit sie auf Grundstücke entfallen, gar nicht als Werbungskosten abziehbar sind, können sie in Höhe der AfA abgezogen werden, soweit sie auf Gebäude entfallen[485].

Gemäß § 9 Abs. 1 Satz 3 Nr. 7 EStG sind Absetzungen für Abnutzung und Substanzverringerung auch Werbungskosten. Es ist dabei umstritten, ob die Vorschrift damit den Werbungskostenabzug begründet oder ob der dem Grunde nach gegebene Werbungskostenskostenabzug dadurch nur eingeschränkt wird. Nach der Wertverzehrthese soll § 9 Abs. 1 Satz 3 Nr. 7 EStG eine konstitutive Ausnahmevorschrift enthalten, die den Abzug des durch die Nutzung des Wirt-

---

484 § 9 Abs. 1 Satz 3 Nr. 7 i.V.m. § 7 EStG.

485 Ein Abzug der degressiven AfA gemäß § 7 Abs. 2 EStG ist bei den Überschusseinkünften nicht möglich, da die Vorschrift nur für Anlagevermögen gilt, vgl. *Drenseck*, in: Schmidt, EStG, § 9 Rz. 176.

schaftsguts bedingten Wertverzehrs als Werbungskosten erst ermöglicht. Begreift man die Vorschrift nicht als konstitutive Ausnahme, ist kein Grund vorhanden, einen Sofortabzug für Anschaffungs- oder Herstellungskosten nicht zu gewähren[486]. Nach der Aufwandsverteilungsthese dienen AfA dagegen lediglich der Verteilung von dem Grunde nach gegebenen Werbungskosten in Form von Anschaffungs- oder Herstellungskosten und verhindert deren Sofortabzug als Ausnahmevorschrift zu § 11 Abs. 2 Satz 1 EStG. Die Regelungen der AfA sind primär vom Verteilungsgedanken bestimmt, die angefallenen Kosten sind der Grund, der Wertverzehr lediglich der Maßstab der Verteilung[487]. Nicht entscheidend ist, ob sich das Wirtschaftsgut verbraucht, sondern ob sich Aufwendungen darauf mit seinem Einsatz verbrauchen[488]. Zudem ist eine Berücksichtigung des Wertverzehrs den Überschusseinkünften fremd, da sie grundsätzlich keine Vermögensveränderungen erfassen[489]. Zwar weisen Vermögensgegenstände, die im Rahmen einer steuerrelevanten Erwerbstätigkeit als Einkommensgrundlage dienen, einen ambivalenten Charakter auf[490]. Es ist daher zwischen Aufwendungen zur Einnahmenerzielung und Aufwendungen auf den Vermögensstamm zu unterscheiden. Die Abgrenzung richtet sich danach, ob der Zusammenhang mit der Einkünfteerzielung oder der Bezug zum Vermögen überwiegt[491]. Dass nicht abnutzbare Wirtschaftsgüter nicht sofort als Werbungskosten abziehbar sind, ergibt sich danach schon daraus, dass es sich dabei nicht in erster Linie um Aufwendungen zur Einkünfteerzielung handelt, sondern Aufwendungen, die überwiegend die Vermögenssphäre betreffen[492]. Damit ist das Hauptargument der Wertverzehrthese widerlegt und der Aufwandsverteilungsthese zu folgen.

b) Abgrenzung zum Herstellungs- und Erhaltungsaufwand

Da Werbungskosten sofort in voller Höhe abziehbar sind, Anschaffungs- oder Herstellungskosten für abnutzbare Wirtschaftsgüter jedoch nur auf die Nutzungsdauer verteilt, kommt der Abgrenzung zwischen diesen Aufwendungsarten große wirtschaftliche Bedeutung zu. Durch die Verteilung der Aufwendun-

---

486 Vgl. BFH v. 14.02.1978, BStBl. II 1978, 455; BFH v. 21.12.1982, BStBl. II 1983, 410; *von Bornhaupt*, in: Kirchhof/Söhn/Mellinghoff, EStG, § 9 Rz. B 97 f.

487 So auch *Kreft*, in: H/H/R, EStG, § 9 Rz. 95; *Thürmer*, in: Blümich, EStG, § 9 Rz. 108.

488 Vgl. das Beispiel der AfA für eine Altbauvilla, deren Wert sich schon vor dem Kauf verzehrt hat bei *Jakob/Jüptner*, FR 1988, 141 (150).

489 Vgl. Jakob/Wittmann, FR 1988, 540 (548); *Wolff-Diepenbrock*, in: Littmann/Bitz/Meincke, EStG, § 9 Rz. 404.

490 So *Kreft*, in: H/H/R, EStG, § 9 Rz. 185

491 Vgl. *von Beckenrath*, in: Kirchhof, EStG, § 9 Rz. 42.

492 Ebenso *von Beckenrath*, in: Kirchhof, EStG, § 9 Rz. 340.

gen für Anschaffungs- oder Herstellungskosten entsteht gegenüber sonstigen Werbungskosten ein Barwertnachteil. Welche Aufwendungen zu den Anschaffungs- oder Herstellungskosten zählen, bestimmt sich für Gewinn- und Überschusseinkünfte, mithin auch für Einkünfte aus VuV, nach § 255 HGB[493].

aa) Anschaffungskosten

Nach der Rechtsprechung des BFH[494] zählen zu den Anschaffungskosten solche Aufwendungen, die einem Vermögensgegenstand einzeln zugeordnet werden können und die dazu dienen den Vermögensgegenstand zu erwerben oder ihn in einen betriebsbereiten Zustand zu versetzen. Letzteres Kriterium schließt der BFH in Abweichung zu seiner früheren Rechtsprechung (vor Einführung des § 255 HGB durch das BiRiLiG vom 19.12.1985, BGBl. I 1985, 2355) aus der Auslegung des § 255 HGB[495]. Ein erworbenes Gebäude ist stets betriebsbereit, wenn der Erwerber in ein Mietverhältnis eintritt oder ab dem Zeitpunkt der Anschaffung zu Erzielung von Einkünften nutzt. Reparaturen im zeitlichen Zusammenhang mit dem Erwerb können daher grundsätzlich nicht zu Anschaffungskosten führen. Das gilt jedoch nicht, wenn den Mietern sofort nach Einzug gekündigt wird oder Einkünfte nur während einer kurzen Übergangszeit erzielt werden[496].

Die Finanzverwaltung hat hinsichtlich der Funktionsuntüchtigkeit ein subjektives Kriterium geschaffen. Demzufolge ist ein Gebäude bereits dann subjektiv funktionsuntüchtig, wenn es nicht der konkreten Zweckbestimmung des Erwerbers entspricht. Nach dieser Auffassung würden Kosten für eine EDV-Verkabelung anlässlich der Umwidmung von Wohnräumen in Büroräume als Anschaffungskosten behandelt, wenn eine entsprechende Nutzung ohne die Verkabelung nicht möglich wäre. Diese Auffassung ist abzulehnen[497]. Sie umgeht den Grundsatz des BFH, dass eine reine Nutzungsänderung nicht zu Anschaffungskosten führt[498], durch Schaffung eines subjektiven Merkmals, das im Gesetzeswortlaut keinerlei Rückhalt findet.

---

493 Vgl. BFH v. 12.09.2001, BStBl. II 2003, 574.
494 Vgl. BFH GrS v. 22.08.1966, BStBl. III 1966, 672.
495 Vgl. BFH v. 12.09.2001, BStBl. II 2003, 574 m.w.N.
496 Vgl. BMF v. 18.07.2003, BStBl. I 2003, 386, Tz. 3 Satz 3.
497 So auch *Neufang*, BB 2004, 78 (79) jedenfalls für Bagatellmaßnahmen.
498 Vgl. BFH v. 20.08.2002, BFH/NV 2003, 595.

Zu den Anschaffungskosten, die dazu dienen den Vermögensgegenstand in einen betriebsbereiten Zustand zu versetzen, können auch Kosten gehören, die der Erreichung eines höheren Wohnstandards dienen. Um Anschaffungskosten handelt es sich jedoch nur bei leerstehenden Gebäuden oder sofortiger Kündigung und alsbaldigem Auszug der Mieter nach dem Kauf. Ansonsten liegen Herstellungskosten vor[499]. Anschaffungskosten sind ferner gegeben, wenn Renovierungsarbeiten mit dem Kaufvertrag in Auftrag gegeben werden, wie häufig bei Modernisierungsmodellen.

bb) Herstellungskosten

Auch die Frage, ob sofort abziehbarer Erhaltungsaufwand oder nur im Wege der AfA geltend zu machende Herstellungskosten vorliegen, ist anhand der Grundsätze des § 255 Abs. 2 Satz 1 Alt. 2 und 3 HGB zu beantworten. Dabei sind die Begriffe „Erweiterung“ und „über seinen ursprünglichen Zustand hinausgehende wesentliche Verbesserung“ auszulegen. Bei der Erweiterung handelt es sich stets um eine Substanzvermehrung, beispielsweise um eine Aufstockung oder den Ausbau von Nutzraum zu Wohnraum.

Von praktischer Bedeutung sind insbesondere die Fälle der Wohnstandardverbesserung. Allerdings ist zu beachten, dass der weit überwiegende Teil der Wohnungen in dem mittleren der drei Standards (sehr einfach – mittel - sehr anspruchsvoll)[500] liegen dürfte, so dass eine Verbesserung des Wohnstandards nur bei Totalsanierungen von Einfachstwohnungen oder bei Luxussanierungen in Betracht kommt[501]. Da die Kategorie des mittleren Standards sehr weit gefasst ist, wird künftig bei Sanierungen kaum ein Standardsprung gegeben sein[502]. Maßgebend für den Vergleich ist grundsätzlich der Zustand des Gebäudes im Zeitpunkt der Anschaffung oder Herstellung[503]. Eine wesentliche Verbesserung liegt nur vor, wenn drei der vier ausschlaggebenden Merkmale zur Standardbe-

---

[499] Vgl. *Neufang*, BB 2004, 78, vgl. dazu auch unten b).

[500] Vgl. BMF v. 18.07.2003, BStBl. I 2003, 386, Tz. 11 ff.

[501] Wohnungen mit sehr einfachem Standard sind gemäß BMF v. 18.07.2003, BStBl. I 2003, 386 Tz. 11 z.B. solche mit unbeheiztem Bad, Bad ohne Handwaschbecken, Fenstern mit Einfachverglasung, einer technisch überholten Heizungsanlage sowie unzureichender Elektroversorgung. Sehr anspruchsvoll sind dagegen Wohnungen, deren Standard sich deutlich vom Durchschnitt abhebt, z.B. durch die Verwendung besonders edler Materialien.

[502] So auch die Prognose von *Beck*, DStR 2002, 1559.

[503] Bei Vornahme einer AfaA oder Teilwert-AfA ist ausnahmsweise der Zustand im Zeitpunkt der Vornahme der außerplanmäßigen Abschreibung maßgeblich, bei einer Einlage oder Entnahme aus dem Betriebsvermögen der Zustand in diesem Zeitpunkt, vgl. BMF v. 18.07.2003, BStBl. I 2003, 386, Tz. 26 Satz 3.

stimmung verbessert werden. Maßgebliche Merkmale sind Ausstattung und Qualität von Heizungsanlage, Sanitär- und Elektroinstallationen sowie der Fenster.

cc) Anschaffungsnahe Herstellungskosten

Sog. anschaffungsnahe Herstellungskosten nahm der BFH in seiner früheren Rechtsprechung insbesondere an, wenn Aufwendungen im zeitlichen Zusammenhang mit dem Erwerb standen und eine wesentliche Verbesserung i.S.v. § 255 Abs. 2 Satz 1 HGB eintrat, wobei wesentlicher Verbesserung eine erhebliche Erhöhung des Nutzungswerts angenommen wurde, wenn diese durch die Art der Baumaßnahmen und der Höhe des dadurch bedingten Aufwands im Verhältnis zur Höhe des Kaufpreises offenkundig war. Die Finanzverwaltung folgte dieser Rechtsprechung und ergänzte sie durch Pauschalierungen für den zeitlichen Zusammenhang (drei Jahre) und das Verhältnis zum Kaufpreis (15% der Anschaffungskosten)[504]. Bereits im Jahr 1995 relativierte der BFH diese Regelung, indem er die Pauschalierungen der Finanzverwaltung lediglich als widerlegbare Vermutungen ansah[505]. Nach „erneuter Überprüfung" der Rechtsprechung hielt der IX. Senat des BFH es dann in zwei Entscheidungen aus dem Jahr 2001[506] nicht mehr für zulässig im Wege der Vermutung, Aufwendungen allein wegen ihrer Höhe oder ihrer zeitlichen Nähe zur Anschaffung eines Gebäudes als Herstellungskosten zu beurteilen. Soweit sie nicht der Herstellung oder Erweiterung eines Gebäudes dienten, stellten sie nur dann Herstellungskosten dar, wenn sie zu seiner wesentlichen Verbesserung gemäß § 255 Abs. 2 Satz 1 HGB führten. Eine wesentliche Verbesserung liegt dem IX. Senat zufolge vor, wenn der Wohnstandard maßgeblich gesteigert wird, die Gesamtnutzungsdauer deutlich verlängert wird oder sich ein deutlicher Anstieg der erzielbaren Miete ergibt[507].

Wohl insbesondere wegen der befürchteten erheblichen Steuerausfälle[508] und nicht wegen der in der Gesetzesbegründung angeführten Verwaltungsvereinfa-

---

[504] Vgl. R 157 Abs. 4 EStR 2002.

[505] Vgl. BFH v. 09.05.1995, BStBl. II 1996, 588; BFH v. 21.01.1997, BFH/NV 1997, 346; BFH v. 17.06.1998, BFH/NV 1999, 32.

[506] Siehe BFH v. 12.09.2001, BStBl. II 2003, 569; BFH v. 12.09.2001, BStBl. II 2003, 574.

[507] Vgl. BFH v. 12.09.2001, BStBl. II 2003, 569; BFH v. 12.09.2001, BStBl. II 2003, 574.

[508] Vgl. die Begründung des mit § 6 Abs. 1a EStG gleich lautenden geplanten aber damals nicht durchgeführten Änderungsvorschlags im StVergAbG, BT-Drucks. 15/119 v. 02.12.2002, S. 37.

chung[509] reagierte der Gesetzgeber auf die Rechtsprechungsänderung mit Einführung des § 6 Abs. 1a EStG durch das StÄndG 2003, der die frühere Verwaltungsregelung R 157 Abs. 4 EStR 2002 gesetzlich festschreiben soll. Im Vergleich zur früheren Rechtslage ergibt sich jedoch eine Verschärfung, da anders als bei der bisherigen Vermutungsregel der Gegenbeweis, dass dennoch Erhaltungsaufwand vorliegt, nicht mehr geführt werden kann[510]. Des Weiteren ist anders als bisher die Annahme von anschaffungsnahem Aufwand auch noch nach Ablauf von drei Jahren möglich. Damit werden Totalsanierungen von Altbauten mit sehr einfachem Standard wirtschaftlich deutlich unrentabler, da in jedem Fall eine Aktivierung erfolgen muss und keine sofortige Abschreibung möglich ist. Auch ist bei der Aktivierungspflicht aufgrund des § 6 Abs. 1a EStG zu beachten, dass dieser eine rein steuerliche Norm darstellt, so dass es zu einer weiteren Abweichung der Steuer- von der Handelsbilanz kommt[511]. Für die Handelsbilanz ist die Rechtsprechung des BFH zum anschaffungsnahen Aufwand und seiner Auslegung des § 255 Abs. 2 HGB weiterhin relevant. Eine Steuervereinfachung, wie vom Steuergesetzgeber in der Gesetzesbegründung angeführt, wird aufgrund dieser Vorschrift sicher nicht eintreten[512].

4. Subvention von Immobilieninvestitionen durch Sonderabschreibungen, erhöhte und degressive Absetzungen für Abnutzung

Die AfA war in den zurückliegenden Jahrzehnten das wohl bedeutendste Mittel der steuerlichen Lenkungspolitik. Die Gewährung von außerordentlichen AfA-Beträgen als Lenkungsmittel zeichnet sich durch eine spezielle Wirkungsweise aus. Für die AfA als Mittel zur Subvention von Investitionen gibt es zahlreiche Beispiele wie etwa die Förderung des Beitrittsgebiets durch das FördG. Spezielle Probleme bei der Gewährung besonderer AfA-Beträge zu Lenkungszwecken ergeben sich aufgrund der teils langjährigen Wirkungsweise insbesondere bei Änderung der Vorschriften durch die Beachtlichkeit des Gebots der Rückwirkung.

---

509 So die Gesetzesbegründung zur tatsächlich verabschiedeten Einführung des § 6 Abs. 1a EStG in BT-Drucks. 15/1562 v.23.09.2003, S. 32, obwohl eine Vereinfachung wohl nicht erreicht worden ist, da die Regelung mehr Zweifelsfragen als Klarheit schafft; vgl. dazu *Pannen*, DB 2003, 2729, *Neufang*, BB 2004, 78.

510 Vgl. *Hergarten*, DStR 2003, 397; *Neufang*, BB 2004, 78.

511 Der BFH hat u.a. mit einer systemwidrigen Durchbrechung des Maßgeblichkeitsprinzips gemäß § 5 Abs. 1 EStG eine Vorlage nach § 100 GG an das BVerfG begründet, über die bislang noch nicht entschieden wurde, BFH v. 10.11.1999, DStR 2000, 233 (237 f.); Az. des BVerfG 2 BvL 1/00.

512 Vgl. BT-Drucks. 15/1562 v. 23.09.2003, S. 32.

a) AfA als Mittel der Subvention von Immobilieninvestitionen

Vor allem der sog. „Aufbau Ost“ wurde in den neunziger Jahren durch äußerst großzügige Abschreibungsmöglichkeiten im Rahmen des Fördergebietsgesetzes (FördG) erheblich subventioniert[513]. Das Mittel der Steuervergünstigung durch das FördG, das bei Immobilieninvestitionen bis 31.12.1998 Anwendung fand, war die Gewährung von Sonderabschreibungen. Sonderabschreibungen zeichnen sich dadurch aus, dass sie zusätzlich zu den bestehenden linearen AfA-Sätzen des § 7 EStG gewährt werden. Im Rahmen der Förderung im Beitrittsgebiet wurden Sonderabschreibungen bis zu 50% ermöglicht (vgl. § 4 Abs. 2 FördG), was von der Immobilienbranche als „Jahrhundert- oder gar Jahrtausendgeschenk“ des Steuergesetzgebers bejubelt wurde[514]. Allerdings mündete die Förderung in einem nicht voraus geahnten Überangebot an Immobilien, mit der Folge von Massenleerständen und zahlreichen Insolvenzen[515].

Neben der Gewährung von Sonderabschreibungen, sind erhöhte Absetzungen eine gängige Technik zur Förderung von Investitionen. Dabei wird nicht wie bei Sonderabschreibungen neben der normalen linearen AfA zusätzlich eine Sonder-AfA gewährt, sondern die erhöhten AfA-Sätze treten an die Stelle der Normal-AfA. Davon zu unterscheiden ist die degressive AfA. Sie tritt ebenfalls an die Stelle der Normal-AfA, jedoch ergibt sich aus § 7 Abs. 5 Satz 2 EStG im Umkehrschluss, dass degressive AfA nicht unter den Begriff erhöhte Absetzungen fallen.

Bei der degressiven AfA entsteht in den ersten Jahren mit hohen Abschreibungssätzen ein größerer Steuervorteil, zudem wird durch die degressive Ausgestaltung der Abschreibungszeitraum insgesamt gegenüber der linearen AfA zumeist verkürzt. Die Zeiträume für die Gebäude-AfA entsprechen aus Subventionsgründen nicht der tatsächlichen Nutzungsdauer der Gebäude, die wohl bei mindestens 100 Jahren liegen dürfte[516]. Beispiel hierfür sind die degressiven Abschreibungsmöglichkeiten im Bereich der Gebäude-AfA gemäß § 7 Abs. 5 EStG. Bei Abschluss des obligatorischen Kaufvertrags oder Stellung eines Bauantrags vor dem 1. Januar 1994 waren so 10% des Kaufpreises drei Jahre lang absetzbar, dann drei Jahre lang 5% und 18 Jahre lang 2,5%[517]. Damit ergibt sich

---

[513] Zur Beschränkung des Fördergebiets auf das Beitrittgebiet vgl. § 1 Abs. 2 FördG.
[514] Siehe *Loritz*, BB 2000, Beilage 13, 49.
[515] Vgl. die Ausführungen dazu auf S. 102 ff.
[516] Vgl. *Jakob/Hörmann*, FR 1989, 665 (674); *Hergarten*, BB 1984, 2121 (2123); *Lambrecht*, in: Kirchhof, EStG, § 7 Rz. 170.
[517] Vgl. § 7 Abs. 5 Satz 1 Nr. 1 EStG.

für solche Gebäude ein Abschreibungszeitraum von 24 Jahren. Die Förderung wurde schrittweise zurückgefahren, so dass bei Kauf oder Bauantragstellung nach dem 1. Januar 2004 neun Jahre lang nur noch 4% des Kaufpreises, dann acht Jahre lang 2,5% und schließlich 32 Jahre lang 1,2% abgesetzt werden können[518]. Der Abschreibungszeitraum beträgt hier insgesamt 49 Jahre und ist damit fast genauso lang wie der Abschreibungszeitraum der linearen zweiprozentigen Gebäude-AfA mit grundsätzlich 50 Jahren gemäß § 7 Abs. 4 Satz 1 Nr. 1 lit. b) EStG. Für die Nutzung der degressiven AfA gemäß § 7 Abs. 5 EStG ist die Zugehörigkeit zum notwendigen oder gewillkürten Betriebsvermögen Voraussetzung[519]. Erzielt der Steuerpflichtige mit dem Gebäude Einkünfte aus Vermietung und Verpachtung, also Überschusseinkünfte, kann er degressive AfA mangels Betriebsvermögen nicht geltend machen[520].

b) Wirkungsweise der AfA als Subventionsmittel

Zwar unterscheiden sich Sonderabschreibungen und erhöhte Absetzungen teilweise in ihren Voraussetzungen, in ihrer Wirkungsweise unterscheiden sie sich grundsätzlich nicht. Durch die Vorverlagerung der Abzugsmöglichkeiten entsteht bei dem Steuerpflichtigen ein Barwertvorteil gegenüber einem Abzug in späteren Zeiträumen. Dieser Barwertvorteil wird durch einen positiven Zinseffekt bewirkt, da der gesparte Steuerbetrag sofort reinvestiert werden kann[521]. Durch den höheren Abzug in früheren Veranlagungszeiträumen kann in späteren Zeiträumen weniger oder bei Verkürzung der angenommenen Nutzungsdauer gar keine AfA mehr geltend gemacht werden. In diesen Veranlagungszeiträumen muss dann gegenüber der Normal-AfA relativ mehr Einkommensteuer gezahlt werden, was zu einer insgesamt nachteilig hohen Grenzsteuerbelastung führen kann[522]. Angesichts der bloßen Verschiebung des Zeitpunkts der Entfaltung der steuerlichen Wirkung verschaffen Sonderabschreibungen, erhöhte Absetzungen und degressive AfA dem Steuerpflichtigen eine Steuerstundung, die wie ein zinsloses Darlehen wirkt[523].

---

518 Vgl. § 7 Abs. 5 Satz 1 Nr. 3 lit. c) EStG

519 Zur Möglichkeit Zur Bildung von gewillkürtem Betriebsvermögens bei der Gewinnermittlung nach § 4 Abs. 3 EStG vgl. die diesbezügliche Rechtsprechungsänderung des BFH v. 02.10.2003, DStR 2003, 2156, übernommen durch BMF v. 17.11.2004, DStR 2004, 2147.

520 Vgl. *Lambrecht*, in: Kirchhof, EStG, § 7 Rz. 137.

521 Vgl. *Lambrecht*, in: Kirchhof, EStG, § 7 Rz. 5.

522 Vgl. *Lambrecht*, in: Kirchhof, EStG, § 7 Rz. 5.

523 Vgl. *Büchner/Fritzsch*, DStR 2004, 2169.

Daneben tritt durch die Vorverlagerung der Abzugsmöglichkeit eine positive Wirkung im Hinblick auf die Inflation ein. Durch die stetige Geldentwertung ist eine Verteilung von Aufwendungen inflationsanfällig. Je länger der AfA-Zeitraum ist, desto weniger sind die einzelnen Jahresbeträge wert. Beispielsweise ist bei einer angenommenen durchschnittlichen Inflationsrate von nur 2% pro Jahr ein Jahres-Abschreibungsbetrag in 50 Jahren bezogen den Zeitpunkt der Investition nur noch die Hälfte wert. Da im Steuerrecht das Nominalwertprinzip gilt, wird dieser für den Steuerpflichtigen negative Inflationseffekt nicht berücksichtigt. Je kürzer daher der Abschreibungszeitraum ist, desto geringer wirkt sich der Inflationseffekt aus.

Zu dem Barwertvorteil kommt ein Progressionsvorteil bei höheren Abschreibungen in den ersten Jahren nach Tätigung einer Investition[524]. Der Steuersatz ist im Einkommensteuerrecht grundsätzlich progressiv ausgestaltet: er steigt bis zu dem Spitzensteuersatz von 42% (ab dem Veranlagungszeitraum 2005[525]) progressiv an, um dann auf diesem Niveau linear zu verlaufen. Sinkt durch Sonderabschreibungen, erhöhte Absetzungen oder degressive AfA das zu versteuernde Einkommen und damit die Bemessungsgrundlage, so sinkt der Steuersatz des Steuerpflichtigen aufgrund des umgekehrten Progressionseffekts überproportional. Dies gilt jedoch nur, wenn das zu versteuernde Einkommen des Steuerpflichtigen sich unterhalb des linearen Bereichs der Steuersatzes (=zu versteuerndes Einkommen kleiner als EUR 52.152) bewegt oder die Bemessungsgrundlage zwar im linearen Bereich liegt, aber durch die Abschreibungen in den progressiven Bereich abgesenkt wird. Der Progressionsvorteil verbleibt dem Steuerpflichtigen insbesondere in Fällen, in denen er in späteren Jahren mit verminderten Absetzungen weiterhin hohe Einkünfte hat und im Bereich des linearen Steuersatzes liegt, so dass sich durch die relativ höheren Einkünfte in diesen Zeiten der Steuersatz nicht erhöhen kann.

c) Beispiele für Förderungen über die AfA

aa) Förderung in den neuen Ländern und Berlin durch FördG

Durch das FördG und das InvZulG wurden im Rahmen des Steueränderungsgesetzes 1991 vom 24.06.1991 (BGBl. I 1991, 1322) die Grundlagen für eine massive Förderung der neuen Länder und Berlins (inklusive West-Berlins) geschaffen. Die Förderung nach dem FördG lief zum 31.12.1998 aus, nachdem sie

---

[524] Vgl. *Loritz*, Beilage Nr. 11 zu BB 2000 Heft 49, 2 ff.
[525] Vgl. § 32a Abs. 1 i.V.m. § 52 Abs. 41 EStG.

durch das Jahressteuergesetz 1996 bereits einmal verlängert worden war. Vor Genehmigung der Verlängerung durch die EU-Kommission waren Zweifel an der europarechtlichen Zulässigkeit der Steuervergünstigungen entstanden. Durch Art. 87 ff. EG werden „Beihilfen“ der öffentlichen Hand bei Gefahr einer Wettbewerbsverfälschung und Beeinträchtigung des Marktes grundsätzlich verboten und nur ausnahmsweise zugelassen[526]. Beihilfen in diesem Sinne sind nicht nur Direktsubventionen, sondern auch Steuervergünstigungen[527]. Die weitreichende Wirtschaftsförderung in den neuen Ländern stand daher unter dem Verdacht, das Beihilfeverbot zu verletzen. Dennoch genehmigte die Kommission die Verlängerung der Sonderabschreibungen gemäß § 4 Abs. 2 FördG durch das Jahressteuergesetz 1996 unter Berufung auf die speziell auf die deutsche Wiedervereinigung Bezug nehmende Ausnahmevorschrift des Art. 87 Abs. 2 lit. c) EG[528].

Das FördG begünstigte Investitionen in bewegliche Wirtschaftsgüter des Anlagevermögens (§ 2 FördG), Anschaffung und Herstellung von abnutzbaren unbeweglichen Wirtschaftsgütern sowie Modernisierungsmaßnahmen und andere nachträgliche Herstellungsarbeiten an abnutzbaren unbeweglichen Wirtschaftsgütern (§ 3 Abs. 1 Satz 1 FördG). Die Förderung erfolgte in Form der Gewährung von Sonderabschreibungen. Gemäß § 4 FördG wurden Sonderabschreibungen bis zu 50% im Erstjahr gewährt. Neben der Förderung durch das FördG konnten Investitionszulagen nach dem InvZulG in Anspruch genommen werden. Die Investitionszulagen wurden in Form von direkten Subventionen gewährt, wobei die Voraussetzungen an bilanzsteuerliche Begriffe, insbesondere an die Anschaffungs- und Herstellungskosten anknüpften. Sie waren bei den Finanzämtern zu beantragen. Die Förderung nach dem InvZulG 1999 in der Fassung der Bekanntmachung vom 18.08.1997 (BGBl. I 1997, 2070) lief im Mietwohnungsbereich spätestens zum 31.12.2004 aus. Diese Förderungen hatten seit dem Veranlagungszeitraum 1999 das FördG ganz ersetzt[529]. Neben betrieblichen Investitionen (§ 2 InvZulG) wurden der Neubau und Modernisierungsmaßnahmen an entgeltlich vermieteten Gebäuden gefördert (§§ 3, 3a InvZulG). Das InvZulG 2005 vom 17.03.2004 sieht dagegen nur noch eine Förderung betrieblicher Investitionen vor (§ 2 InvZulG 2005). Der Neubau von Mietwohnungen wird bei Investitionsabschluss nach dem 31.12.2001 nicht

---

[526] Vgl. *Oppermann*, Europarecht, § 15.

[527] Vgl. *Frick*, Einkommensteuerliche Steuervergünstigungen und Beihilfeverbot nach dem EG-Vertrag; *Tipke/Lang*, Steuerrecht, § 19 Rz. 80.

[528] Vgl. BMF v. 02.01.1996, BStBl. I 1996, 163.

[529] Die Umstellung von der steuerlichen Förderung über progressionswirksame Maßnahmen auf eine Förderung im Wege der direkten Subvention war zu begrüßen, vgl. *Voos*, DStR 1999, 877 (881). Vgl. zu den Vorteilen einer Direktsubventionierung auch S. 106 ff.

mehr gefördert, die Modernisierung von Mietwohnungen bei Investitionsabschluss nach dem 31.12.2004[530]. Das Auslaufen der Förderung des Mietwohnungsbaus in den neuen Ländern erscheint angesichts der geringen Nachfrage im dortigen Mietwohnungsbereich sinnvoll. Die Aufrechterhaltung der Subventionen hätte – auch angesichts sinkender Bevölkerungszahlen – zu noch mehr Leerstand geführt und damit Fehlallokationen bewirkt.

bb) Denkmalschutz- und Sanierungsförderung

Nach dem Auslaufen der Mietwohnungsförderung durch FördG und InvZulG bestehen deutlich weniger Förderungsmöglichkeiten für vermietete Immobilien im Bereich des Steuerrechts und speziell der AfA. Die Regelungen in § 82a EStDV (Heiz- und Energiemodernisierung), § 82i EStDV (Baudenkmäler) und § 82g EStDV (Städtebauförderung) sind bereits seit dem VZ 1991 nicht mehr anwendbar. Diese Vorschriften wurden ersetzt durch die §§ 7h und 7i EStG, die entgegen ursprünglichen Plänen nicht durch das Steuerentlastungsgesetz 1999/2000/2002 abgeschafft wurden, sondern weiterhin Geltung haben[531].

§ 7h EStG gewährt erhöhte Absetzungen bei Gebäuden in Sanierungsgebieten und städtebaulichen Entwicklungsbereichen, während § 7i EStG erhöhte Absetzungen bei Baudenkmälern ermöglicht. Bei § 7h und § 7i EStG handelt es sich nicht um Sonder-AfA, sondern um erhöhte Absetzungen. Daher kann neben diesen Abschreibungsformen nicht zusätzlich noch die Normal-AfA geltend gemacht werden[532]. Beiden Sonderabschreibungsformen ist gemein, dass sie sich nur auf Aufwendungen für ein bereits bestehendes Gebäude beziehen, keinesfalls auf Neubauten. Gemäß § 7i EStG können in den sieben Jahren nach Abschluss einer Baumaßnahme jeweils bis zu 9% und in den darauf folgenden vier Jahren jeweils 4% der Kosten für eine förderungswürdige Baumaßnahme abgesetzt werden. Gemäß § 7h EStG können im Jahr der Herstellung in den darauf folgenden neun Jahren jeweils bis zu 10% der Kosten als erhöhte Absetzungen abgezogen werden. Damit bieten die Vorschriften den letzten verbleibenden Spielraum für hohe steuerliche Anlaufverluste im Bereich der Immobilieninvestitionen, welcher insbesondere durch Sanierungsfonds genutzt wird.

---

[530] Vgl. InvZulG 2005 vom 17.03.2004.
[531] Vgl. den Entwurf des Steuerentlastungsgesetzes 1999/2000/2002, BT-Drucks. 14/23.
[532] Vgl. *Fleischmann/Meyer-Scharenberg*, DStR 1999, 748 (750).

d) AfA und Rückwirkungsverbot

Im Bereich der Abschreibungsvorschriften für Anlagevermögen, speziell der Gebäude-AfA bei Immobilieninvestitionen, sind steuerliche Regelungen in besonderem Maße dispositionsbezogen. Das Anlagevermögen bildet den Hintergrund für die wirtschaftliche Betätigung eines Steuerpflichtigen, es wird in betriebswirtschaftliche Disposition des Unternehmens einbezogen und sollte daher in besonderem Maße Planungssicherheit gewährleisten[533]. Die Höhe der Gebäude-AfA wird nicht nur anhand der voraussichtlichen Nutzungsdauer bestimmt, sondern auch durch eine Lenkungsfunktion beeinflusst. Schon die Normal-AfA für Gebäude gemäß § 7 Abs. 4 EStG ist maximal auf 50 Jahre bezogen und damit auf einen kürzeren Zeitraum als die regelmäßige Nutzungsdauer von 100 Jahren[534]. Die degressive AfA erlaubt teilweise noch bedeutend kürzere Anschreibungszeiträume[535]. Es handelt sich bei den Gebäude-AfA-Vorschriften infolgedessen durchgängig um steuerliche Lenkungsnormen. Diese Subventionstatbestände sind dispositionsbezogen und damit besonders vor rückwirkenden Gesetzesänderungen geschützt[536]. Dies wurde von der Gesetzgebung bislang auch beachtet: AfA-Sätze wurden nicht rückwirkend geändert, sondern jeweils für die Zukunft angepasst. Rückwirkende Änderungen wurden vermieden, indem bei Neureglungen an den Zeitpunkt der Disposition angeknüpft wurde. Es wurde bisher stets auf den Anschaffungs- bzw. Herstellungszeitpunkt oder ggf. auf die Stellung des Bauantrags abgestellt, so dass bereits im Anlagevermögen befindliche Gebäude von neuen AfA-Sätzen nicht tangiert wurden[537]. Eine dispositionsbezogene Anknüpfung, wie sie vom Gesetzgeber im Bereich der Gebäude-AfA betrieben wird, wäre auch von der Rechtsprechung des BVerfG zu erwarten[538]. Insbesondere sind die formalistische Veranlagungszeitraum-Rechtsprechung und die Vorverlagerung des Zeitpunkts des Fortfalls des schützenswerten Vertrauens auf den Zeitpunkt der Verlautbarung einer Änderungsabsicht durch die Bundesregierung zu kritisieren[539].

---

[533] Ebenso *Schaumburg*, DB 2000, 1884 (1889).

[534] Vgl. *Jakob/Hörmann*, FR 1989, 665 (674); *Hergarten*, BB 1984, 2121 (2123); *Lambrecht*, in: Kirchhof, EStG, § 7 Rz. 170.

[535] Vgl. S. 142 ff.

[536] Vgl. S. 97 ff. zur Rückwirkungsproblematik bei steuerlichen Lenkungsnormen.

[537] Vgl. dazu insbesondere die umfassenden, jeweils für bestimmte Zeiträume geltenden Einzelregelungen in § 7 Abs. 4 und 5 EStG.

[538] Ebenso das überwiegende Schrifttum: z.B. *Lang*, Wpg. 1998, 163 (168); *Schaumburg*, DB 2000, 1884 (1889); *Vogel*, JZ 1988, 833 (839).

[539] Vgl. näher dazu die Ausführungen auf S. 100 ff.

II. (Nicht-)Besteuerung von Veräußerungsgewinnen – ein Subventionsmittel?

Immobilieninvestitionen werden wie keine anderen Investitionen durch Subventionen gefördert. Doch wird im Bereich der Einkünfte aus Vermietung und Verpachtung nicht nur durch gezielte steuerliche Subventionen die Besteuerung beeinflusst. Auch durch das System der dualen Einkommensteuer ergeben sich Unterschiede bei der Besteuerung in Abhängigkeit von der Einkunftsart. Im Bereich der privaten Vermögensverwaltung sind Veräußerungserlöse nur gemäß § 23 EStG als sog. private Veräußerungsgewinne steuerpflichtig. Daher gibt es einen nicht an Aktualität verlierenden Streit um die Frage der Abgrenzung zwischen privater Vermögensverwaltung und gewerblichem Grundstückshandel. Um die Neutralität der Besteuerung künftig besser zu gewährleisten, werden einige Reformansätze vertreten, die vor allem eine größere Angleichung der sich aus dem Einkünftedualismus ergebenden Unterschiede vorsehen. Insbesondere soll dies durch die Einführung einer Steuerpflicht auch für Veräußerungserlöse bei der Veräußerung von im Privatvermögen gehaltenen Immobilien geschehen.

1. Einkünftedualismus und herrschende Einkommenstheorien

Der im Einkommensteuerrecht herrschende Dualismus der Einkunftsarten hat ganz erhebliche Unterschiede bei der Besteuerung der verschiedenen Einkunftsarten zur Folge. Es handelt sich dabei nicht um gezielte Lenkungseingriffe mit Subventionscharakter, da ein Lenkungszweck bei der Differenzierung der Einkunftsermittlung nach Einkunftsart nicht im Vordergrund steht[540]. Vielmehr liegt der Grund in der Geltung zweier verschiedener Einkommenstheorien für den Bereich der Gewinneinkünfte und den Bereich der Überschusseinkünfte. Der Ermittlung der Gewinneinkünfte liegt die Reinvermögenszugangstheorie zugrunde, der Ermittlung der Überschusseinkünfte die Quellentheorie[541].

Die Quellentheorie, die auf das römische Recht zurückgeht, ist die wohl älteste Theorie zur Einkommensermittlung. Nach dieser Theorie ist Einkommen nur die Frucht einer Sache, nicht der Gewinn aus ihrer Veräußerung. Ihr Hauptvertreter in Deutschland war *Bernhard Fuisting*, der als leitender Beamter im preußischen Finanzministerium Mitautor des preußischen Einkommensteuergesetzes von 1891 war. Er konnte sich allerdings mit seiner Forderung der Verwirkli-

---

[540] Vgl. zur Abgrenzung S. 56 ff.

[541] Vgl. *Tipke/Lang*, Steuerrecht, § 9 Rz. 181.

chung der Quellentheorie im Bereich sämtlicher Vermögenseinkünfte[542] nicht durchsetzen, was zur Einführung des Einkünftedualismus, also der Unterscheidung zwischen Überschuss- und Gewinneinkünften führte.

Mit der ausnahmsweisen Besteuerung von Veräußerungsgewinnen im Bereich der Überschusseinkünfte hat sich das deutsche Einkommensteuerrecht der Reinvermögenszugangstheorie angenähert. Ihr prominentester deutscher Vertreter ist *Georg von Schanz*. Die Reinvermögenszugangstheorie erfasst als Einkommen sämtliche Vermögenszuwächse innerhalb einer Periode und entspricht somit am ehesten dem Totalitätsprinzip, das eine Besteuerung des gesamten Einkommens aller Steuerpflichtigen fordert. Erfasst werden dabei auch Geschenke, Erbschaften, Lotteriegewinne und Wertschöpfungen der Privatsphäre, z.B. der Wert von Freundschaftsdiensten, Hausfrauentätigkeiten oder sogar der Wert von selbst angebautem Gemüse[543]. Diese Theorie scheitert jedoch an ihrem juristischen Vollzug, da nicht sämtliche Wertschöpfungen im privaten Bereich erfassbar sind. Sie ist in ihrer Reinform damit praktisch nicht umsetzbar. Auch in Ländern, in denen die Reinvermögenszugangstheorie der Einkommensbesteuerung zugrunde gelegt wird, werden die Wertschöpfungen der Privatsphäre von der Besteuerung ausgenommen[544]. Durch zahlreiche Ausnahmen in der Praxis führt damit auch die Reinvermögenszugangstheorie nicht zu einer die Leistungsfähigkeit gleichmäßig abbildenden Bemessungsgrundlage. Im Bereich der Gewinneinkünfte, wo die Besteuerung auf der Reinvermögenszugangstheorie gründet, wird durch die vorhandenen Aufzeichnungspflichten der Vollzug in der Praxis sichergestellt.

Die dem heutigen Einkommensteuerrecht zugrunde liegende Markteinkommenstheorie stellt eine Mischform aus Quellentheorie und Reinvermögenszugangstheorie dar. Sie geht nicht den Weg einer besonders weiten Definition von Einkommen, die durch Schaffung von Ausnahmetatbeständen korrigiert wird, wie dies bei der Reinvermögenszugangstheorie gemacht wird. Vielmehr fasst sie den Einkommensbegriff von vornherein enger und bezieht nur solche Einkünfte mit ein, die am Markt erwirtschaftet wurden. Durch die Beschränkung des Einkommensbegriffs auf das Markteinkommen, wird ein praktikablerer Einkommensbegriff geschaffen. Gerade die gegenüber der Reinvermögenszugangstheorie höhere Praktikabilität sichert die verlässliche Indikation von Leis-

---

[542] Vgl. *Fuisting*, Die Preußischen direkten Steuern, 4. Bd., S. 147 ff.

[543] *Marsh* hat für diesen Bereich der Wertschöpfung ohne Teilnahme am Markt den Begriff des „imputed income" geprägt, vgl. *Marsh*, Political Science Quarterly LVIII (1943), S. 514, zitiert nach *Lang*, in: Tipke/Bozza, Besteuerung von Einkommen, S. 123, Fn. 67.

[544] Vgl. *Tipke*, Steuerrechtsordnung, Bd. II, S.

tungsfähigkeit und verhindert die Gefahr einer Ungleichbehandlung durch Defizite aufgrund einer unpraktikablen Erfassung von Einkommen[545]. Als Einkommen werden nur solche Einkünfte behandelt, die durch eine nachhaltige Tätigkeit am Markt erwirtschaftet werden. Dies ist insofern sehr vorzugswürdig, als es die Schwächen der Reinvermögenszugangstheorie bei der praktischen Durchführung bzw. die Schaffung zahlreicher Ausnahmetatbestände vermeidet[546].

Das BVerfG hat in der Differenzierung durch den Einkünftedualismus trotz der Ungleichbehandlung bislang keinen verfassungsrechtlichen Verstoß gesehen. Es billigt dem Gesetzgeber einen weiten Gestaltungsspielraum zu, der erst endet, wenn eine gleiche oder ungleiche Behandlung von Sachverhalten nicht mehr mit einer am Gerechtigkeitsgedanken orientierten Betrachtungsweise vereinbar ist[547]. Diese Begründung wird als bloße Floskel kritisiert, die die faktische Ungleichbehandlung insbesondere von Veräußerungsgewinnen nicht zu rechtfertigen vermag[548]. Noch weiter geht die Kritik, wenn nicht nur die Differenzierung im Bereich der Einkünfteermittlung als willkürlich angesehen wird, sondern auch die Abgrenzung des Gewerbebetriebs (mit Gewinneinkünften) zur bloßen Vermögensverwaltung (mit Überschusseinkünften) bei der Veräußerung von Immobilien. Die dazu von der Rechtsprechung entwickelte Drei-Objekt-Grenze wird nicht ganz zu Unrecht ebenfalls als willkürlich bezeichnet[549]. Sie ist als Versuch der Rechtsprechung anzusehen, in einem Bereich Rechtssicherheit zu schaffen, der wirtschaftlich enorme Auswirkungen hat, jedoch durch die Gesetzgebung weitgehend ungeregelt ist[550]. Aufgrund der unbefriedigenden und ungerechten Ergebnisse, werden von Rechtsprechung und Finanzverwaltung zudem zunehmend die Grenzen von der Vermögensverwaltung hin zum Gewerbebetrieb verschoben. Dieses Phänomen ist zu kritisieren, da es den Grundsatz der Gesetzmäßigkeit der Besteuerung verletzt und das System des Einkünftedualismus nur vom Gesetzgeber selbst geändert werden kann[551].

---

545 Vgl. *Tipke/Lang*, Steuerrecht, § 4 Rn. 108.
546 Vgl. *Lang*, Die Bemessungsgrundlage der Einkommensteuer, S. 18 f. ist darin zuzustimmen, dass die Markteinkommenstheorie zumindest faktisch eine auf das Praktikable zurückgenommene Reinvermögenszugangstheorie ist.
547 Vgl. BVerfG v. 09.07.1969, BVerfGE 26, 302 (310).
548 Vgl. *Tipke*, Steuerrechtsordnung, Bd. II, S. 647; kritisch auch *Lang*, in: Tipke/Bozza, Besteuerung von Einkommen, S. 123 (141).
549 Vgl. *Tipke/Lang*, Steuerrecht, § 9 Rz. 187.
550 Vgl. die Ausführungen zur Abgrenzung auf S. 166 ff. und S. 166 ff.
551 Ebenso *Tipke/Lang*, Steuerrecht, § 9 Rz. 187; zur Kritik an der zunehmenden Machtfülle der Rechtsprechung im Steuerrecht, vgl. auch grundlegend *Loritz*, WM 1998, 685.

2. Private Veräußerungsgeschäfte

In den §§ 22 Nr. 2, 23 Abs. 1 Satz 1 Nr. 1 EStG besteht eine eigene Regelung, die Veräußerungsgewinne im Bereich der Vermögensverwaltung unter bestimmten Umständen der Besteuerung unterwirft. Die Einkünfte aus privaten Veräußerungsgeschäften sind subsidiär zu den Einkünften aus Gewerbebetrieb (§ 23 Abs. 2 EStG). Jenseits einer Mindesthaltedauer von zehn Jahren sind Veräußerungsgewinne im Bereich der Vermögensverwaltung stets steuerfrei (§23 Abs. 1 Satz 1 Nr. 1 EStG). Die Veräußerungsfrist wurde mit dem sog. Steuerentlastungsgesetz 1999/2000/2002 von zwei Jahren bei Veräußerung vor dem 01.01.1999 auf zehn Jahre bei Veräußerung nach diesem Termin verlängert[552]. Dies stößt in Literatur und Rechtsprechung auf verfassungsrechtliche Bedenken, da auch Fälle von der Verlängerung der Frist erfasst wurden, bei denen die Zwei-Jahres-Frist am 01.01.1999 bereits abgelaufen war. Nach einer Ansicht liegt darin eine unzulässige echte Rückwirkung, da ein abgeschlossener Tatbestand rückwirkend neu geregelt worden sei[553]. Dies wird damit begründet, dass die Steuerentstrickung als Rechtsfolge des § 23 Abs. 1 Nr. 1 lit. a) EStG a.F. rückwirkend geändert worden sei[554]. Nach anderer Ansicht handelt es sich bei der rückwirkenden Verlängerung der Spekulationsfrist um eine im Einzelfall unzulässige unechte Rückwirkung[555]. Die Gegenmeinung in der Literatur sieht darin einen Fall der zulässigen unechten Rückwirkung und verneint die Verfassungswidrigkeit[556]. Der BFH hat die Frage der Verfassungsmäßigkeit der rückwirkende Verlängerung der Spekulationsfrist im Fall einer bereits abgelaufenen Frist nunmehr dem BVerfG gemäß Art. 100 Abs. 1 GG zur Entscheidung vorgelegt[557]. Er ist der Auffassung, es handele sich um einen Fall der tatbestandlichen Rückanknüpfung, die in dem entschiedenen Einzelfall unzulässig sei. Im Unterschied dazu sieht der BFH die Verlängerung der Spekulationsfrist in den Fällen als nicht verfassungswidrig an, in denen die Zwei-Jahres-Frist zum Zeitpunkt der Änderung noch nicht abgelaufen war[558].

---

[552] Vgl. § 52 Abs. 39 Satz EStG.

[553] Vgl. *Birk/Kulosa*, FR 1999 433 (438); *Pleyer*, NJW 1999, 3156 (3158 ff.); *Balmes*, FR 2001, 392 (394).

[554] Vgl. *Birk/Kulosa*, FR 1999 433 (438).

[555] Vgl. *Reimer*, DStZ 2001, 725 (733 f.); *Urban*, INF 1999, 389 (391).

[556] Vgl. *Weber-Grellet*, DStR 2003, 283, *Seitz*, DStR 2001, 277 (286).

[557] Vgl. BFH v. 16.12.2003, BStBl. II 2004, 284; beim BVerfG anhängige Verfahren zu dieser Frage: 2 BvL 14/02 und 2 BvL 2/04.

[558] Vgl. BFH v. 16.12.2003, , BStBl. II 2004, 284 und insbesondere BFH v. 15.07.2004, DStRE 2004, 1079.

Neben der Steuerpflicht von Veräußerungsgewinnen ergibt sich bei gewerblichen Grundstücksgeschäften noch ein weiterer gravierender Nachteil. Da die Objekte dem Umlaufvermögen zugerechnet werden, besteht keine Möglichkeit zur Abschreibung[559]. Steuerbescheide, in denen Abschreibungen (fälschlich) berücksichtigt wurden, können u.U. geändert werden. Bei der Veräußerung von Objekten bzw. Anteilen ist zusätzlich zu beachten, dass bei Überschreitung der von der Rechtsprechung aufgestellten Drei-Objekt-Grenze auch die Veräußerung der ersten drei Objekte in der Vergangenheit rückwirkend gewerblich qualifiziert wird, wenn dies formal gemäß § 173 AO möglich ist[560]. Jedenfalls stellt die Veräußerung eines vierten Objekts nach neuerer Rechtsprechung kein rückwirkendes Ereignis i.S.v. § 175 Abs. 1 Satz 1 Nr. 2 AO dar, so dass eine Änderung von Feststellungsbescheiden nach Ablauf der Feststellungsfrist (§ 181 Abs. 1 Satz 1 i.V.m. § 169 Abs. 1 Satz 1 AO) zumindest aufgrund dieser Vorschrift ausscheidet[561].

3. Abgrenzung privater Vermögensverwaltung zu Einkünften aus Gewerbebetrieb – Drei-Objekt-Grenze

Aufgrund des Dualismus der Einkunftsarten werden Veräußerungsgewinne grundsätzlich nur im Bereich der Gewinneinkunftsarten besteuert. Ungeschriebenes Tatbestandsmerkmal für (Gewinn-)Einkünfte aus Gewerbebetrieb gemäß § 15 Abs. 2 EStG ist, dass die Betätigung über den Rahmen einer privaten Vermögensverwaltung hinausgeht[562]. Bei der Qualifikation der Einkünfte aus der Veräußerung eines oder mehrerer Objekte eines geschlossenen Immobilienfonds bzw. von Anteilen an dem Fonds ist daher zu unterscheiden, ob es sich dabei um gewerbliche Grundstücksgeschäfte oder bloße Vermögensverwaltung handelt. Veräußerungsgewinne sind im Rahmen des § 15 EStG als am Markt erwirtschaftete Einkünfte aus Gewerbebetrieb steuerpflichtig. Wegen des Dualismus der Einkunftsarten und der im Bereich der Überschusseinkünfte geltenden Quellentheorie sind Veräußerungsgewinne im Bereich der Einkünfte aus VuV grundsätzlich steuerfrei. Steuerpflichtige Veräußerungsgewinne können damit nur vorliegen, wenn das Tatbestandsmerkmal keine private Vermögensverwaltung erfüllt ist[563].

---

[559] Vgl. *Hofer*, DStR 2000, 1635.
[560] Vgl. BMF v. 26.03.2004, BStBl. I 2004, 434 Tz. 33.
[561] Vgl. BFH v. 06.07.1999, BStBl. II 2000, 306.
[562] Vgl. auch S. 166 f.
[563] Vgl. *Weber-Grellet*, in: Schmidt, EStG, § 15 Rz. 50.

Nach ständiger Rechtsprechung des BFH wird die Grenze zwischen gewerblichen Grundstücksgeschäften und privater Vermögensverwaltung überschritten, wenn die Ausnutzung von substanziellen Vermögenswerten durch Umschichtung gegenüber der Nutzung des Grundbesitzes durch Fruchtziehung aus der Sachsubstanz entscheidend in den Vordergrund tritt[564]. Maßgeblich für die Frage, ob die Tätigkeit dem Bild eines Gewerbebetriebs entspricht ist das Gesamtbild der Verhältnisse und die Verkehrsanschauung[565]. Die gesetzgeberische Grundentscheidung, private Veräußerungsgewinne steuerfrei zu belassen, hängt im Allgemeinen nicht davon ab, ob das jeweilige Veräußerungsobjekt besonders aufwändig errichtet, besonders groß oder besonders wertvoll ist. Maßgeblich ist vielmehr allein, ob das Bild des Handelns dem eines gewerblichen Handels mit Grundstücken entspricht[566].

Der VIII. Senat des BFH entwickelte die sog. Drei-Objekt-Grenze als Indiz für das Bestehen eines gewerblichen Grundstückshandels bereits Mitte der achtziger Jahre[567]. Dies geschah aufgrund der Abstraktheit der Kriterien für das Vorliegen eines gewerblichen Grundstückhandels und im Interesse der Rechtssicherheit und der einfacheren Handhabbarkeit[568]. Danach ist ein gewerblicher Grundstückshandel dann anzunehmen, wenn der Steuerpflichtige mehr als drei Objekte verkauft und zwischen Erwerb und Veräußerung ein zeitlicher Zusammenhang besteht. Ein zeitlicher Zusammenhang ist anzunehmen, wenn zwischen An- und Verkauf weniger als fünf Jahre[569] (bzw. zehn Jahre bei branchennahen Grundstücksverkäufern, wie z.B. Immobilienmakler[570]) liegen. Veräußert ein Grundstücksverkäufer mehr als drei Objekte innerhalb des zeitlichen Zusammenhangs von fünf Jahren, so ist insgesamt (d.h. für alle Veräußerungsgeschäfte) ein gewerblicher Grundstückshandel anzunehmen. Nach einer neueren Entscheidung des I. Senats des BFH sind sowohl Mehrfamilienhäuser, als auch Gewerbebauten im Rahmen der Drei-Objekt-Grenze nur als ein Objekt zu berücksichtigen[571]. Die Finanzverwaltung hat diese Rechtsprechung des BFH übernommen: es soll nicht auf Größe, Wert oder Nutzungsart des Objekts ankommen, infolgedessen zählen auch Mehrfamilienhäuser und Gewerbebauten als jeweils ein Objekt gemäß der Drei-Objekt-Regel[572].

---

564 Vgl. BFH GrS v. 03.07.1995, BStBl. II 1995, 617.
565 St. Rspr., vgl. z.B. BFH v. 10.12.1998, BStBl. II 1999, 390.
566 Vgl. BFH v. 18.05.1999, BStBl. II 2000, 28 und BFH v. 15.03.2000, BStBl. II 2001, 530.
567 Vgl. BFH v. 09.12.1986, BStBl. II 1988, 244.
568 Vgl. BFH GrS v. 03.07.1995, BStBl. II 1995, 617.
569 Vgl. z.B. BFH GrS v. 03.07.1995, BStBl. II 1995, 617 m.w.N.
570 Vgl. BFH v. 05.09.1990, BStBl. II 1990, 1060.
571 Vgl. BFH v. 18.05.1999, BStBl. II 2000, 28.
572 Vgl. zuletzt BMF v. 26.03.2004, BStBl. I 2004, 434 Tz. 8.

Eine Ausnahme von der Drei-Objekt-Regel sollte nach Ansicht des X. Senats des BFH jedoch bestehen, wenn der Steuerpflichtige als gewerblicher Grundstücksproduzent auftritt[573]. Er unterschied bei der Frage, ob ein gewerblicher Grundstückshandel vorliegt, zwischen dem An- und Verkauf von Objekten einerseits und der Errichtung mit anschließender Veräußerung andererseits. In letzterem Fall sollte bereits beim ersten veräußerten Objekt Gewerblichkeit vorliegen, wenn nach Art eines Bauunternehmens Immobilienobjekte errichtet würden, um sie anschließend gewinnbringend zu veräußern. Laut dem X. Senat des BFH sollte insbesondere der Bau von gewerblichen Großprojekten dem Bild eines typischen produzierenden Unternehmens entsprechen[574]. Demgegenüber verneinte der Große Senat die Ähnlichkeit mit dem Bild des produzierenden Bauunternehmers im Fall der Veräußerung von Wohnobjekten, die zuvor auf einem eigenen Grundstück errichtet wurden[575]. Das Bebauen eines eigenen Grundstücks entspricht nicht von vornherein dem Bild eines Bauunternehmers, da diese typischerweise auf fremden Grundstücken bauen[576]. Zudem stellte der Große Senat ausdrücklich klar, dass eine Differenzierung zwischen Erwerbsfällen und Errichtungsfällen grundsätzlich nicht in Frage kommt, und dass die Drei-Objekt-Grenze auch in Errichtungsfällen Anwendung findet[577]. Damit erteilte der Große Senat dem Versuch des X. Senats, die Anwendung der Drei-Objekt-Grenze auf Erwerbsfälle zu beschränken zu Recht eine klare Absage. Die Finanzverwaltung hat die Unterscheidung zwischen Erwerbsfällen und Errichtungsfällen in Bezug auf die Geltung der Drei-Objekt-Grenze bei Großobjekten unter Bezugnahme auf die Rechtsprechung des X. Senats nicht aufgegeben[578]. Dies widerspricht der Entscheidung des Großen Senats, der eine Differenzierung zwischen Erwerbs- und Errichtungsfällen unabhängig von der Größe jedenfalls in Fällen, bei denen auf einem eigenen Grundstück gebaut wird, klar ablehnt. Zwar waren in der Entscheidung lediglich Wohnimmobilien streitgegenständlich, jedoch beschränkt sich die Urteilsbegründung bei der Ablehnung einer solchen Unterscheidung nicht darauf, sondern lehnt sie schon aus Gründen der „Verlässlichkeit der Rechtsordnung, eine gefestigte Handhabung (hier: Gleichstellung von reinen Durchhandelsfällen mit Bebauungsfällen) aufrechtzuerhalten, solange nicht überwiegende Gründe für ihre Aufgabe sprechen“[579] grundsätzlich ab. Dem ist zuzustimmen, da es keinen Unterschied machen kann,

---

[573] Vgl. BFH v. 18.05.1999, BStBl. II 2000, 28.
[574] Vgl. BFH v. 14.01.1998, BStBl. II 1998, 346.
[575] Vgl. BFH GrS v. 10.12.2001, BStBl. II 2002, 291 (Leitsatz).
[576] Vgl. BFH GrS v. 10.12.2001, BStBl. II 2002, 291.
[577] Vgl. BFH GrS v. 10.12.2001, BStBl. II 2002, 291.
[578] Vgl. BMF v. 26.03.2004, BStBl. I 2004, 434 Tz. 29; ebenso bereits BMF v. 20.12.1990, BStBl. I 1990, 884 Tz. 9 in der durch BMF v. 09.07.2001, BStBl. I 2001, 512 geänderten Fassung.
[579] Siehe BFH GrS v. 10.12.2001, BStBl. II 2002, 291.

ob ein Steuerpflichtiger einen Supermarkt kauft und wieder veräußert oder ob er einen Supermarkt auf einem eigenen Grundstück errichtet und anschließend veräußert. Ersteres wäre nach Ansicht der Finanzverwaltung bei Einhaltung der Drei-Objekt-Grenze private Vermögensverwaltung, letzteres gewerblicher Grundstückshandel. Ein Differenzierungsgrund hierfür ist jedoch nicht ersichtlich. Schließlich erkennt auch die Finanzverwaltung ausdrücklich an, dass es auf Art, Größe, Wert und Nutzungsweise des Objekts nicht ankommt[580]. Der Versuch, eine Differenzierung bei Großobjekten über die Figur des gewerblichen Grundstücksproduzenten vorzunehmen, führt zu weiterer Rechtsunsicherheit im Bereich der ohnedies höchst umstrittenen Abgrenzungsproblematik. Das Bebauen des eigenen Grundstücks mit einem Gebäude ist ebenso wenig wie der Erwerb von Grundbesitz kennzeichnend dafür, dass eine Nutzung des Grundstücks durch künftige Vermietung nicht beabsichtigt ist[581]. Folgt man dem, kann die für die Begründung eines gewerblichen Grundstückshandels notwendige Veräußerungsabsicht nicht aus der eigentlichen Bautätigkeit eines Bauträgers abgeleitet werden, sondern aus seinem Verhalten im Rahmen des Verkaufs von Immobilien[582]. Daher ist auch bei der Errichtung von Großobjekten die Drei-Objekt-Grenze das für die Abgrenzung zum gewerblichen Grundstückshandel allein maßgebliche Kriterium.

4. Reformansätze für das System der Einkommensteuer

Die Wirtschaftswissenschaften fordern die Neutralität der Besteuerung schon seit langem[583]. Dieser Grundsatz folgt aus der Annahme der Effizienz der marktwirtschaftlichen Ressourcenallokation und soll die Herbeiführung von allokativen Verzerrungen durch Steuern verhindern[584]. Die vorhandenen Unterschiede im Rahmen der Einkünfteermittlung sind neben der verfassungsrechtlichen Frage auch insofern höchst problematisch, als der volkswirtschaftliche Grundsatz der Neutralität der Besteuerung dadurch von vornherein verletzt wird. Ein gezielter Einsatz von steuerlichen Lenkungsnormen kann nur erfolgen, wenn er nicht durch unbeabsichtigte Gegenkräfte innerhalb des aneutralen Systems behindert wird[585]. Insofern hat die Frage der einkunftsartneutralen Einkommensermittlung gerade auch im Bereich der steuerlichen Lenkungsnormen entscheidende Bedeutung. Das Steuerrecht sollte dem Anleger die Entschei-

---

[580] Vgl. BMF v. 26.03.2004, BStBl. I 2004, 434 Tz. 8.
[581] Vgl. BFH GrS v. 10.12.2001, BStBl. II 2002, 291.
[582] Ebenso *Söffing*, DStR 2004, 793 (798).
[583] Vgl. dazu auch S. 95 f.
[584] Vgl. *Kiesewetter*, StuW 1997, 24..
[585] Vgl. *Kiesewetter*, StuW 1997, 24 (25).

dungsfreiheit lassen, in welcher Form seine Investition erfolgt. Zur Gleichbehandlung der Anlageformen ist es notwendig, die Einkunftsarten steuerlich gleichzustellen. Die Ungleichbehandlung der verschiedenen Einkunftsarten sollte zugunsten eines in sich stimmigen entscheidungsneutralen Steuersystems aufgegeben werden[586].

Zu einem entscheidungsneutralen System würde auch die Vereinheitlichung der Einkommensermittlungsmethoden gehören. Der Dualismus der Ermittlung des steuerlichen Einkommens durch Betriebsvermögensvergleich einerseits und Einnahmen-/Überschussrechnung andererseits ist ebenfalls eine Ursache für fehlende Gleichmäßigkeit im deutschen Steuerrecht. Der von der Rechtsprechung entwickelte Grundsatz der Totalgewinngleichheit[587] wirkt dem nur bedingt entgegen, da er den Zinseffekt aufgrund verschiedener Besteuerungszeitpunkte negiert. Eine Besteuerung bestimmter am Markt erworbener Veräußerungserlöse wäre auch im Sinne der Markteinkommenstheorie. Diese schließt lediglich private Wertschöpfungen, die ohne Gewinnabsicht erworben werden und die in der Praxis nicht besteuert werden können, von der Besteuerung aus. Dogmatisch wird die Steuerfreiheit mit der Verknüpfung der Einkünfte mit der Erwerbshandlung erreicht, also der Besteuerung nur solcher Einkünfte, die mit Gewinnerzielungsabsicht nachhaltig am Markt erwirtschaftet werden. Bei vollständiger Umsetzung der Markteinkommenstheorie in die Praxis wären infolgedessen auch Veräußerungsgewinne im Rahmen einer Vermögensverwaltung bei Erfüllung dieser Kriterien steuerpflichtig.

Die Einführung einer erweiterten Besteuerung von Überschüssen aus der Veräußerung von Immobilien im Privatvermögen ist ein Dauerthema in der steuerpolitischen Diskussion. Aus steuerrechtlicher Sicht wäre eine durchgängige Besteuerung von Immobilienveräußerungen zu begrüßen. Die aus dem Dualismus der Einkunftsarten resultierende Ungleichbehandlung von Gewinn- und Überschusseinkunftsarten würde hierdurch stark vermindert, da die Nichtbesteuerung von Überschüssen bei der Veräußerung von Immobilien der wohl gravierendste Punkt im System der dualen Einkommensteuer ist[588]. Neben Gründen der Steuergerechtigkeit, spricht auch eine dadurch erreichbare Steuervereinfachung eine Rolle. Grundsätzlich führen zusätzliche Besteuerungstatbestände nicht zu einer Vereinfachung des Rechts. Jedoch würde sich in dem speziellen

---

[586] Vgl. dazu den Vorschlag von *Kirchhof*, die Unterscheidung in sieben Einkunftsarten aufzugeben und durch die so erreichte Gleichbehandlung die steuerliche Entscheidungsneutralität herzustellen, *Kirchhof*, DStR 2001, 913 f.
[587] Grundlegend dazu *Drüen*, Periodengewinn und Totalgewinn.
[588] Vgl. *Herzig/Lutterbach*, DStR 1999, 521.

Fall der Veräußerung von im Privatvermögen gehaltenen Immobilien durchaus eine Vereinfachung ergeben: dem Streit um die Abgrenzung zwischen privater Vermögensverwaltung und gewerblichen Einkünften würde die Spitze genommen. Für die Finanzverwaltung ginge es hinsichtlich der Besteuerung dieser Vorgänge nicht mehr um Alles oder Nichts. Die Drei-Objekt-Grenze, die im Schrifttum zu Recht sehr kritisch gesehen wird, würde ihre große Bedeutung verlieren[589].

Die Einkommensteuer in der augenblicklichen Form folgt dem (noch) nicht, so dass das Manko einer faktischen Ungleichbehandlung verschiedener Einkunftsarten gerade im schwer abgrenzbaren Bereich zwischen Vermögensverwaltung und gewerblichem Grundstückshandel fortbesteht[590]. Der Einkünftedualismus hat insbesondere zur Folge, dass Veräußerungsgewinne von Wirtschaftsgütern, die zur Erzielung der jeweiligen Einkünfte genutzt werden, bei den Gewinneinkünften steuerpflichtig sind, während sie im Rahmen der Überschusseinkünfte grundsätzlich steuerfrei sind. Nur ausnahmsweise werden sie als Einkünfte aus privaten Veräußerungsgeschäften gemäß §§ 22 Nr. 2, 23 EStG der Besteuerung unterworfen, wenn es sich um Wertpapiere oder Immobilien handelt, die innerhalb der Haltefristen veräußert werden. Eine weitere Folge der Steuerfreiheit von Veräußerungsgewinnen ist deren Nichteinbeziehung in eine etwaig anzustellende Totalgewinnprognose[591].

Erforderlich wäre aus Gleichbehandlungsgründen, dass bei einer durchgängigen Steuerpflicht solcher Veräußerungsgewinne auch die Möglichkeiten zur Verlustnutzung im Rahmen des § 23 EStG ausgeweitet würden. Das BVerfG hat bereits einmal die Verfassungswidrigkeit einer Verlustabzugsbeschränkung festgestellt[592]. Allerdings ging es dort um den völligen Ausschluss der Verrechnung von Verlusten aus der Vermietung beweglicher Gegenstände nach § 22 Nr. 3 Satz 3 EStG. Im Rahmen der privaten Veräußerungsgeschäfte gilt gemäß § 23 Abs. 3 Satz 8 EStG eine Beschränkung des Verlustabzugs auf die Höhe des Gewinns aus privaten Veräußerungsgeschäften eines Veranlagungszeitraums. Die Erweiterung ab dem VZ 1999, die die Verlustausgleichsmöglichkeit auch

---

589 Vgl. zur Kritik S. 149 ff.

590 Es gibt allerdings immer wieder politische Vorstöße, die eine generelle Steuerpflicht von Veräußerungsgewinnen zumindest bei nicht selbst genutzten Immobilien auch im Bereich der Vermögensverwaltung erreichen wollen; dies hat sich bislang jedoch noch nicht durchsetzen können; zuletzt wurde dies im Rahmen des sog. Steuervergünstigungsabbaugesetz vom 21.02.2003 versucht, vgl. BT-Drucks. 15/119, S. 4 f., was jedoch an der fehlenden Zustimmung des Bundesrats scheiterte.

591 Vgl. dazu S. 128 ff.

592 Vgl. BVerfG v. 30.09.1998, BVerfGE 99, 88.

auf Gewinne aus privaten Veräußerungsgeschäften aus anderen Veranlagungszeiträumen erstreckte, ist eine Reaktion des Gesetzgebers auf die Rechtsprechung des BVerfG[593]. Allerdings müssten bei einer durchgehenden Besteuerung von privaten Veräußerungsgeschäften die Verlustabzugsmöglichkeiten wohl auch auf andere Einkunftsarten erweitert werden. Dies gebietet die Gleichbehandlung mit gewerblichen Grundstückshändlern, denen ein Verlustausgleich grundsätzlich auch mit anderen Einkunftsarten möglich ist.

Hinsichtlich sich bietender Reformmöglichkeiten wäre auch daran zu denken, der augenblicklich festzustellenden, fortschreitenden Durchlöcherung des Maßgeblichkeitsprinzips durch die Schaffung eines neuen eigenständigen und einheitlichen Steuerbilanzrechts entgegenzuwirken[594]. Ebenfalls in den Bereich dieser Reformdiskussion gehört der Vorschlag, den Sofortabzug sämtlicher Betriebsausgaben zuzulassen (Cash-Flow-Besteuerung). Diese hätte den Vorteil einer nachgelagerten Besteuerung, die der Besteuerung der wirtschaftlichen

Leistungsfähigkeit entspricht, da Inflationsnachteile durch Abschreibungen für Absetzungen entfallen[595].

---

[593] Vgl. *Fischer*, in: Kirchhof, EStG, § 23 Rz. 23; *Heinicke*, in: Schmidt, EStG, § 23 Rz. 97.

[594] Vgl. *Hey*, Grundentscheidungen für ein neues Einkommensteuergesetzbuch, S. 411 (418). Ebenfalls in den Bereich dieser Reformdiskussion gehört der Vorschlag, den Sofortabzug sämtlicher Betriebsausgaben zuzulassen (Cash-Flow-Besteuerung). Diese hätte den Vorteil einer nachgelagerten Besteuerung, die der Besteuerung der wirtschaftlichen Leistungsfähigkeit entspricht, da Inflationsnachteile entfallen.

[595] Den zum Teil vielversprechenden Reformansätzen im Bereich des steuerbilanziellen Repertoires kann im Rahmen dieser Arbeit nicht weiter nachgegangen werden, vgl. weiterführend *Gassner/Lang*, Leistungsfähigkeitsprinzip, S. 94 ff.

3. Kapitel: Die Investition in geschlossene Immobilienfonds

Geschlossene Immobilienfonds setzten sich auf dem Anlagemarkt für besserverdienende Anleger v.a. in den neunziger Jahren durch, nachdem sog. Bauherrenmodelle sich steuerlich nicht mehr lohnten. Der Grund für den Erfolg der geschlossenen Immobilienfonds lag weniger in rentablen Konzepten als in steueroptimalen Konzeptionen, die die optimale Nutzung der hohen Sonderabschreibungen durch das FördG gewährleisteten[596]. Durch den Einsatz von Personengesellschaften, an denen sich die Anleger beteiligen, konnte – anders als bei offenen Immobilienfonds – durch die Kombination von Verlustzuweisung und Investition in Großobjekte eine attraktive steuerorientierte Anlageform angeboten werden. Die steuerliche Behandlung von geschlossenen Immobilienfonds ist im Laufe der Zeit durch Finanzverwaltung, Rechtsprechung und Gesetzgebung stark ausdifferenziert und zu Lasten der Steuerpflichtigen verschärft worden. Zahlreiche Ausnahmeregelungen sind entstanden, die eine Ausnutzung der zuvor vom Gesetzgeber bewusst geschaffenen steuerlichen Investitionsanreizen erschweren[597]. Neben den Problembereichen der Einkünfteerzielungsabsicht und der Gewerblichkeit der Einkünfte aufgrund von Veräußerungsvorgängen sind vor allem die Infragestellung der Bauherreneigenschaft durch den sog. 5. Bauherrenerlass und die Verlustabzugsbeschränkungen als Beispiele zu nennen.

A. Allgemeines zur Investition in geschlossene Immobilienfonds

Zunächst ist der Begriff geschlossener Immobilienfonds zu bestimmen. Der Beitritt zu einem geschlossenen Immobilienfonds hat Kapitalanlagecharakter, der auch Kleinanlegern die Investition in Großobjekte durch direkte Beteiligung ermöglicht. Die Besonderheit dieser Investitionsform liegt in der steuerlichen Orientierung, da dem Anleger die bei Immobilienanlagen zumeist hohen Anfangsverluste zugerechnet werden und so ein steuerlicher Spareffekt entsteht.

I. Begriffsbestimmung

Der Begriff „geschlossener Immobilienfonds“ ist nicht legaldefiniert. Der Terminus steht jedoch seit der Entwicklung dieser Art der Immobilienanlage für eine Gesellschaft, „deren Geschäftszweck auf die Errichtung, den Erwerb und die Verwaltung eines oder mehrerer Immobilienobjekte mit einem im voraus fest-

---

596 Vgl. *Opitz*, Geschlossene Immobilienfonds, S. 19.
597 Vgl. *Loritz*, Beilage Nr. 11 zu BB 2000, Heft 49, 2.

stehenden Investitionsvolumen ausgerichtet ist und die, sobald das Eigenkapital platziert ist, mit einem festen Kreis von Anlegern geschlossen wird"[598]. Das Wort „Fonds", wörtlich übersetzt „Geldvorrat", bedeutet so viel wie „Sondervermögen[599]. In geschlossenen Immobilienfonds schließen sich Anleger in einer Gesellschaft mit dem Ziel zusammen, eine begrenzte Zahl von Immobilien zu erwerben und diese auf unbestimmte Zeit oder für eine bestimmte Dauer zu halten oder zu verwalten[600]. Häufig sind Konzeptionen, bei denen die Immobilie durch die Fondsgesellschaft erst errichtet wird[601]. Die Höhe des Anlagekapitals steht vor Einwerbung des Eigenkapitals fest. Sobald dieser Betrag erreicht ist, werden keine weiteren Mittel aufgenommen, d.h. der Fonds wird „geschlossen"[602].

II. Kapitalanlagecharakter der Investition

Immobilieninvestitionen verlangen in der Regel einen hohen Kapitaleinsatz. Nicht alle Anleger sind bereit oder in der Lage diesen Einsatz allein aus dem eigenen Vermögen zu erbringen. Offene und geschlossene Immobilienfonds bieten einen rechtlichen und wirtschaftlichen Rahmen, um die Kapitalkraft vieler Einzelinvestoren zu bündeln. Damit ist gewährleistet, dass eine breite Anlegerschicht mit verhältnismäßig kleinen Anlagebeträgen an großen Immobilieninvestitionen partizipieren kann.

Neben den Bauherrenmodellen, haben gerade offene und geschlossene Immobilienfonds einen enormen Aufschwung erlebt. Sie verknüpfen die Vorteile einer modernen Kapitalanlage mit denen einer Immobilieninvestition. Immobilienfonds sind im Idealfall so konzipiert, dass sie die Hauptkriterien bei der Beurteilung von Kapitalanlagen, wie Sicherheit, Rentierlichkeit, Veräußerbarkeit und steuerliche Optimierung erfüllen[603]. So bieten sie zumeist langfristige Sicherheit mit hohem Inflationsschutz und gleichzeitig vergleichsweise hoher Rendite, wenngleich auch meist erst die sog. Nach-Steuer-Rendite, also die Rendite, die sich unter Einberechnung von Steuervorteilen ergibt, interessant ist.

---

598 Definition bei *Wappenhans*, Immobilienfonds, S. 8 und diese übernehmend *King*, Offene und Geschlossene Immobilienfonds, S. 144.
599 Siehe *Klumpe/Nastold*, Immobilienfonds, S. 6.
600 Vgl. *Wegmann*, DStR 1994, 941.
601 Vgl. *Betz*, Geschlossene Immobilienfonds, S. 53.
602 Vgl. *Rieser*, Prospektlegung und Prospektprüfung, S. 27.
603 Vgl. zu den Kriterien *Wagner/Loritz*, Steuerorientierte Kapitalanlage, Bd. 1, Rz. 4.

Hinzu kommt die Praxis der meisten Anbieter, durch den Abschluss von Garantieverträgen mit Dritten das durch die unternehmerähnliche Partizipation der Anleger verbleibende Risiko zu minimieren. So werden bei Zeichnung sog. Platzierungsgarantien gegeben, die die Schließung des Fonds zu einem bestimmten Termin gewährleisten. Außerdem sind Mietgarantien häufig anzutreffen, die eine bestimmte Mindestmiete sichern und so das Vermietungsrisiko vermindern. Ebenfalls gebräuchlich sind Fertigstellungs- und Höchstkostengarantien, die das Bauherrenrisiko herabsetzen. Zur finanziellen Absicherung und zur Verbesserung der Fungibilität werden zum Teil auch Ausschüttungsgarantien sowie Rückkaufgarantien gewährt. In der Vergangenheit hat sich jedoch gezeigt, dass die garantiegebenden Gesellschaften häufig nicht ausreichend mit Kapital ausgestattet sind, so dass sie im Garantiefall oft schon nach kurzer Zeit Insolvenz anmelden müssen und die Garantie für die Anleger damit faktisch wertlos ist.

III. Steuerorientierung der Investition

Bei geschlossenen Immobilienfonds kommt für den Anleger das besondere Steuersparpotential hinzu. Die Hoffnung auf hohe Steuervorteile und damit auf eine überdurchschnittliche Rendite ist als das Hauptmotiv für den Erwerb von Anteilen an geschlossenen Immobilienfonds anzusehen[604]. Vor allem bei Spitzenverdienern mit hoher Progressionsstufe ist die Zurechnung der Einkünfte einer Fondsgesellschaft auch bzw. gerade wegen der Möglichkeit von Verlustzuweisungen erwünscht, um die eigene Steuerlast zu senken[605]. In der jüngeren Vergangenheit waren es insbesondere die hohen Sonderabschreibungen durch das Fördergebietsgesetz und das Standortsicherungsgesetz[606], die die Anleger zur Investition in geschlossene Immobilienfonds mit Objekten in den neuen Bundesländern bewogen haben. Zusammen mit den bei Immobilieninvestitionen in der Bauphase naturgemäß hohen Anfangsverlusten ergab sich so ein hohes Steuersparpotential. Demgegenüber tendieren Gesetzgeber, Finanzverwaltung und Rechtsprechung trotz der zunehmenden Zahl an Lenkungsnormen (z.B. gerade Sonderabschreibungen und erhöhte Absetzungen als Investitionsanreiz) zunehmend dazu, die Zu- bzw. Verrechnung von Verlustanteilen bei den

---

[604] Vgl. *Herrmann*, StuW 1989, 97.

[605] Zahlreiche Anleger haben sich von diesen Möglichkeiten in der Vergangenheit blenden lassen und auf hohe Nachsteuer-Renditen vertraut, die vornehmlich auf den Steuervorteilen und weniger auf der Eigenrendite des Objekts beruhten; so lässt sich der Zustand in den neuen Ländern erklären, wo jahrelang am Bedarf vorbeigebaut wurde und nun hohe Leerstandszahlen bestehen; vgl. *Halm*, INF 1998, 274 und die Kritik an der Entstehung von Fehlallokationen auf S. 102 ff.

[606] Dazu *Wagner/Loritz*, Steuerorientierte Kapitalanlage, Bd. 1, Rz. 1145 ff.

Gesellschaftern zu begrenzen und damit indirekt die Inanspruchnahme von Steueranreizen zu verhindern. Es entsteht oftmals ein Widerspruch zwischen der ursprünglich verfolgten Subventionspolitik, die zu einem wichtigen Teil auf Steueranreizen mit Lenkungsfunktion basiert und der tatsächlichen Behandlung der entstehenden Steuervorteile.

B. Abgrenzung zur Investition in offene Immobilienfonds

Geschlossene Immobilienfonds sind von offenen Immobilienfonds abzugrenzen. Anders als für geschlossene Immobilienfonds existiert für offene Immobilienfonds ein zwingendes Kapitalanlagerecht früher in Form des Gesetzes über Kapitalanlagegesellschaften (KAGG) seit 01.01.2004 in Form des Investmentgesetzes (InvG)[607]. Das InvG legt insbesondere den Rahmen für die rechtliche Konzeption von offenen Immobilienfonds fest, während die steuerliche Behandlung vornehmlich durch das Investmentsteuergesetz (InvStG) geregelt wird.

I. Rechtliche Einordnung

Die Bezeichnung offener Immobilienfonds rührt von der investmentrechtlichen Ausprägung, die die laufende Ausgabe neuer Anteile erlaubt[608]. Offene Immobilienfonds werden von Kapitalanlagegesellschaften aufgelegt, die den für Kreditinstitute geltenden Vorschriften über die Bankaufsicht unterliegen. Ihre Geschäftstätigkeit muss darauf gerichtet sein, eingelegtes Geld im eigenen Namen aber für gemeinschaftliche Rechnung der Einleger als Anteilsinhaber nach dem Grundsatz der Risikomischung anzulegen. Mit den Kapitaleinlagen der Anleger wird ein Sondervermögen gebildet. Unter dem Begriff Sondervermögen ist das von der Investmentgesellschaft gesondert von ihrem eigenen und für Rechnung der Anleger gehaltene Vermögen zu verstehen[609]. Der Anleger erhält für seine Einlage Anteilsscheine, bei denen es sich um Wertpapiere in der Form von Inhaberpapieren handelt. Dementsprechend erzielen die Anleger beim offenen Immobilienfonds Einkünfte aus Kapitalvermögen (§ 2 Abs. 1 InvStG)[610]. Es können unbegrenzt so viele Anteile ausgegeben werden wie Nachfrage besteht; der Fonds ist offen.

---

[607] Durch das Investmentmodernisierungsgesetz vom 15.12.2003, BGBl. I 2003, 2676 wurde das KAGG und das Auslandsinvestmentsgesetz (AIG) durch das InvG und das InvStG abgelöst.

[608] Vgl. *Halm*, INF 1998, 274.

[609] Vgl. *Schulz/Petersen/Keller*, DStR 2004, 1853.

[610] Vgl. zur Einkünftequalifikation auch *Görlich*, NWB Fach 18, 3571.

Anders verhält es sich bei geschlossenen Immobilienfonds. Die Aufnahme eines weiteren Anlegers bedarf hier seines Eintritts in eine Personengesellschaft. Der Ein- bzw. Austritt von Gesellschaftern ist u.U. ein aufwendiger Vorgang, weswegen Anteile an geschlossenen weniger verkehrsfähig sind, als Anteile an offenen Immobilienfonds. Auch konnte sich bislang kein richtiger Zweitmarkt, an dem solche Gesellschaftsanteile gehandelt werden, etablieren. Aufgrund dessen und auch wegen der zehnjährigen Haltefrist zur Vermeidung der Steuerpflichtigkeit von privaten Veräußerungsgeschäften (§ 23 Abs. 1 Satz 1 Nr. 1 i.V.m. Abs. 1 Satz 4 EStG), eignet sich der geschlossene Immobilienfonds eher zur langfristigen Anlage[611]. Offene Immobilienfonds können wegen der hohen Fungibilität ihrer Anteile auch zur kurz- und mittelfristigen Kapitalanlage dienen.

II. Steuerrechtliche Behandlung

Offene Immobilienfonds werden im Gegensatz zu geschlossenen Immobilienfonds zwingend von Kapitalgesellschaften (GmbH oder AG gemäß § 6 Abs. 1 Satz 2 InvG) aufgelegt und verwaltet. Das Sondervermögen selbst gilt gemäß § 11 Abs. 1 Satz 1 InvStG als Zweckvermögen im Sinne des § 1 Abs. 1 Nr. 5 KStG. Damit sind Sondervermögen zwar grundsätzlich Körperschaftsteuersubjekte, jedoch sind sie von der Körperschaftsteuer gemäß § 11 Abs. 1 Satz 2 InvStG befreit. Die Erträge stellen gemäß § 2 Abs. 1 Satz 1 InvStG i.V.m. § 20 Abs. 1 Satz 1 EStG bei den Anlegern Einkünfte aus Kapitalvermögen dar, es sei denn, es handelt sich bei den Erträgen um Betriebseinnahmen.

Offene Immobilienfonds sind im Gegensatz zu den in Form von Personengesellschaften betriebenen geschlossenen Immobilienfonds steuerlich grundsätzlich nicht transparent. Verluste des Sondervermögens wirken sich daher nur auf das Ergebnis des Sondervermögens aus. Die Anleger können die Verluste des Sondervermögens nicht selbst steuermindernd geltend machen, da die Einkünfte des Sondervermögens umqualifiziert werden und die Anleger lediglich Einkünfte aus Kapitalvermögen erzielen. Das InvStG soll nach seiner Zielsetzung die Investition in ein Sondervermögen der Direktinvestition wirtschaftlich mög-

---

[611] Die Einrichtung eines Zweitmarktes zum Handel mit Anteilen an geschlossenen Fonds soll durch Einrichtung eines eigenen Handelssegments an der Börse Düsseldorf erneut angegangen. Da die Voraussetzungen für die dortige Handelbarkeit (v.a. bestimmte Anforderungen an die Prospektierung sowie die im Augenblick selten gegebene freie Übertragbarkeit der Anteile) jedoch nur von neu aufgelegten Fonds erfüllt werden können, wird sich diese Handelsplattform voraussichtlich – wenn überhaupt, dann – langsam entwickeln, vgl. dazu auch *Heisterhagen/Kleinert*, DStR 2004, 507.

lichst gleichstellen (Transparenzprinzip)[612]. Im Bereich der offenen Immobilienfonds wirkt sich dies insbesondere durch die Steuerfreiheit von privaten Veräußerungsgeschäften außerhalb der 10-jährigen Haltefrist gemäß § 23 Abs. 1 Satz 1 Nr. 1 EStG aus[613]. Dieses sog. Transparenzprinzip geht jedoch nicht so weit, dass steuerlich Zurechnungen der Geschäftsvorfälle des Sondervermögens erfolgen. Maßgeblich für die Besteuerung sind allein die ausgeschütteten und die ausschüttungsgleichen Erträge des Sondervermögens[614]. Anders als bei geschlossenen Immobilienfonds werden den Anlegern offener Immobilienfonds Grundstücksverkäufe des Fonds nicht im Rahmen der Drei-Objekt-Grenze zugerechnet, so dass die Gefahr eines gewerblichen Grundstückhandels durch Grundstückskäufe des Fonds beim Anleger nicht besteht.

Die Besteuerung von Einkünften aus offenen Immobilienfonds beim Anleger unterscheidet sich durch die Qualifikation als Einkünfte aus Kapitalvermögen deutlich von der Besteuerung von Investitionen in geschlossene Immobilienfonds oder Direktinvestitionen. Vor allem die fehlende Verlustzuweisungsmöglichkeit durch die Intransparenz offener Immobilienfonds macht diese wegen der fehlenden Gestaltungsmöglichkeiten steuerlich wenig interessant. Andererseits gibt es auch im Bereich der Kapitaleinkünfte steuerliche Anreize[615]. So existiert bei den Kapitaleinkünften der sog. Sparerfreibetrag gemäß § 20 Abs. 4 EStG. Er beträgt für Ledige derzeit EUR 1.370,-, für Verheiratete EUR 2.740,-. Auch bei der Gewährung des Sparerfreibetrags handelt es sich um eine Steuersubvention, die die Einkunftsart Kapitaleinkünfte gegenüber den anderen Einkunftsarten besser stellt[616].

C. Bauherrenmodelle

Die Bauherrenmodelle waren noch vor dem Aufkommen der geschlossenen Immobilienfonds die erste Form der steuerorientierten Immobilienkapitalanlage.

---

612 Vgl. *Schulz/Petersen/Keller*, DStR 2004, 1853 (1854 f.); *Grabbe/Lübbehüsen*, DStR 2004, 981 (983); *Zeller*, DB 2004, 1522 (1523 f.).

613 Vgl. § 2 Abs. 3 InvStG für ausgeschüttete Erträge und § 1 Abs. 3 Satz 3 InvStG für ausschüttungsgleiche (thesaurierte) Erträge; näher dazu *Sradj/Mertes*, DStR 2004, 201 (204 ff.).

614 Vgl. § 2 Abs. 1 InvStG.

615 Vgl. dazu auch *Schulz/Petersen/Keller*, DStR 2004, 1853 (1854), die auf Durchbrechungen des Transparenzprinzips aus Gründen der bewussten Subvention auch bei offenen Immobilienfonds hinweisen.

616 Der Frage, ob diese Besserstellung volkswirtschaftlich Sinn macht, da hierdurch das Sparen angereizt wird und der Wirtschaft Liquidität für Neuinvestitionen zur Verfügung gestellt wird, soll hier nicht weiter nachgegangen werden; vgl. auch *Rose*, BB 1996, 1085, kritisch *Schneider*, in: Smekal/Sendlhofer/ Winner, Einkommen versus Konsum, S. 1 ff.

Durch sie wurden erstmals steuerliche Vergünstigungen modellhaft genutzt, um die Rendite der Immobilienkapitalanlage zu steigern. Auch an den Bauherrenmodellen zeigt sich die Tendenz von Verwaltung und Rechtsprechung, aber auch - mit einer gewissen Zeitverzögerung - der Gesetzgebung, das gezielte Ausnutzen von bestehenden Steuervergünstigungen nachträglich zu beschränken[617]. Bauherrenmodelle werden heute nicht mehr angeboten, da die immer enger werdende Rechtsprechung und deren Umsetzung durch die Verwaltung, die modellhafte Nutzung von Steuervorteilen praktisch unmöglich gemacht haben. Trotzdem bilden sie die Grundlage für alle heute praktizierten, steueroptimierten Modelle, auf der anderen Seite aber auch der Rechtsprechung und der Verwaltungspraxis, die sich daraus entwickelt hat[618].

Beim Bauherrenmodell schließen sich die Anleger zu einer Gemeinschaft zusammen, um unter Ausnutzung von Verlustzuweisungen gemeinsam ein Bauvorhaben zu finanzieren[619]. Spätestens nach Beendigung der Investitionsphase wird das im Eigentum der Gesellschaft stehende Objekt ganz oder teilweise in das Eigentum der Anleger überführt. Bauherrenmodelle wurden in der Vergangenheit daher vor allem zur Begründung von Wohnungseigentum verwendet, um Kosten, die bei direktem Erwerb oder bei Errichtung Anschaffungs- oder Herstellungskosten wären, zu sofort abziehbaren Kosten zu machen und so einen steuerlichen Progressionseffekt zu nutzen. Der entscheidende Unterschied zum geschlossenen Immobilienfonds liegt in der Zielrichtung. Geschlossene Immobilienfonds zielen nicht auf den (Sonder-)Eigentumserwerb an (Teilen) der Immobilie, sondern auf eine Kapitalanlage in Form einer Gesellschaftsbeteiligung[620]. Das zu bebauende Grundstück wird beim Bauherrenmodell zunächst von der Gemeinschaft gekauft und erst wenn diese geschlossen ist, wird mit dem Bau begonnen. Die Anleger bauen damit grundsätzlich auf eigenem Grundstück auf eigenes Risiko und tragen die Finanzierungslast sowie das Verwertungsrisiko[621]. Dennoch entschied der Bundesfinanzhof im Jahre 1989, dass alle Kosten im Rahmen eines Bauherrenmodells Anschaffungskosten für den Erwerb der Immobilie seien, indem er den Anlegern die Bauherreneigenschaft absprach[622]. Bauherr ist dem BFH zufolge nicht, wer sich auf Grund eines vorformulierten Vertragswerkes an einem Bauherrenmodell beteiligt und sich bei dabei zusammenhängenden Rechtsgeschäften durch den Projektanbieter (oder Treuhänder, Betreuer, Geschäftsbesorger) vertreten lässt. Bauherr ist

[617] Zur Kritik an dieser Praxis vgl. S. 102.
[618] Vgl. *Wagner/Loritz,* Steuerorientierte Kapitalanlage, Bd. 1, Rz. 1444.
[619] Vgl. *Machunsky*, Immobilienfonds und Erwerbermodelle, S. 150.
[620] Vgl. *Wagner/Loritz,* Steuerorientierte Kapitalanlage, Bd. 2, Rz. 30.
[621] Vgl. *Wagner/Loritz,* Steuerorientierte Kapitalanlage, Bd. 1, Rz. 1434.
[622] Vgl. BFH v. 14.11.1989, BStBl II 1990, 299.

vielmehr nur, wer nach dem Gesamtbild unter Berücksichtigung der Umstände des Einzelfalles selbst das Baugeschehen beherrscht. Dagegen spricht die Pflicht zur Erteilung einer umfassenden Vertretungsmacht an den Projektanbieter. Gegen die Bauherreneigenschaft spricht auch die Absicherung des Bauherrenwagnisses durch eine Vielzahl von Garantien, die das Risiko letztendlich dem eines Erwerbers entsprechend erscheinen lassen. Die Hauptbegründung für die Versagung der Bauherreneigenschaft ist, dass der Anleger letztlich die Immobilie auf Grund eines modellhaften Vertragsgeflechts erwirbt und dabei Gestaltungen wählt, die für sich ökonomisch keinen Sinn machen, sondern nur dem Zwecke der Steuerersparnis dienen. Dabei hat der Vertrag des einzelnen Anlegers regelmäßig keine selbstständige Bedeutung, sondern ist nur im Zusammenhang mit den anderen Verträgen wirtschaftlich sinnvoll und das Ziel des Modells wird nur bei Durchführung aller Verträge erreicht. Daher sind die Verträge für die Anleger nicht individuell abänderbar (jedenfalls nicht mehr als bei einem direkten Immobilienkauf) und die Entscheidungsalternative besteht nur darin, das Vertragsbündel so wie angeboten anzunehmen oder auf die Investition zu verzichten. Auch mangels ausreichender Einflussnahmemöglichkeiten ist der Anleger beim Bauherrenmodell nach Auffassung des BFH nicht als Bauherr, sondern als Erwerber anzusehen[623]. Mit dieser Entscheidung setzte der BFH dem Bauherrenmodell abrupt ein Ende, da der ökonomische Zweck allein in der Ausnutzung von Steuervorteilen lag.

D. Subventionsnutzung durch Rechtsformwahl bei geschlossenen Immobilienfonds

Die Wahl einer bestimmten Rechtsform ist bei geschlossenen Immobilienfonds gesetzlich nicht vorgeschrieben. Ein Anlageaufsichtsrecht wie im Falle der offenen Immobilienfonds existiert nicht. Allerdings wurde durch das Gesetz zur Verbesserung des Anlegerschutzes (AnSVG) vom 28.10.2004[624] eine Prospektierungspflicht für geschlossene Fonds eingeführt. Durch dieses Gesetz wird das Verkaufsprospektgesetz um einen Abschnitt III ergänzt, der Prospektpflichten für Angebote anderer Vermögensanlagen als der bereits bisher durch dieses Gesetz erfassten Wertpapiere vorsieht. Gemäß § 8i VerkProspG bedarf die Veröffentlichung eines Verkaufsprospekts künftig der Gestattung durch die Bundesanstalt für Finanzdienstleistungsaufsicht (BaFin), die jedoch nur die formalen Anforderungen an Verkaufsprospekte überprüft; eine inhaltliche Überprüfung

---

[623] Vgl. BFH v. 14.11.1989, BStBl. II 1990, 299 (Leitsatz)

[624] BGBl. 2004, 2630 ff. Mit dem Gesetz kommt die Bundesregierung der Aufforderung zur Umsetzung insbesondere der von der EU-Kommission am 28.01.2003 beschlossenen sog. „Marktmissbrauchsrichtlinie" 2003/6/EG nach, vgl. *Hasenkamp*, DStR 2004, 2154.

der Prospektangaben durch die BaFin erfolgt nicht. Die Prospektierungspflichten für geschlossene Fonds, die von entsprechenden Haftungsansprüchen flankiert werden, gelten ab dem 01.07.2005. Hingegen sind die Initiatoren in der Wahl der Rechtsform weiterhin völlig frei. Sie richtet sich vor allem nach wirtschaftlichen Maßstäben und der praktischen Durchführbarkeit im Bereich der Publikumsfonds, an denen eine Vielzahl verschiedener Anleger beteiligt ist.

Eine entscheidende Rolle bei der Wahl der Gesellschaftsform spielt die Möglichkeit, Steuerspareffekte zu erzielen[625]. Durch eine Reduzierung der Einkommensteuerbelastung vor allem in der Investitionsphase soll ein Großteil des eingesetzten Eigenkapitals finanziert werden. Dies wurde in der Vergangenheit insbesondere durch Ausnutzung von Sonderabschreibungen und erhöhte Absetzungen erreicht, durch die die Steuerzahlungspflicht zeitlich nach hinten verlagert wird, so dass ein Barwertvorteil entsteht und ein Progressionsvorteil bei entsprechender Einkommenshöhe eintreten kann.

Die geeignete Rechtsform für geschlossene Immobilienfonds, ist aus steuergestalterischen Gesichtspunkten nicht die Kapitalgesellschaft, die eine Einkünftezurechnung beim Anleger gerade nicht zulässt. Da die Zurechnung der Einkünfte der Gesellschaft beim Anleger Ziel dieser Anlageform ist, muss eine Rechtsform gewählt werden, bei der dies unproblematisch möglich ist. Als Rechtsformen, bei denen eine Zurechnung der Einkünfte beim Anleger steuerlich möglich ist, kommen insbesondere Personengesellschaften in Betracht. Die Wahl dieser Rechtsformen ist bei geschlossenen Immobilienfonds auch ohne weiteres möglich, da diese nicht unter das InvG fallen, das zwingend die AG oder die GmbH als Gesellschaftsform für offene Immobilienfonds vorschreibt. Hauptsächlich werden geschlossene Fonds in der Rechtsform der Personengesellschaft aufgelegt, bei steuerorientierten Fonds vornehmlich als GbR, bei renditeorientierten Fonds als KG[626]. Die Rechtsform der Bruchteilsgemeinschaft ist nicht gebräuchlich, was an grundsätzlichen steuerlichen Nachteilen und der gegenüber den Personengesellschaften mangelnden Fungibilität liegt[627].

---

[625] Vgl. *Opitz*, Geschlossene Immobilienfonds, S. 48.

[626] Vgl. *Wagner/Loritz,* Steuerorientierte Kapitalanlage, Bd. 1 Rz. 117 m.w.N.

[627] Vgl. *King*, Offene und Geschlossene Immobilienfonds, S. 142 f. sowie *Mink*, Immobilienkapitalanlagen, S. 24.

I. Gesellschaft bürgerlichen Rechts

Die Gründung eines geschlossenen Immobilienfonds in der Rechtsform einer Gesellschaft bürgerlichen Rechts (GbR) ist neben der Gründung in der Rechtsform der Kommanditgesellschaft (KG) am gebräuchlichsten. Wegen der fehlenden Möglichkeiten zur Haftungsbeschränkung nach außen stellt die GbR die risikoreichere Variante dar.

1. Gründungsvoraussetzungen

Die GbR ist eine Personenvereinigung, die auf einem zwischen den Gesellschaftern abgeschlossenen Vertrag beruht und auf die Verfolgung eines gemeinsamen Zwecks gerichtet ist (§ 705 BGB). Bei geschlossenen Immobilienfonds liegt der verfolgte Zweck regelmäßig in der Vermietung und Verwaltung der Immobilie (teilweise auch im Erwerb eines Grundstücks und dessen Bebauung)[628].

In den meisten Fällen erfolgt die Gründung durch den Initiator, der geschäftsführender Gesellschafter der Fondsgesellschaft wird. Grundsätzlich stehen die Geschäftsführung (§ 709 Abs. 1 BGB) und die Stellvertretung (Umkehrschluss aus § 714 BGB) den Gesellschaftern einer GbR gemeinschaftlich zu. Dies würde in der Praxis zu Abstimmungsschwierigkeiten unter den Anlegern führen und eine Behinderung für die laufende Führung der Geschäfte bedeuten bzw. diese unmöglich machen. Daher werden Geschäftsführung und Vertretungsbefugnis regelmäßig durch Vollmacht einem oder mehreren Gesellschaftern oder einem geschäftsführenden Dritten übertragen. Die Vollmacht ist zumeist unbeschränkt und umfasst den Abschluss von Verträgen mit Wirkung für und gegen die Gesellschaft, insbesondere auch den Abschluss von Darlehensverträgen und die Belastung der Grundstücke der GbR mit dinglichen Sicherheiten[629].

2. Treuhandkonstruktion

Die GbR ist als solche nach bislang h.M. nicht grundbuchfähig. Gemäß § 47 GBO werden die Gesellschafter in Gesellschaft bürgerlichen Rechts eingetragen. Von der bislang h.M. wird dies so interpretiert, dass eben nicht die Gesellschaft selbst eingetragen wird, sondern jeder einzelne Gesellschafter. Ange-

---

[628] Vgl. *Halm*, INF 1998, 274.
[629] Vgl. *Halm*, INF 1998, 274.

sichts der jüngeren Rechtsprechung des BGH zur Parteifähigkeit der GbR im Zivilprozess[630] war von Teilen des Schrifttums eine diesbezügliche Rechtsprechungsänderung erwartet worden. Gegen die Eintragbarkeit der GbR als solche ist jedoch einzuwenden, dass es keine Publizität des Objekts ohne Publizität des Subjekts geben sollte[631]. Dieser Ansicht folgend, hat das oberste bayerische Registergericht die Eintragungsfähigkeit der GbR inzwischen verneint[632]. Solange diese Auffassung Bestand hat und nicht die Gegenmeinung durch die Registergerichte übernommen wird, gilt es daher in der Praxis weiterhin die Eintragung aller Gesellschafter in das Grundbuch zu vermeiden. Mit der Eintragung aller Gesellschafter in das Grundbuch wird die Veräußerungsmöglichkeit der Immobilien auf Dauer erheblich erschwert oder sogar völlig beseitigt, denn dafür müssten die Löschungsbewilligungen aller Eingetragenen eingeholt und notariell beglaubigt werden[633]. Daher wäre eine Vereinfachung der Eintragung durch Bejahung der Grundbuchfähigkeit wünschenswert gewesen[634]. In der Regel werden wegen der Registerproblematik die Grundstücke – zumindest bei Publikumsfonds in Form der GbR – von einer Treuhandgesellschaft erworben und diese im Grundbuch eingetragen[635]. Für den Fall der Zahlungsunfähigkeit dieser Treuhandgesellschaft – aus Gründen der Haftungsbeschränkung meist eine GmbH – wird eine Auflassungsvormerkung zugunsten der Anteilsinhaber im Grundbuch eingetragen, da der Umstand der Treuhand nicht eintragungsfähig ist. Allerdings ist dies grundbuchtechnisch nur dann opportun, wenn der Kreis der Gesellschafter überschaubar bleibt. Ansonsten besteht die Möglichkeit auch einen Vormerkungstreuhänder stellvertretend eintragen zu lassen. Dies ist in der Regel eine Bank, deren Interessen mit denen des Grundbuchtreuhänders kollidieren sollen, um gemeinschaftliches Zusammenwirken zum Nachteil der Anleger zu verhindern[636].

Vielfach wurden in bisherigen Beteiligungsmodellen noch weitreichendere Befugnisse des Treuhänders im Rahmen von Geschäftsbesorgungsverträgen inklusive Vollmachten vereinbart, die unter anderem auch den Abschluss sämtlicher relevanter Verträge im Rahmen des Modells, insbesondere auch Darlehensver-

---

[630] Vgl. BGH v. 29.01.2001, NJW 2001, 1056.
[631] Ebenso *K. Schmidt*, NJW 2001, 993 (1002) m.w.N.
[632] Vgl. BayObLG v. 31.10.2002, NZG 2003, 26.
[633] Angesichts der erheblichen Laufzeiten geschlossener Fonds ist dies praktisch kaum möglich, insbesondere wenn Erbengemeinschaften in den Besitz der Anteile gelangt sind, in denen häufig keine Einigkeit herrscht.
[634] Die Meinung von *Lüdicke*, Geschlossene Fonds, S. 17, es bestehe kein Bedürfnis nach einer Erleichterung der Eintragung einer GbR ist daher unzutreffend.
[635] zu den verschiedenen Formen der Treuhandschaft: *Wagner*, DStR 1996, 1008.
[636] Vgl. *Görlich*, NWB Fach 18, 3571.

träge, für den Anleger zum Inhalt hatten. Dieser Praxis wurde im Laufe der letzten Jahre durch die Rechtsprechung Einhalt geboten. Der BGH sieht in dieser Praxis einen Verstoß gegen § 134 BGB i.V.m. Art. 1 § 1 RBerG mit der Folge der Nichtigkeit nicht nur des Geschäftsbesorgungsvertrags, sondern auch der Vollmacht. Für die Wahrnehmung von rechtlichen Interessen, wie dem Abschluss von Verträgen im Rahmen von Immobilienfonds sei eine Erlaubnis nach dem Rechtsberatungsgesetz erforderlich. Eine solche Erlaubnis haben die meisten Treuhänder jedoch nicht. In einer kürzlich ergangenen Entscheidung lässt der II. Senat des BGH zwar offen, ob von der Nichtigkeit der Vollmacht auch die aufgrund der Vollmacht abgeschlossenen Verträge erfasst werden[637]. Jedoch begründet er die Unwirksamkeit eines Darlehensvertrages folgerichtig mit § 177 BGB wegen Fehlens der Vertretungsmacht des Treuhänders. Dabei lehnt er das Bestehen einer Rechtsscheinsvollmacht ab, indem er die Voraussetzung des Vorliegens einer Originalvollmacht bei Abschluss des Vertrags, ein wesentliches Tatbestandsmerkmal der Rechtsscheinsvollmacht, verneint[638].

3. Haftung

Bei der GbR haftet der Gesellschafter grundsätzlich unbeschränkt mit seinem Privatvermögen. Nach der vielbeachteten Rechtsprechungsänderung des BGH mit seiner Entscheidung vom 29.01.2001 haften die Gesellschafter einer GbR nunmehr akzessorisch für Schulden der Gesellschaft analog § 128 HGB und nicht mehr gemäß der früher herrschenden Doppelverpflichtungstheorie[639]. Eine Beschränkung der Haftung der Gesellschafter ist ebenfalls nur noch in sehr engen Grenzen möglich. Zwar wurde mitunter vertreten, die GbR könnte durch entsprechende Publizierung die Haftung im Außenverhältnis auf das Gesellschaftsvermögen beschränken[640]. Diese Möglichkeit hat der BGH jedoch in sei-

---

[637] Vgl. BGH v. 14.06.2004, DStR 2004, 1346 (1347). Dagegen hatte sich der XI. Senat in BGH v. 23.03.2004, WM 2004, 1221 (1224) ausgesprochen.

[638] Damit ging der II. Senat in der Entscheidung BGH v. 14.06.2004. DStR 2004, 1346 (1347) einer Vorlage an den Großen Senat gemäß § 132 Abs. 2 bzw. 4 GVG aus dem Weg. Eine Vorlage hätte erfolgen müssen, da der IV. und der XI. Senat eine Rechtsscheinsvollmacht in solchen Fällen bejahen, BGH v. 10.03.2004, WM 2004, 922 (923 f.), BGH v. 20.04.2004, WM 2004, 1227 (1228 f.). Zu diesem Ergebnis kommen die beiden Senate aus Gründen des Schutzes des Rechtsverkehrs, indem sie die Banken auch bei Finanzierung von Beteiligungsmodellen als gutgläubige Dritte ansehen. Dem ist der II. Senat zu Recht entgegengetreten, da er die Bevollmächtigte in dem entschiedenen Fall als im Lager der Bank stehend ansieht und deshalb eine Schutzwürdigkeit verneint.

[639] Vgl. BGH v. 29.01.2001, DStR 2001, 310.

[640] Vgl. *Halm*, INF 1998, 274

ner jüngeren Rechtsprechung stark eingeschränkt[641]. Danach ist eine Haftungsbeschränkung allein durch Firmierung als „GbR mbH“ nicht anzuerkennen. Eine Haftungsbeschränkung ist lediglich per Individualvertrag mit dem jeweiligen Geschäftspartner möglich, wobei auch die Verwendung von entsprechenden AGB wegen der Eigenart von geschlossenen Immobilienfonds möglich sein soll[642]. Die geänderten Grundsätze der Rechtsprechung zur Haftungsbeschränkung durch Firmierung als „GbR mbH“ sind allerdings aus Vertrauensschutzgründen nicht auf Altfälle anzuwenden, bei denen der Vertragsschluss vor Rechtsprechungsänderung erfolgte[643]. Hier genügt wie früher die bloße Erkennbarkeit der Haftungsbeschränkung für den Geschäftspartner zu deren Wirksamkeit[644]. Eine quotale Haftungsbegrenzung im Gesellschaftsvertrag, nach der die Gesellschafter nur mit einer ihrem Anteil entsprechenden Quote haften, ist bei GbR zwar möglich, sie wirkt jedoch nur im Innenverhältnis zwischen den Gesellschaftern und nicht im Außenverhältnis gegenüber dem Anspruchsgegner. Anders beurteilt der BGH dies bei Bauherrengemeinschaften; hier soll die quotale Haftung für Herstellungskosten weiterhin die Regel sein, auch wenn die Gemeinschaft nach außen als Außen-GbR auftritt[645]. Das ist abzulehnen, da eine Pro-Rata-Haftung auch in diesen Fällen – als Ausnahme von der Regel – nur gerechtfertigt ist, wenn sie zumindest in AGB vereinbart worden ist[646].

4. Austritt und Beendigung der Gesellschaft - insbesondere Rückabwicklung aufgrund von Verbraucherschutzvorschriften

Grundsätzlich ist die GbR in ihrer Existenz nicht zeitlich befristet (§ 723 Abs. 1 BGB). Bei geschlossenen Immobilienfonds ist zumeist lediglich festgelegt, ab welchem Zeitpunkt das Ausscheiden eines Gesellschafters frühestens möglich ist. Um zu verhindern, dass der Fonds durch ein frühes Ausscheiden von Gesellschaftern notleidend wird, kann das Kündigungsrecht nach den meisten Gesellschaftsverträgen regelmäßig erst nach zehn oder mehr Jahren ausgeübt werden. Dabei wird den Anlegern häufig das Recht eingeräumt, faktisch auszuscheiden, indem sie ihren Anteil schon vorher auf Dritte übertragen, die dann in die Rechte und Pflichten ihrer Gesellschafterstellung eintreten[647]. Das außeror-

---

[641] Vgl. BGH v. 27.09.1999, DStR 1999, 1704.
[642] Vgl. BGH v. 21.01.2002, DStR 2002, 816, wonach grundsätzlich keine Treu und Glauben widersprechende unangemessene Benachteiligung des Vertragspartners gemäß § 307 BGB (§ 9 AGBG a.F.) anzunehmen ist.
[643] Vgl. BGH v. 21.01.2002, DStR 2002, 816 (818).
[644] Vgl. BGH v. 12.05.1990, ZIP 1990, 715 (716).
[645] Vgl. BGH v. 21.01.2002, DStR 2002, 816 (818).
[646] Ebenso *Böken*, DStR 2004, 558; *Casper*, JZ 2002, 1112 (1114).
[647] Ohne eine solche Klausel ist die Fungibilität der Anteile praktisch gleich null.

dentliche Kündigungsrecht aus wichtigem Grund wird von diesen Beschränkungen nicht berührt, weil es wegen § 723 Abs. 1 Satz 2 und Abs. 3 BGB nicht abdingbar ist; entgegenstehende Abreden in Gesellschaftsverträgen sind nichtig.

Neben Regelungen für den Austritt, sind zumeist auch Bestimmungen über die Liquidation im Gesellschaftsvertrag enthalten. Die Gesellschaft kann mit einem festgelegten Quorum an Stimmen aufgelöst und das Vermögen verwertet werden[648]. Der so erzielte Erlös wird nach Abzug der Verbindlichkeiten an die Gesellschafter ausgeschüttet.

Die Gesellschaftsverträge regeln zumeist auch die Modalitäten eines (regulären) Ausscheidens von Gesellschaftern. Es wird bestimmt, wie das Guthaben des ausscheidenden Gesellschafters ermittelt und ausgezahlt wird. Fehlt eine Regelung im Gesellschaftsvertrag, kommt die gesetzliche Regelung in § 738 Abs. 1 Satz 2 BGB zur Anwendung. Danach erhält der Gesellschafter im Zeitpunkt des Austritts einen Anspruch auf Zahlung des Abfindungsguthabens. Dies gilt nach der Lehre von der fehlerhaften Gesellschaft grundsätzlich auch bei jeder Form der Unwirksamkeit des Gesellschaftsbeitritts[649]. Der II. Senat des BGH hat einer seiner sechs jüngst ergangenen Grundsatzentscheidungen zur Rückabwicklung von Fondsbeitritten allerdings offen gelassen, ob für den Bereich der geschlossenen Immobilienfonds gegebenenfalls eine Ausnahme von den Grundsätzen der fehlerhaften Gesellschaft zu machen ist[650].

Eine Möglichkeit zum vorzeitigen Austritt aus der Gesellschaft bietet sich v.a. in Fällen, in denen Anleger im Zuge des Beitritts arglistig getäuscht wurden bzw. Anlagevermittler ihre Aufklärungspflichten verletzt haben. Durch die Entscheidungen des II. Senats des BGH vom 14.06.2004 wurden die Möglichkeiten von Verbrauchern zur Rückabwicklung von darlehensfinanzierten Beteiligungen an geschlossenen Immobilienfonds stark erweitert[651]. Kern der Entscheidungen ist die Annahme eines verbundenen Geschäfts gemäß § 9 Abs. 1 VerbrKrG a.F. (nach der Schuldrechtsreform nunmehr: § 358 Abs. 3 BGB), das die Unwirksamkeit des jeweils anderen Geschäfts bei Kündigung, Widerruf oder sonstiger Unwirksamkeit des Darlehensvertrags bzw. des Gesellschaftsbeitritts zur Folge hat. Dabei lässt es der BGH für eine Kündigung der Beteiligung genügen, wenn der Verbraucher sich gegenüber der Bank auf die Unwirksam-

---

[648] Vgl. *Halm*, INF 1998, 274.
[649] Vgl. *Schäfer*, DStR 2004, 1611 (1612).
[650] Vgl. BGH v. 14.06.2004, DStR 2004, 1354 (1355).
[651] Vgl. BGH v. 14.06.2004, DStR 2004, 1346 ff.

keit beruft[652]. Dies gilt jedenfalls in Fällen, in denen die Bank einem Vermittler Darlehensanträge zur Verfügung stellt oder die Bank mit den Initiatoren oder Gründungsgesellschaftern und nicht mit den einzelnen Anlegern Darlehensverträge abschließt und sich damit bewusst in die Vertriebsorganisation eingliedert[653]. Der BGH bejaht infolge der Annahme eines verbundenen Geschäfts einen Einwendungsdurchgriff gemäß § 9 Abs. 3 Satz 1 VerbrKrG a.F. (nunmehr: § 359 Satz 1 BGB)[654]. Der Einwendungsdurchgriff bewirkt, dass ein Verbraucher, der zum Widerruf eines Darlehensvertrags oder des Gesellschaftsbeitritts berechtigt ist, der Bank alle Ansprüche entgegenhalten kann, die er gegen den Verkäufer bzw. Vermittler hat. Dabei sind laut BGH auch die Prospektverantwortlichen, Betreiber, Manager und Gründungsgesellschafter als Verkäufer zu behandeln[655]. Entgegen der zuvor h.M.[656] lässt er auch einen Rückforderungsdurchgriff analog § 9 Abs. 2 Satz 4 VerbrKrG a.F. (nunmehr: § 358 Abs. 4 Satz 3 BGB) zu, d.h. ein Verbraucher kann auch Schadensersatzansprüche gegenüber den zuvor genannten Personen an die Bank richten. In entsprechender Anwendung des § 255 BGB hat er diese Ansprüche bei Rückabwicklung gegenüber der Bank an diese abzutreten. Die Bank muss sich dann selbst um eine Rückabwicklung im Verhältnis zu den Verkäufern bemühen.

Der Verbraucher wird durch die Abtretung seiner Ansprüche von der Pflicht zur Darlehenstilgung befreit und hat einen Bereicherungsanspruch gegen die Bank gemäß § 812 Abs. 1 Satz 1 1. Alt. BGB auf Rückabwicklung des Darlehenvertrags. Die Rückabwicklung erfolgt durch Rückzahlung der bisher von ihm geleisteten Tilgungszahlungen und Zinsen, aber auch des Eigenkapitals im Falle einer Abtretung sämtlicher Ansprüche, wobei er sich lediglich etwaige nicht zurückzuzahlende Steuervorteile oder vereinnahmte Beträge aus der Beteiligung anrechnen lassen muss[657]. Ein Anspruch der Bank auf Nutzungsersatz gemäß § 818 Abs. 1 BGB für die Überlassung der Darlehensvaluta besteht dem BGH zufolge nicht, da der der Verbraucher wegen Einheitlichkeit der Leistungen der Bank einerseits und des Anlegers an die Bank nur um seine wirtschaftliche Beteiligung an dem Fonds bereichert sei[658]. Mit dieser Rechtsprechung wälzt der II. Senat das Anlagerisiko vom Verbraucher auf die finanzierende Bank ab,

---

[652] Vgl. BGH v. 21.07.2003, DStR 2003, 2237 (2239); BGH v. 14.06.2004, DStR 2004, 1353; anders noch BGH v. 27.06.2000, NJW 2000, 3558 (3560).
[653] Vgl. BGH v. 14.06.2004, DStR 2004, 1346 (1347).
[654] Vgl. BGH v. 14.06.2004, DStR 2004, 1346 (1351).
[655] Vgl. BGH v. 14.06.2004, DStR 2004, 1346 (1351).
[656] Vgl. OLG Stuttgart v. 08.01.2001, ZIP 2001, 692 (698); *Bülow*, Verbraucherkreditrecht, § 495 BGB, Rn. 337 m.w.N.
[657] Vgl. BGH v. 14.06.2004, DStR 2004, 1354 (1356).
[658] Vgl. BGH v. 14.06.2004, DStR 2004, 1346 (1350).

wenn ein verbundenes Geschäft gegeben ist, da diese durch den Rückforderungsdurchgriff im Wege des Schuldbeitritts für alle Ansprüche des Verbrauchers einzustehen hat und zugleich den Darlehensvertrag komplett rückabwickeln muss[659].

Eine solche Abwälzung des Anlagerisikos hat der für Bankrecht zuständige XI. Senat bisher jedenfalls beim Kauf von Einzelimmobilien mit der Begründung abgelehnt, hierauf sei das Verbraucherkreditrecht und insbesondere § 9 VerbrKrG a.F. (nunmehr: § 358 BGB) nicht anwendbar, da nach dem § 3 Abs. 2 Nr. 2 VerbrKrG a.F. die Anwendbarkeit für Realkredite explizit ausgeschlossen sei. Hingegen erkennt der XI. Senat nach der Vorlageentscheidung des EuGH in Sachen Heininger[660] den Widerruf von Darlehensvertrags nach § 1 HWiG a.F. (nunmehr: § 312 BGB) an und legt den Vorgaben des EuGH entsprechend die Subsidiaritätsklausel des § 5 Abs. 2 HWiG a.F. eng aus[661]. Allerdings bestimmt der XI. Senat als Rechtsfolge die sofortige Rückzahlungspflicht bezüglich der Darlehensvaluta gemäß § 3 Abs. 1 HWiG a.F. und stellt den Verbraucher im Falle eines Widerrufs schlechter als ohne Widerruf[662]. In letzterem Fall müsste der Verbraucher das Darlehen weiterhin nur ratenweise bedienen. Ob diese Anwendung des deutschen Rechts europarechtskonform ist, ist Gegenstand eines Vorlageverfahrens des LG Bochum an den EuGH, zu dem bislang noch keine Entscheidung erging[663]. Zwar ist die Regelung der Rechtsfolgen durch Art. 7 der sog. Haustürgeschäfte-Richtlinie 85/577/EWG dem nationalen Recht überlassen. Es besteht jedoch die Möglichkeit, dass der EuGH die Anwendung des nationalen Rechts des XI. Senats aus Gründen der Effektivität des Gemeinschaftsrechts[664] für europarechtswidrig erklären wird. Der EuGH hat Gelegenheit, in seiner Entscheidung zu klären, ob die Regelung der Rechtsfolgen im nationalen Recht europarechtskonform ist, die den Verbraucher im Falle der Inanspruchnahme von Verbraucherschutzvorschriften schlechter stellen als ohne

---

[659] Damit hat der II. Senat seine Rechtsprechung aus dem Jahr 2003 geändert ohne dies allerdings explizit zu begründen oder auch nur zu kennzeichnen. Damals hatte er noch eine Rückzahlungspflicht bezüglich der Darlehensvaluta angenommen, soweit der Abfindungsanspruch nicht zu deren Deckung ausreichte und dies damit begründet, eine Abwälzung des Anlagerisikos solle nicht erfolgen und der kreditfinanzierende Anleger nicht gegenüber dem Anleger von Eigenkapital privilegiert werden, BGH v. 21.07.2003, DStR 2003, 2239.

[660] Vgl. EuGH v. 13.12.2001, Rs. C-481/99, Heininger, NJW 2002, 281.

[661] Vgl. BGH v. 09.04.2002, BKR 2002, 570 (571 ff.)

[662] Vgl. BGH v. 12.11.2002, BKR 2003, 106 (107).

[663] Anh. Rs. C-350/03; Vorlagebeschluss des LG Bochum v. 29.07.2003, ZIP 2003, 1437.

[664] Vgl. dazu die Entscheidungen des EuGH in Rs. 33/76, Rewe, Slg. 1976, 1989, 45/76, Comet, Slg. 1976, 2043; 14/83, Von Colson, Slg. 1984, 1891; C-106/89, Marleasing, Slg. 1990, I-4135: C-159/00, Sapod, Slg. 2002, I-5031; C-473/00, Cofidis, Slg. 2002, I-110875.

diese[665]. Falls eine Entscheidung in der Sache aus formalen Gründen unterbleibt und die Vorlage als unzulässig abgewiesen wird, wie der für das Verfahren zuständige Generalanwalt Léger in seinem Schlussantrag fordert[666], wird der EuGH in weiteren anhängigen Vorlageverfahren des LG Bremen dieselben Fragen zu entscheiden haben[667].

5. Die Rückabwicklung von unvorteilhaften Immobiliengeschäften im Lichte der Steuersubventionierung des Immobilienerwerbs

Die Zahl der durch überteuerte Immobiliengeschäfte, die häufig unter Täuschung und/oder zeitlichem Druck abgeschlossen wurden, geschädigten Anleger in Deutschland wird auf über 300.000 geschätzt[668]. Diese hohe Zahl von Betroffenen erklärt auch, warum sich die Entscheidung über die Frage der Rückabwicklung solcher Kapitalanlagen durch die Rechtsprechung zu einem Politikum entwickelt hat[669]. Es stellt sich angesichts der Masse der Geschädigten aber zugleich die Frage, wie es zu Fehlinvestitionen solchen Ausmaßes kommen konnte. Daran sind nicht nur die teils betrügerischen Methoden der Vermittler schuld, die wissentlich überteuerte Immobilien an Anleger verkauften und dabei teilweise um die 30% Innenprovisionen vom Kaufpreis erhielten[670]. Auch tragen hierfür nicht nur die Banken die Verantwortung, die eventuell mit diesen Vermittlern zusammenarbeiteten. Zahlreiche Anleger hätten die Geschäfte wohl

---

[665] So heißt es in der Stellungnahme der Kommission zum Vorlageverfahren des LG Bochum dazu unmissverständlich: „Der BGH wendet die deutschen Vorschriften über das Rücktrittsrecht und die Rückabwicklung des Kreditvertrages formal und mechanisch an, ohne sich auch nur im Mindesten an den Gründen des Verbraucherschutzes, die den Rücktritt ausgelöst haben, auszurichten.“, Stellungnahme der Kommission v. 02.12.2003, JURM (03)12097 – JS/hve, ZBB 2004, 69), Rz. 28; a.A. *Wallner*, BKR 2003, 92 (97 f.), der es nicht für gerechtfertigt hält, Verbraucher, die einen Fondsbeitritt mit einem Darlehen finanziert haben, besser zu stellen als solche die die Beteiligung mit Eigenkapital finanziert haben. Er übersieht dabei allerdings, dass diese Vergleichsgruppe im Bereich der Schrottimmobilien wohl gar nicht existiert, da die in Rede stehenden Kapitalanlagemodelle wegen der erwünschten Generierung von hohen Anfangsverlusten stets eine äußerst hohe Fremdkapitalquote aufweisen.

[666] Schlussantrag des Generalanwalts *Léger* vom 28.09.2004, in Rs. C-350/03, www.curia.eu.int. Hilfsweise betont dieser die Unanwendbarkeit der Haustür-Richtlinie auf Immobiliendarlehensverträge, geht jedoch nicht näher auf die Problematik der sofortigen Rückzahlungspflicht nach deutschem Recht ein.

[667] Vgl. z.B. OLG Bremen v. 27.05.2004, NJW 2004, 2238 (Rs. C-229/04).

[668] Zahl vom Bundesverband Verbraucherschutzverbände, zitiert nach: http://www.tagesschau.de/aktuell/meldungen/0,1185,OID3360972_REF4,00.html

[669] Vgl. dazu S. 166 ff.

[670] Vgl. *Schirp/Mosgo*, BKR 2002, 354, die darauf hinweisen, dass teilweise sogar 50% Innenprovisionen vereinbart worden sein sollen.

nicht getätigt, wenn nicht die hohen Verlustzuweisungsquoten und die in Aussicht gestellte Steuerersparnis sie gelockt hätten. Die Aussichten auf die prospektierte „Nach-Steuer-Rendite" verleiteten viele Anleger dazu, die Risiken zu unterschätzen, die eine Anlage in Form einer Gesellschaftsbeteiligung mit sich bringt. Mit der Streichung von steuerlichen Sonderabschreibungen, entfiele der wesentlichste Grund für die Unvorsichtigkeit der Anleger, nämlich das Streben nach dem steuerlichen – und damit zumeist leider auch realen – Verlust. Der Rechtsprechung fällt nun die Aufgabe zu, in tausenden von Verfahren den Verbraucherschutz rückwirkend wiederherzustellen. Die Streichung von Steuersubventionen würde dagegen insoweit auch einen Schritt im Sinne eines vorverlagerten Verbraucherschutzes, jedenfalls im Bereich der Immobilieninvestition, bedeuten, als der Hauptanreiz für die Eingehung des Anlagerisikos bei verlustbringenden Beteiligungen – die Steuerersparnis aus fiktiven steuerlichen Verlusten – entfiele.

II. Kommanditgesellschaft

Gegenüber dem Beitritt zu einem geschlossenen Immobilienfonds in der Rechtsform der GbR stellt der Beitritt zu einer KG ein geringeres Risiko dar. Bei ähnlicher steuerlicher Behandlung, hat die KG den Vorteil der Haftungsbeschränkung der Kommanditisten. Nach Erbringung der Einlage besteht für Kommanditisten keine Nachschusspflicht für Schulden der KG.

1. Gründungsvoraussetzungen

Die KG ist eine Personengesellschaft, bei der mindestens ein Gesellschafter, der Komplementär unbeschränkt mit seinem Privatvermögen für Verbindlichkeiten der Gesellschaft haftet, wohingegen sich die Haftung der anderen Gesellschafter, der Kommanditisten, auf ihre Einlage beschränkt (§ 161 Abs. 1 HGB). Dabei ist es ausreichend, wenn sich an der Gesellschaft ein Komplementär und ein Kommanditist beteiligt[671]. Der Gesellschaftszweck muss zudem gemäß §161 Abs. 2 i.V.m. § 105 Abs. 1 HGB auf den Betrieb eines Handelsgewerbes gerichtet sein. Gemäß § 1 Abs. 2 HGB ist Handelsgewerbe jeder Gewerbebetrieb, der nach Art und Umfang einen in kaufmännischer Weise eingerichteten Geschäftsbetrieb erfordert. Fehlt dieses Merkmal, so kann die Handelsgewerbe-Eigenschaft durch die konstitutive[672] Eintragung fingiert werden (§ 2 Satz 1 HGB). Auf die früher in diesem Zusammenhang viel diskutierte Frage nach der

---

[671] Vgl. *Ebenroth/Boujong/Joost*, Handelsgesetzbuch, § 161 Rz. 1 f.
[672] Vgl. *Baumbach/Hopt*, HGB, § 2 Rn. 3.

Eintragungsfähigkeit einer vermögensverwaltenden Personengesellschaft in das Handelsregister (Problematik der sog. Schein-KG[673]) und der damit verbundenen Problematik des Minderkaufmanns kommt es nach der Neufassung des HGB nicht mehr an[674]. Gemäß § 161 Abs. 2 i.V.m. § 105 Abs. 2 HGB n.F. sind ausdrücklich auch Gesellschaften, die lediglich eigenes Vermögen verwalten in der Rechtsform der KG möglich, wenn die Firma des Unternehmens in das Handelsregister eingetragen ist.

Beim geschlossenen Immobilienfonds treten die Anleger der KG als Kommanditisten bei. Sie sind dabei regelmäßig aufgrund des Gesellschaftsvertrages verpflichtet eine bestimmte Einlage zu erbringen. Diese Einlage ist Maßstab für die Beteiligung des Gesellschafters am Gesellschaftsvermögen, an Gewinn und Verlust sowie dem Auseinandersetzungsguthaben der Gesellschaft[675]. Zudem kann im Gesellschaftsvertrag eine Nachschusspflicht vereinbart werden.

Zur Geschäftsführung der KG ist gemäß § 164 Satz 1 HGB der persönlich haftende Gesellschafter berufen, dagegen sind die Kommanditisten sowohl von der Geschäftführung als auch von der Stellvertretung grundsätzlich ausgeschlossen (§§ 164 Satz 1, 170 HGB). Komplementäre einer KG sind den Kommanditisten nicht weisungsunterworfen; Kommanditisten können nicht die Unterlassung von gewöhnlichen Geschäftsführungsmaßnahmen verlangen (§ 164 Satz 1 HGB) und sind insofern auf Schadensersatzansprüche verwiesen (§ 164 Satz 1 HGB)[676].

2. Treuhandkonstruktion

Im Gegensatz zur GbR ist die KG wegen eigener (Teil-)Rechtsfähigkeit (§§ 161 Abs. 2, 124 Abs. 1 HGB) anerkanntermaßen grundbuchfähig. Daher stellen sich die Probleme der GbR bei der Grundbucheintragung nicht, so dass es diesbezüglich nicht der Zwischenschaltung eines Treuhänders bedarf. Etwas anderes gilt aber hinsichtlich der Handelsregistereintragung. Zwar ist die KG grundsätzlich unter ihrem eigenen Namen im Handelsregister eingetragen, jedoch müssten zusätzlich alle Kommanditisten der KG einzeln eingetragen werden (§ 162 Abs. 1 HGB). Dies brächte neben dem erheblichen Verwaltungsaufwand ähnli-

---

[673] Vgl. dazu die ausführliche Darstellung bei *Wagner/Loritz,* Steuerorientierte Kapitalanlage, Bd. 2, Rz. 77 ff.
[674] Vgl. *Görlich*, NWB Fach 18, 3571.
[675] Vgl. *Halm*, INF 1998, 274.
[676] Vgl. *Görlich*, NWB Fach 18, 3571; *Halm*, INF 1998, 274.

che Probleme mit sich, wie die Eintragung aller GbR-Gesellschafter in das Grundbuch[677]. Zudem wäre eine Löschung der Gesellschaft bei Publikumsgesellschaften nach Veräußerung der Immobilie(n) praktisch unmöglich, da hierfür die beglaubigten Unterschriften aller Gesellschafter erforderlich wären. Angesichts des längerfristigen Charakters einer Investition in einem geschlossenen Immobilienfonds würden sich hier erhebliche Probleme auftun. Es sei hier nur an Rechtsnachfolgen, ungeklärte Erbverhältnisse oder Testamentsanfechtungen gedacht[678]. Daher ist auch bei der Rechtsform der KG die Zwischenschaltung eines Treuhänders gebräuchlich. Dieser sog. Treuhandkommanditist wird aufgrund einer vom Anleger erteilten Vollmacht im Handelsregister eingetragen und wird im eigenen Namen jedoch für Rechnung des Anlegers tätig.

3. Haftung

Geschlossene Immobilienfonds kommen aus haftungsrechtlichen Gründen häufig in der Form der KG vor. Bei der KG haftet lediglich der Komplementär unbeschränkt mit seinem Privatvermögen für Verbindlichkeiten der Gesellschaft, dagegen ist die Haftung des Kommanditisten (= des Anlegers) grundsätzlich auf seine erbrachte Einlage beschränkt (§ 171 Abs. 1 HGB). Allerdings ist zu beachten, dass bei Gewinnausschüttungen an die Kommanditisten nach § 174 Abs. 4 HGB die persönliche Haftung des Kommanditisten wieder auflebt. Das kann dazu führen, dass die Kommanditisten im Haftungsfall ihre Einlage nochmals erbringen müssen, wenn an sie zuvor Teile ihrer Einlage ausgeschüttet wurden und so die Einlage die Haftungssumme unterschritten hat[679].

Bei der KG besteht auch die Möglichkeit als Komplementär eine GmbH einzusetzen und so faktisch eine Haftungsbeschränkung des Komplementärs auf dessen Hafteinlage herbeizuführen. Diese Konstruktion ist bei geschlossenen Immobilienfonds, die im Privatvermögen gehalten werden, weniger gebräuchlich, da sie zur gewerblichen Prägung gemäß § 15 Abs. 3 Nr. 2 EStG und damit zu Einkünften aus Gewerbebetrieb führt. Damit verbunden sind zahlreiche negative steuerliche Konsequenzen[680]. Die prägende Wirkung tritt jedoch nur ein, wenn nur die GmbH oder Nichtgesellschafter die Geschäftsführung der KG innehaben. Daher kann die Prägewirkung vermieden werden, wenn der Geschäfts-

---

[677] Vgl. dazu die Ausführungen zur GbR auf S. 166 f.
[678] Vgl. *Görlich*, NWB Fach 18, 3571.
[679] Vgl. *Ebenroth/Boujong/Joos*, Handelsgesetzbuch, § 171 Rz. 8.
[680] Vgl. zur Vorteilhaftigkeit von Einkünften aus Vermietung und Verpachtung die Ausführungen auf S. 166 ff.

führer des Fonds zugleich Kommanditist ist, unabhängig davon, ob die GmbH als Komplementär zugleich Geschäftsführer ist[681].

Wegen der Möglichkeiten zur Haftungsbeschränkung ist die Rechtsform der KG für geschlossene Immobilienfonds grundsätzlich die sicherere für den Kapitalanleger. Dagegen ist die Anlage in einem geschlossenen in der Rechtsform der GbR mit einem höheren Risiko verbunden, da sich jedenfalls künftig eine Haftungsbeschränkung nur noch vertraglich vereinbaren lässt und nicht mehr durch einen Namenszusatz „mbH“ erreicht werden kann[682].

4. Austritt und Beendigung der Gesellschaft

Hinsichtlich des Ausscheidens einzelner Gesellschafter bzw. der Auflösung der KG gelten die obigen Ausführungen zur GbR entsprechend[683]. Insbesondere ist auch die Rechtsprechung zum verbundenen Geschäft zwischen Darlehensvertrag und Gesellschaftsbeitritt des II. Senats des BGH auch auf die Rückabwicklung eines darlehensfinanzierten Beitritts zu einem geschlossenen Immobilienfonds in der Rechtsform der KG anwendbar.

E. Steuerrechtliche Behandlung der Investition

Die besondere steuerliche Behandlung von Investitionen in geschlossene Immobilienfonds ist der Hauptgrund für Geldanlagen in dieser Form. Zum einen ist die Erzielung von Überschusseinkünften in Gestalt von Einkünften aus Vermietung und Verpachtung wegen der Gewerbesteuerfreiheit aber auch wegen der grundsätzlichen Steuerfreiheit von Veräußerungserlösen nach Ablauf der zehnjährigen Behaltefrist vorteilhaft. Zum anderen hat die Zurechnung von Verlusten der Personengesellschaft, an der sich der Anleger beteiligt erhebliche Vorteile für den Anleger. Bei Immobilieninvestitionen – insbesondere bei Investitionen in Großobjekte – entstehen naturgemäß, vor allem wegen hoher Fremdkapitalanteile, große Anlaufverluste. Durch die fehlende Steuersubjektfähigkeit der Personengesellschaft im Bereich des Einkommensteuerrechts ist die Zurechnung dieser Verluste zum Anleger möglich. Durch die Gewährung von Sonderabschreibungen und erhöhten Absetzungen wird der Steuerminderungseffekt in den Anfangsjahren noch verstärkt. Durch hohe Verlustzuweisungen in diesen Jahren treten insbesondere bei Spitzenverdienern ein Progressionseffekt

---

[681] Vgl. *Stuhrmann*, in: Blümich, EStG, § 15 Rz. 278.
[682] Vgl. S. 166 f.
[683] Vgl. S. 166 ff.

sowie ein Steuerstundungseffekt ein. Es besteht jedoch die Tendenz durch Finanzverwaltung, Rechtsprechung und auch den Gesetzgeber, die modellhafte Ausnutzung von steuerlichen Lenkungsnormen durch die Anlage in geschlossene Immobilienfonds einzuschränken oder ganz zu verhindern. Beispiele hierfür sind die Aberkennung der Zurechnung von Verlusten aufgrund der Einschaltung eines Treuhänders, die Aberkennung der Einkünfteerzielungsabsicht oder die besonderen Regelungen zum Sofortabzug von Werbungskosten in den sog. Bauherrenerlassen. Der Gesetzgeber wurde in der Vergangenheit insbesondere durch die Einführung von Verlustabzugsbeschränkungen aktiv.

I. Erzielung und Zurechnung von Einkünften aus Vermietung und Verpachtung als Ziel der Immobilieninvestition

Für die steuerliche Behandlung der Einkünfte aus der Beteiligung an einem geschlossenen Immobilienfonds ist wie bei der Direktinvestition[684] zunächst die Einkünftequalifikation grundlegend. Die Einkünftequalifikation ist auch bei der Frage der Zurechnung maßgeblich, da diese für Einkünfte aus Gewerbebetrieb gemäß § 15 EStG dogmatisch anders begründet wird als für Einkünfte aus Vermietung und Verpachtung gemäß § 21 EStG.

1. Qualifikation der laufenden Einkünfte

Aufgrund der einkunftsartenspezifischen Besonderheiten bei der Frage der Einkünfteerzielungsabsicht und der aufgrund des Einkünftedualismus verschiedenen Einkünfteermittlungsarten ist in einem ersten Prüfungsschritt zu bestimmen, welche Gewinne oder Überschüsse die Personengesellschaft erzielt hat und welcher Einkunftsart die gemeinsame Betätigung zuzuordnen ist. In einem weiteren Schritt ist der von der Gesellschaft erwirtschaftete Gewinn/Überschuss auf die Gesellschafter zu verteilen[685].

a) Vorteilhaftigkeit von Einkünften aus Vermietung und Verpachtung

Die Abgrenzung zwischen Einkünften aus VuV und Einkünften aus Gewerbebetrieb hat erhebliche steuerliche und wirtschaftliche Auswirkungen. Die Erzielung von Einkünften aus VuV ist für den privaten Anleger aus mehreren Gründen zumeist vorteilhaft. Daher ist es vorrangiges Ziel der meisten geschlossenen

---

[684] Vgl. dazu S. 119 ff.
[685] Vgl. BFH GrS v. 03.07.1995, BStBl. II 1995, 617.

Immobilienfonds, beim Anleger eine Qualifikation von Einkünften aus VuV zu erreichen[686]. Bei Gewerblichkeit der Einkünfte ist der Veräußerungsgewinn gemäß den §§ 15, 16 EStG zu versteuern, während bei privater Vermögensverwaltung ein Veräußerungsgewinn allenfalls im Rahmen der sonstigen Einkünfte gemäß §§ 22 Nr. 2, 23 Abs. 1 Satz 1 Nr. 1 EStG steuerpflichtig ist. Zudem sind gewerbliche Fonds mit ihrem Gewinn gewerbesteuerpflichtig (§ 2 Abs. 1 Satz 1 GewStG). Unterschiede ergeben sich auch hinsichtlich der Pflicht, Bücher zu führen. Anders als bei gewerblich tätigen Fonds, besteht bei einem rein vermögensverwaltenden Fonds keine Buchführungspflicht. Er ist mangels Gewerbebetrieb nicht zur Ermittlung des Gewinns nach den §§ 5 Abs. 1, 4 Abs. 1 EStG i.V.m. §§ 238 ff. HGB[687]. Aus demselben Grund besteht auch keine Buchführungspflicht gemäß den §§ 140 ff. AO.

Einkünfte aus Gewerbebetrieb sind bei einer selbständigen nachhaltigen Betätigung gegeben, die mit Gewinnerzielungsabsicht unternommen wird und die sich als Beteiligung am allgemeinen wirtschaftlichen Verkehr darstellt, wenn die Betätigung weder als Ausübung von Land- und Forstwirtschaft noch als selbständige Tätigkeit anzusehen ist (§ 15 Abs. 2 EStG). Hinzu kommt ein ungeschriebenes negatives Tatbestandsmerkmal, das sich aus dem Zusammenhang mit § 14 Satz 3 AO ergibt, und wonach die Tätigkeit keine bloße Vermögensverwaltung darstellen darf[688]. Die weit überwiegende Zahl der geschlossenen Immobilienfonds ist so gestaltet, dass sie eine rein vermögensverwaltende Tätigkeit i.S.v. § 14 Satz 3 AO ausüben, um das Tatbestandsmerkmal „keine Vermögensverwaltung" des § 15 Abs. 2 EStG zu erfüllen und keine gewerblichen Einkünfte zu erzielen[689]. Stellt sich eine Betätigung noch als Nutzung von Vermögen im Sinne einer Fruchtziehung aus zu erhaltenden Substanzwerten dar und tritt die Ausnutzung von Substanzwerten nicht entscheidend in den Vordergrund, ist Vermögensverwaltung gegeben[690]. Vermögensverwaltung ist insbesondere die Nutzung von Vermögen im Rahmen von Einkünften aus VuV oder aus Kapitalvermögen[691]. Infolgedessen sind die Einkünfte eines geschlossenen Immobilienfonds, der lediglich Immobilien hält und diese vermietet oder ver-

---

[686] Zumindest ist dies so bei Immobilienfonds, die sich an private Anleger richten. Bei institutionellen Anlegern in der Rechtsform der Kapitalgesellschaft spielt dies keine Rolle, da die Einkünfte auf Ebene des Anlegers in jedem Falle in solche aus Gewerbebetrieb umqualifiziert werden (§ 8 Abs. 2 KStG).

[687] Vgl. *Weber-Grellet*, in: Schmidt, EStG, § 15 Rz. 52 a.E.

[688] Zur Dogmatik vgl. *Buge*, in: H/H/R, § 15 Rz. 1100.

[689] Ausnahmsweise wird bei erbschaftsteuerlich optimierten Fonds die Gewerblichkeit gesucht, um die Vorteile bei Vererbung bzw. Schenkung von Betriebsvermögen insbesondere gemäß § 13a ErbStG zu nutzen.

[690] Vgl. BFH GrS v. 03.07.1995, BStBl. II 1995, 617.

[691] Vgl. *Koch/Scholtz*, AO, § 14 Rz. 13.

pachtet, auf Ebene der Gesellschaft grundsätzlich nicht als solche aus Gewerbebetrieb zu qualifizieren, es sei denn es handelt sich um einen Fall der gewerblichen Prägung.

b) Gewerbliche Prägung bei GmbH & Co.KG

Die Gewerblichkeit der Einkünfte kann sich außer durch Erfüllung der Kriterien des § 15 Abs. 2 EStG auch durch die Fiktion des § 15 Abs. 3 EStG (sog. gewerbliche Prägung) ergeben[692]. Danach muss eine KG nicht notwendig gewerblich tätig sein i.S.v. § 15 Abs. 1 Satz 1 Nr. 1 EStG, um gewerbliche Einkünfte zu erzielen. Vielmehr ergibt sich aus § 15 Abs. 3 Nr. 2 EStG, dass die Einkünfte einer Personengesellschaft, bei der ausschließlich eine oder mehrere Kapitalgesellschaften als persönlich haftende Gesellschafter beteiligt und nur diese oder Nichtgesellschafter zur Geschäftsführung befugt sind, unabhängig von ihrer Art als Einkünfte aus Gewerbebetrieb gelten. Allerdings lässt die Vorschrift Gestaltungsspielraum, da die Tatbestandsvoraussetzung bezüglich der Geschäftsführung durch eine anderweitige Regelung im Gesellschaftsvertrag umgangen werden kann[693]. So ist es möglich einen Kommanditisten, der natürliche Person sein muss, durch Abbedingung des § 164 HGB im Gesellschaftsvertrag zum Geschäftsführer zu machen und so die Prägewirkung in § 15 Abs. 3 EStG zu umgehen[694]. Gewerblich geprägte Immobilienfonds werden insbesondere als erbschaftsteuerliche Gestaltungsmöglichkeit eingesetzt, um die bestehenden Vorteile im Erbschaftssteuerrecht für Immobilien- und Betriebsvermögen zu nutzen[695].

2. Zurechnung der laufenden Einkünfte

Die Zurechnung erfolgt bei GbR und KG in derselben Weise. Bei diesen Rechtsformen werden die Einkünfte der Gesellschaft dem Gesellschafter zugerechnet. Die Zurechnung wird bei Einkünften aus VuV und Einkünften aus Gewerbebetrieb auf Ebene der Gesellschaft dogmatisch verschieden begründet. Im Ergebnis bestehen, abgesehen von der dogmatischen Begründung, hinsichtlich der Zurechnung kaum Unterschiede. Durch die Transparenz der Gesellschaft ist es bei beiden Einkunftsarten möglich, Verluste auf die Ebene des Anle-

---

[692] Diese Vorschrift wurde vom Gesetzgeber eingefügt, als der Große Senat des BFH seine sog. Geprägerechtsprechung mit Urteil v. 25.06.1984 (BStBl. II 1984, 751) aufgab.
[693] Vgl. *Weber-Grellet*, in: Schmidt, EStG, § 15 Rz. 222.
[694] Vgl. S. 166.
[695] Vgl. insbesondere § 13a ErbStG.

gers/Gesellschafters zu transferieren und so die Rendite des Gesellschafters durch Steuereinsparungen zu vergrößern.

a) Einkünfte aus Vermietung und Verpachtung

aa) Zurechnung über § 39 Abs. 2 Nr. 2 AO bei Personengesellschaften

Angesichts der zweistufigen Einkünfteermittlung bei der Gesamthand, ist eine Zurechnungsnorm für die Zurechnung zu den Gesamthändern erforderlich. Nach § 39 Abs. 2 Nr. 2 AO werden Wirtschaftsgüter, die mehreren zur gesamten Hand zustehen, den Beteiligten anteilig zugerechnet, soweit eine getrennte Zurechnung für die Besteuerung erforderlich ist. Das ist nur der Fall, wenn die Gesamthand nicht selbst Steuersubjekt ist, sondern lediglich die an ihr Beteiligten. Subjekte der Einkommensteuer sind gemäß § 1 Abs. 1 Satz 1 EStG nur natürliche Personen, also nicht die Gesamthand selbst. Im Übrigen ist sie als Personengesellschaft auch nicht Körperschaftsteuersubjekt (§ 1 Abs. 1 KStG). Anders als bei den Einkünften aus Land- und Forstwirtschaft in § 13 Abs. 7 EStG und Einkünften aus selbständiger Tätigkeit in § 18 Abs. 4 Satz 2 EStG besteht bei den Einkünften aus VuV keine Verweisung auf § 15 Abs. 1 Satz 1 Nr. 2 EStG. Auch eine entsprechende Anwendung kommt nicht in Betracht, da der Gesetzgeber eine Verweisung auf diese Vorschrift absichtlich unterlassen hat[696]. Das ergibt sich im Umkehrschluss aus dem Vorhandensein von Verweisungen für Einkünfte aus Land- und Forstwirtschaft in § 13 Abs. 7 EStG und für Einkünfte aus selbständiger Arbeit in § 18 Abs. 4 Satz 2 EStG. Infolgedessen ist diese dem grundsätzlich subsidiären § 39 Abs. 2 Nr. 2 AO vorgehende Zurechnungsnorm bei Einkünften aus VuV weder direkt noch entsprechend anwendbar und kann ihn also nicht verdrängen[697]. Eine Zurechnung zum Gesellschafter ergibt sich auch nicht aus § 180 Abs. 1 Nr. 2a AO, da die Vorschriften über die gesonderte Feststellung von Besteuerungsgrundlagen (§§ 179 ff. AO) reine Verfahrensvorschriften darstellen, die lediglich regeln, welche Besteuerungsgrundlagen abweichend von § 157 Abs. 2 AO Gegenstand einer selbständigen Feststellung sein können. Die Einkünftezurechnung ist dabei aber Tatbestandsvoraussetzung und nicht Rechtsfolge des § 180 Abs. 1 Nr. 2a AO[698]. Das Abgabenrecht folgt dem materiellen Steuerrecht bei der Einkünfteermittlung lediglich. Bei der Veranlagung werden infolgedessen zunächst die Einkünfte der Gesellschaft gesondert und einheitlich festgestellt (§§ 179, 180 Abs. 1 Nr. 2a, 182 Abs. 1 AO). Die im Rahmen der gesonderten Feststellung getroffenen Fest-

---

[696] Vgl. BFH v. 18.11.1980, BStBl. II 1981, 512.
[697] Vgl. BFH v. 21.01.1981, BStBl. II 1981, 510.
[698] Insoweit zutreffend FG Rheinland-Pfalz v. 11.05.1983, EFG 1984, 73.

stellungen sind für den gegenüber den steuerpflichtigen Gesellschaftern ergehenden Einkommensteuerbescheid (Folgebescheid) gemäß § 182 Abs. 1 AO bindend. Letztlich wird das steuerliche Ergebnis der Gesellschaft somit auch formell-rechtlich dem Gesellschafter zugerechnet[699].

Mangels anderer Zurechnungsmöglichkeiten ist eine Zurechnung gemäß § 39 Abs. 2 Nr. 2 AO erforderlich. § 39 Abs. 2 Nr. 2 AO regelt nach seinem Wortlaut nur die Zurechnung von Wirtschaftsgütern, nicht die Zurechnung von Einkünften. Trotzdem macht der BFH die Vorschrift zur Grundlage für die Zurechnung des Überschusses der Einnahmen über die Werbungskosten (bzw. umgekehrt der Werbungskosten über die Einnahmen) an die Gesellschafter[700]. Es ist nicht notwendig, die einzelnen Geschäftsvorfälle der Gesellschaft den Gesellschaftern anteilig zuzurechnen. Vielmehr ist lediglich erforderlich, die steuerlich erheblichen Merkmale, die die Gesellschaft verwirklicht, ihren Gesellschaftern zuzurechnen[701]. Bei nicht gewerblich tätigen bzw. geprägten Gesellschaften ist dies der Überschuss der zugeflossenen Einnahmen über die abgeflossenen Werbungskosten[702]. Das Gesetz schreibt den Verteilungsschlüssel für die Zurechnung nicht vor, daher bleibt es bei der Maßgeblichkeit des Handelsrechts. Zwar ist der handelsrechtliche Gewinn mit dem Überschuss der Einnahmen über die Werbungskosten nicht identisch, jedoch wird angenommen, dass die Anwendung des gesetzlichen oder vertraglich vereinbarten Verteilungsschlüssels für den handelsrechtlichen Gewinn auch im Rahmen der steuerlichen Zurechnung des Überschusses dem Parteiwillen entspricht[703]. Folglich wird der zumeist im Gesellschaftsvertrag vereinbarte Gewinnverteilungsschlüssel auch im Rahmen der steuerlichen Zurechnung angewandt.

bb) Zurechnung bei Einschaltung von Treuhändern

Umstritten ist die Zurechnung der Einkünfte aus VuV bei Zwischenschaltung eines Treuhänders[704], wie dies bei den meisten Fondskonstruktionen aus praktischen und wirtschaftlichen Gründen üblich ist[705]. Durch die Erforderlichkeit ei-

---

[699] Vgl. BFH GrS v. 25.06.1984, BStBl. II 1984, 751.
[700] Vgl. BFH v. 05.05.1981, BStBl. II 1981, 574.
[701] Vgl. BFH GrS v. 25.06.1984, BStBl. II 1984, 751.
[702] Vgl. BFH GrS v. 25.06.1984, BStBl. II 1984, 751; so auch das Schrifttum: *Schmider*, in: HdB (1985), 3530, Rz. 81; *Drenseck*, in: Schmidt, EStG, § 21 Rz. 5, *Hübschmann/Hepp/Spitaler*, AO, § 39 Rz. 205; *Klein*, AO, § 39 Rz. 44.
[703] Vgl. BFH v. 05.05.1981, BStBl. II 1981, 574.
[704] Zu dem Meinungsstreit vgl. *Hemmelrath/Busch*, DStR 1992, 1347.
[705] Vgl. S. 166 f. und 166 f.

nes Treuhänders entsteht das Risiko der Zurechnung der Einkünfte zum Treuhänder, anstatt beim Treugeber, wie vom Anleger erwünscht. Entscheidend ist, dass dem Treugeber im Innenverhältnis die Rechte am Treugut zustehen, er das Marktgeschehen jederzeit beherrscht und wirtschaftlich die Rechte und Pflichten aus dem Mietverhältnis trägt. Bei einer Gesellschaftsbeteiligung mittels eines Treuhänders ist das der Fall, wenn der Treugeber durch das Treuhandverhältnis so gestellt ist, wie ein unmittelbar an der Gesellschaft beteiligter Gesellschafter. Dem BFH zufolge ist aber bei den Einkünften aus Vermietung und Verpachtung die Zurechnung der Einkünfte nicht von der Zurechnung des vermieteten Wirtschaftsguts abhängig, wie die Untervermietung oder die unberechtigte Vermietung zeigen[706].

Dem Treugeber sind grundsätzlich Einkünfte aus VuV nur zuzurechnen, wenn er den Einkünftetatbestand selbst erfüllt. Das ist dann der Fall, wenn er die Leistungsbeziehungen beherrscht, d.h. eine derart beherrschende Stellung einnimmt, dass er wirtschaftlich die Rechte und Pflichten aus dem Mietvertrag trägt[707]. Allein der Umstand, dass dem Treugeber das wirtschaftliche Ergebnis zugute kommt, reicht nicht[708]. Der Treuhänder kann zwar im eigenen Namen, muss dabei aber ausschließlich für Rechnung des Treugebers tätig werden[709]. Der Treuhänder ist für fremde Rechnung tätig, wenn im Innenverhältnis die Einnahmen ausschließlich dem Treugeber zustehen und er alle mit der VuV in Zusammenhang stehenden Aufwendungen zu tragen hat. Der Treuhänder ist auf Gefahr des Treugebers tätig, wenn er seine Auslagen laufend ersetzt erhält und einen Anspruch auf Befreiung von den auf Rechnung des Treugebers eingegangenen Verbindlichkeiten hat. Ist ein Gesellschaftsanteil Gegenstand des Treuhandverhältnisses so trägt der Treugeber v.a. dann das wirtschaftliche Risiko, wenn ihn eine Nachschusspflicht trifft, die der eines Gesellschafters vergleichbar ist[710].

Die Zurechnung zum Treugeber wird nicht dadurch ausgeschlossen, dass der Treuhandvertrag vom Treuhänder vorformuliert wird, jedoch dann, wenn sich der Treugeber darin seiner Kontroll- und Mitwirkungsrechte unwiderruflich begibt[711]. Die Kündigung des Treuhandverhältnisses darf nicht für länger als ein Jahr ausgeschlossen sein und die Kündigungsfrist nicht mehr als ein Jahr betra-

---

706 Vgl. BFH v. 27.01.1993, BStBl. II 1994, 615.
707 Vgl. BFH v. 27.01.1993, BStBl. II 1994, 615 .
708 Vgl. BFH v. 27.01.1993, BStBl. II 1994, 615.
709 Vgl. *Raupach/Schencking*, in: Herrmann/Heuer/Raupach, § 2 Rz. 130; *Lang/Seer*, FR 1992, 637.
710 Vgl. BFH v. 27.01.1993, BStBl. II 1994, 615.
711 Vgl. BFH v. 27.01.1993, BStBl. II 1994, 615.

gen. Bei Kündigung dürfen dem Treugeber keine erheblichen wirtschaftlichen Nachteile drohen. Eine grundsätzlich zwar mögliche Entschädigungspflicht gegenüber dem Treuhänder ist so auszugestalten, dass eine Beendigung nicht praktisch unmöglich wird. Die freie Verfügbarkeit durch den Treugeber muss stets gewährleistet sein. Bei treuhänderisch gehaltenen Gesellschaftsbeteiligungen liegt die Vermieterinitiative beim Treugeber, wenn ihm die Mitwirkungs- und Kontrollrechte eines unmittelbar Beteiligten zustehen (bei der KG die Rechte des § 166 HGB), wobei nach Auffassung der Finanzverwaltung die theoretische Wahrnehmungsmöglichkeit ohne tatsächliche Ausübung ausreicht[712].

b) Einkünfte aus Gewerbebetrieb

Bei den Einkünften aus Gewerbebetrieb richtet sich die Zurechnung bei der Gesamthand nicht nach § 39 Abs. 2 Nr. 2 AO, da für diese Einkünfte die steuerliche Zurechnung in den §§ 15 Abs. 1 Nr. 2 und 5 Abs. 1 EStG i.V.m. mit den handelsrechtlichen Gewinnermittlungsvorschriften speziell geregelt ist. Nach § 15 Abs. 1 Nr. 2 EStG sind einem Gesellschafter einer Personengesellschaft, der Mitunternehmer ist, die Gewinn- bzw. Verlustanteile der Gesellschaft zuzurechnen. Eine Abweichung von dieser Regelzurechnung ist nicht erforderlich i.S.v. § 39 Abs. 2 Nr. 2 AO[713]. § 5 Abs. 1 EStG i.V.m. mit den handelsrechtlichen Gewinnermittlungsvorschriften und § 140 AO verdrängen als spezielle Vorschriften den allgemeineren § 39 Abs. 2 Nr. 2 AO[714].

Personengesellschaften sind maßgebliches Subjekt im Rahmen der Feststellung der Einkunftsart[715]. Dies ergibt sich aus ihrer begrenzten Steuerrechtsfähigkeit bei der Gewinn- oder Überschussermittlung des von ihr erwirtschafteten Ergebnisses. Die Personengesellschaft ist zwar weder Körperschaft- noch Einkommensteuersubjekt, aber nach der Rechtsprechung des BFH Einkünfteerzielungssubjekt[716]. Die früher (bis Anfang der siebziger Jahre) herrschende Meinung ging von der sog. Bilanzbündeltheorie aus. Danach wurde die Bilanz der Personengesellschaft steuerlich als die Zusammenfassung der einzelnen Gesellschafterbilanzen aufgefasst. Diese Theorie knüpfte an die Steuersubjekteigenschaft

---

712 Vgl. BMF v. 01.09.1994, BStBl. I 1994, 604 entgegen BFH v. 27.01.1993, BStBl. II 1994, 615; kritisch zu diesem Urteil: *Trzaskalik*, in: Kirchhof/Söhn/Mellinghoff, EStG, § 21 Rz. B 363 ff.

713 Vgl. *Kruse*, in: Tipke/Kruse, AO, § 39 Rz. 91.

714 St. Rspr., vgl. z.B. BFH v. 10.07.1980, BStBl. II 1981, 84; BFH v. 05.11.1985, BStBl. II 1986, 53.

715 Vgl. BFH GrS v. 25.06.1984, BStBl. II 1984, 751.

716 Vgl. BFH v. 24.03.1983, BStBl. II 1983, 598 (600).

des Gesellschafters an und gründete wesentlich auf der Annahme, dass Einzel- und Mitunternehmer steuerlich gleich zu behandeln seien. Entscheidender Kritikpunkt an dieser Theorie war die Nichtbeachtung der gesamthänderischen Verbundenheit[717]. Infolgedessen stellt die jüngere Rechtsprechung des BFH auf die Einheit der Gesellschaft ab und erkennt damit in Übereinstimmung mit der modernen Gesamthandslehre, derzufolge die Personengesellschaft teilrechtsfähig ist, die zivilrechtliche Rechtszuständigkeit der Gesellschaft an. Das ist insofern vorzugswürdig, als so die steuerliche Anerkennung von Vorgängen und Zuständen aufgrund der gesamthänderischen Bindung erfolgt. Die Art der Einkünfte der einzelnen Gesellschafter wird in erster Linie durch die Tätigkeit der Gesellschafter in ihrer gesamthänderischen Verbundenheit bestimmt, also letztlich durch die Tätigkeit der Gesellschaft.

Nach dem Beschluss des Großen Senats des BFH vom 25.06.1984 ist die Personengesellschaft bei Einkünften aus Gewerbebetrieb insoweit Steuersubjekt, als sie in der gesamthänderischen Verbundenheit ihrer Gesellschafter Merkmale eines Besteuerungstatbestands verwirklicht[718]. Solche Merkmale sind insbesondere die Erfüllung des Tatbestands einer Einkunftsart und die Erzielung von Gewinn oder Überschuss. Die Personengesellschaft wurde dadurch ungeachtet ihrer fehlenden Steuerrechtsfähigkeit de facto zu einem verselbständigten Rechtsträger weiterentwickelt, zu einem „Subjekt der Gewinnerzielung“[719]. Die Qualifikation der Einkünfte wird auf zwei Stufen vorgenommen. Auf der ersten Stufe sind die Einkünfte auf der Ebene der Gesellschaft zu qualifizieren, welche diese aufgrund ihrer partiellen Subjektiveigenschaft erwirbt[720]. Die Einkünfte der Gesellschaft werden ermittelt und in Form des Überschusses der Einnahmen über die Werbungskosten den Gesellschaftern zugerechnet[721]. Die Personengesellschaft ist auch bei Einkünften aus VuV Einkünfteermittlungssubjekt. Im Anschluss an die Entscheidung des Großen Senats hat der BFH auch für Einkünfte aus VuV, die von einer Personengesellschaft erzielt werden, entschieden, dass diese zunächst auf der Ebene der Gesellschaft zu ermitteln und sodann den Gesellschaftern zuzurechnen sind[722]. Dazu gehört notwendigerweise auch die Ein-

---

[717] Vgl. *Tipke/Lang*, Steuerrecht, § 9 Rz. 504 m.w.N.
[718] Vgl. BFH GrS v. 25.06.1984, BStBl. II 1984, 751.
[719] Vgl. BFH v. 24.03.1983, BStBl. II 1983, 598 (600), im Anschluss an *Döllerer*, DStZ 1982, 267 (271).
[720] Vgl. *Tipke/Lang*, Steuerrecht, § 9 Rz. 501.
[721] Eine andere Ansicht wurde in der Entscheidung des FG Rheinland-Pfalz v. 11.05.1983, EFG 1984, 73 vertreten, die durch BFH v. 01.12.1987, BFHE 152, 101 aufgehoben wurde.
[722] Vgl. BFH v. 07.10.1986, BStBl. II 1987, 322; BFH v. 24.02.1987, BStBl. II 1987, 810; BFH v. 07.04.1987, BStBl. II 1987, 707; st. Rspr.

künftequalifikation auf Ebene der Gesellschaft, da diese für die Ermittlung der Einkünfte wesentlich ist[723].

II. Renditeerhöhung durch teilweise Steuerfreiheit von Veräußerungsgewinnen

Auch im Rahmen der Investition in einen geschlossenen Immobilienfonds gilt die grundsätzliche Steuerfreiheit von Vermögenszuwächsen als Folge des im deutschen Einkommensteuerrecht herrschenden Dualismus der Einkunftsarten. Zur Vermeidung von Wiederholungen wird auf die Ausführungen im 2. Kapitel zur Veräußerung von Einzelimmobilien verwiesen[724]. Es ergeben sich bei der steuerlichen Behandlung von Veräußerungserlösen bei geschlossenen Immobilienfonds jedoch einige Besonderheiten, die nachfolgend behandelt werden.

1. Eingeschränkte Besteuerung von privaten Veräußerungsgeschäften

Anteile, die im Rahmen einer bloßen Vermögensverwaltung gehalten werden, sind nur gemäß § 22 Nr. 2 i.V.m. § 23 Abs. 1 Satz 4 EStG steuerverstrickt[725]. Danach gilt die Anschaffung oder Veräußerung einer Beteiligung an einer Personengesellschaft als Anschaffung oder Veräußerung der anteiligen Wirtschaftsgüter. Dies erfasst zunächst den Fall, dass die Beteiligung innerhalb der Frist von nunmehr zehn Jahren gemäß § 23 Abs. 1 Satz 1 Nr. 1 EStG gekauft und wieder verkauft wird. Des Weiteren sind sog. Mischfälle betroffen, insbesondere die Anschaffung eines Anteils an einer grundbesitzenden Personengesellschaft und die Veräußerung des Grundstücks innerhalb von zehn Jahren nach dem Erwerb, unabhängig von der Besitzdauer der Gesellschaft, sowie der Erwerb des Grundstücks durch die Gesellschaft und die Veräußerung des Anteils binnen zehn Jahren[726]. Liegen Anschaffung und Veräußerung mehr als zehn Jahre auseinander ist ein entstehender Veräußerungsgewinn steuerfrei, wenn der Steuerpflichtige sich im Rahmen der Vermögensverwaltung bewegt. Die Abgrenzung zwischen bloßer Vermögensverwaltung und gewerblichem

---

[723] Vgl. BFH GrS v. 25.06.1984, BStBl. II 1984, 751.

[724] Siehe S. 116 ff. und S. 149 ff.

[725] Die Einführung dieser Vorschrift war die Reaktion des Gesetzgebers auf die Entscheidung des BFH v. 04.10.1990, BStBl. II 1992, 211, in der dieser eine Zurechnung der Wirtschaftsgüter einer Personengesellschaft zu den Anteilseignern gemäß § 39 Abs. 2 Nr. 2 AO verneinte und damit eine Besteuerung von Vermögenszuwächsen bei Anteilsveräußerungen gemäß § 23 Abs. Satz 1 Nr. 1 EStG ablehnte.

[726] Vgl. *Fischer*, in: Kirchhof, EStG, § 23 Rz. 8; *Heinicke*, in: Schmidt, EStG, § 23 Rz. 25.

Grundstückshandel erfolgt auch bei Beteiligungen an Personengesellschaften anhand der Drei-Objekt-Grenze[727], jedoch mit einigen Besonderheiten.

2. *Abgrenzung zum gewerblichen Grundstückshandel*

Die Drei-Objekt-Grenze zur Abgrenzung zwischen gewerblichem Grundstückshandel und privater Vermögensverwaltung gilt angesichts der zweistufigen Qualifikation der Einkünfte bei Personenmehrheiten sowohl auf Ebene der Gesellschaft als auch auf Ebene des Gesellschafters. Daher sind die Voraussetzungen des gewerblichen Grundstückshandels zunächst bei der Gesellschaft zu prüfen und danach nochmals bei dem Gesellschafter[728]. Die Abgrenzung ist nur dann erforderlich, wenn der Fonds nicht von vornherein gewerbliche Einkünfte erzielt (insbesondere aufgrund gewerblicher Prägung, § 15 Abs. 3 EStG), was in jedem Fall zur Steuerpflicht von Veräußerungsgewinnen im Rahmen der Gewinneinkunftsart des § 15 EStG führt. Es ist auch möglich, dass auf Gesellschaftsebene eine private Vermögensverwaltung vorliegt, dagegen auf Ebene des Gesellschafters ein gewerblicher Grundstückshandel. Bei diesen sog. Zebragesellschaften, bei denen ein Gesellschafter mit seiner Beteiligung an einer vermögensverwaltenden Gesellschaft Einkünfte aus Gewerbebetrieb erwirtschaftet, ist eine Umqualifizierung der Einkünfte notwendig.

a) Zurechnung auf Gesellschaftsebene

Beim Verkauf von Grundstücken durch die Gesellschaft sind zwei Möglichkeiten der Zurechnung zu unterscheiden. Zum einen ist denkbar, dass Aktivitäten des Gesellschafters Auswirkungen auf die Qualifikation der Einkünfte der Gesellschaft haben. Danach wären die Einkünfte einer Gesellschaft als Einkünfte aus Gewerbebetrieb zu qualifizieren, wenn ein Gesellschafter die Schwelle zur Gewerblichkeit überschreiten würde. Eine solche Zurechnung zur Gesellschaft verneint die höchstrichterliche Rechtsprechung jedoch zu recht[729]. Der BFH begründet dies mit der Aufgabe der Geprägerechtsprechung[730], wonach eine Personengesellschaft die zu einem Gewerbebetrieb führenden Merkmale nicht von der Tätigkeit oder der rechtlichen Einordnung der Gesellschafter empfangen kann. Auf der Ebene der Personengesellschaft ist eine solche Umqualifizierung nicht möglich, weil die Art der Einkünfte einer Personengesellschaft allein

---

[727] Vgl. dazu die Ausführungen auf S. 153 ff.
[728] Vgl. *Obermeier*, NWB, Fach 3, 10017.
[729] Vgl. BFH GrS v. 03.07.1995, BStBl. II 1995, 617 (618).
[730] Vgl. BFH GrS v. 25.06.1984, BStBl. II 1984, 751.

durch die Tätigkeit ihrer Gesellschafter in ihrer gesamthänderischen Verbundenheit, mithin durch die Tätigkeit der Gesellschaft, bestimmt wird[731]. Infolgedessen sind Grundstücksgeschäfte auf Ebene der Gesellschaft nicht zu berücksichtigen, welche die Beteiligten nicht in ihrer Funktion als Gesellschafter, sondern davon unabhängig im Rahmen einer mit anderen Personen bestehenden Gesellschaft oder als Einzelperson tätigen[732]. Eine Steuerumgehung aufgrund der fehlenden Zurechnung zur Gesellschaft durch Beteiligung an mehreren Gesellschaften, die jeweils die Drei-Objekt-Grenze nicht überschreiten, ist nicht möglich, weil bei dem Gesellschafter alle Objekte der Gesellschaften, an denen er beteiligt ist, zusammenzurechnen sind[733]. Nach der Rechtsprechung des BFH ist eine Gesamtbetrachtung der Aktivitäten des Steuerpflichtigen erforderlich[734]. Dies kann dazu führen, dass der Steuerpflichtige durch private Verkäufe zusammen mit solchen der Gesellschaft, die auf deren Ebene zum Bereich der Vermögensverwaltung gehören, Einkünfte aus Gewerbebetrieb hat. Hält der Gesellschafter die Beteiligung im Betriebsvermögen, so erzielt er aus seiner Beteiligung in jedem Fall (auch beim Verkauf) gewerbliche Einkünfte.

b) Zurechnung von Grundstücksverkäufen der Gesellschaft auf Gesellschafterebene

Weitaus umstrittener als die Frage der Zurechnung von Objekten zur Gesellschaft, ist die Möglichkeit der Zurechnung von Objektveräußerungen der Gesellschaft zum Gesellschafter. Die Frage stellt sich lediglich im Zusammenhang mit grundstücksverwaltenden Personengesellschaften mit Einkünften aus VuV. Eine Zurechnung über § 39 Abs. 2 Nr. 2 AO wie sie die Finanzverwaltung ohne Begründung vornimmt[735] ist abzulehnen. Die Vorschrift regelt lediglich die Zurechnung von Wirtschaftsgütern, die sich im Gesamthandseigentum befinden und besagt nichts über die Zurechnung von Geschäftsvorfällen[736]. Auch eine entsprechende Anwendung, wie sie der BFH bei der Zurechnung des Überschusses der Einnahmen über die Werbungskosten im Rahmen der zweistufigen Einkünfteermittlung vornimmt, kommt nicht in Betracht. Der Große Senat hat in der Vergangenheit selbst betont, dass über diese Vorschrift den Gesellschaf-

---

[731] Vgl. BFH v. 20.11.1990, BStBl. II 1991, 345.
[732] Vgl. BFH v. 20.11.1990, BStBl. II 1991, 345.
[733] So auch BFH v. 20.11.1990, BStBl. II 1991, 345.
[734] Vgl. BFH GrS v. 03.07.1995, BStBl. II 1995, 617.
[735] Vgl. BMF v. 26.03.2004, BStBl. I 2004, 434, Tz. 15.
[736] Ebenso *Gast-de Haan*, DStZ 1992, 289 (292).

tern lediglich der Überschuss, also das Ergebnis, zugerechnet würde, nicht aber einzelne Geschäftsvorfälle der Personengesellschaft[737].

In einer neueren Entscheidung nimmt der Große Senat des BFH ebenfalls nicht den Weg einer Zurechnung über § 39 Abs.2 Nr. 2 AO, sondern betrachtet die wirtschaftlichen Aktivitäten, die der Steuerpflichtige in seiner Person tätigt, die aber als solche die im Steuertatbestand vorausgesetzte Nachhaltigkeit nicht erreichen, in einer Gesamtschau mit seiner mitunternehmerischen Betätigung[738]. Damit können gemeinschaftlich verwirklichte Grundstücksverkäufe, die auf der Ebene der Gesellschaft nicht gewerblicher Art sind, und Grundstücksverkäufe des Steuerpflichtigen selbst - auch solche im Rahmen einer anderen vermögensverwaltenden Personengesellschaft - in seiner Person insgesamt als gewerblich eingestuft werden. Zur Begründung wird angeführt, der Rechtsgrundsatz, dass dem Gesellschafter nicht die einzelnen von der Gesellschaft verwirklichten Geschäftsvorfälle, sondern lediglich das Ergebnis der gemeinschaftlichen Tätigkeit (Gewinn oder Überschuss) anteilig zuzurechnen ist, sei nur der Regelfall. Der Grundsatz der Einheit der Personengesellschaft müsse jedoch gegenüber dem Gedanken der Vielheit der Gesellschaft zurücktreten, wenn andernfalls eine sachlich zutreffende Besteuerung des Gesellschafters nicht möglich sei[739]. Ein solcher Fall liegt bei Grundstücksverkäufen durch Gesellschaften vor, an denen ein Steuerpflichtiger beteiligt ist. Anderenfalls würde eine erhebliche Steuersparmöglichkeit durch Beteiligung an vielen verschiedenen Grundstücksgesellschaften entstehen, die jeweils für sich nicht die Kriterien der Drei-Objekt-Grenze erfüllen[740]. Es kann jedoch keinen Unterschied machen, ob Objekte direkt oder über eine Gesellschaftsbeteiligung gehalten werden, da der Gesellschafter selbst und nicht die Gesellschaft Steuersubjekt ist und bleibt[741].

Damit hat eine Zurechnung von Objektveräußerungen durch eine Gesellschaft zum Gesellschafter im Rahmen der Drei-Objekt-Grenze aus Gründen der Steuergerechtigkeit zu erfolgen. Der Verkauf eines Objekts der Gesellschaft zählt beim Gesellschafter wie der Verkauf eines Objekts im Sinne der Drei-Objekt-Grenze durch den Gesellschafter selbst[742]. Dabei ist nach der Rechtsprechung

---

737 Vgl. BFH GrS v. 25.06.1984, BStBl. II 1984, 751 (762).
738 Vgl. BFH GrS v. 03.07.1995, BStBl. II 1995, 617.
739 Vgl. BFH GrS v. 03.07.1995, BStBl. II 1995, 617 unter Hinweis auf BFH GrS v. 25.06.1984, BStBl. II 1984, 751, wo ebenfalls darauf abgestellt wird, dass der Grundsatz der Einheit der Gesellschaft keine uneingeschränkte Geltung haben kann.
740 Bei einer Familie mit drei Kindern wären bis zu 24 Beteiligungen denkbar, vgl. *L. Schmidt*, DStR 1991, 1452.
741 Vgl. BFH GrS v. 03.07.1995, BStBl. II 1995, 617.
742 Vgl. BFH GrS v. 03.07.1995, BStBl. II 1995, 617.

grundsätzlich unbeachtlich, mit welcher Quote der Gesellschafter an der Gesellschaft beteiligt ist. Besteht z.B. eine Beteiligung in Höhe von 10%, so zählt der Verkauf eines Objekts der Gesellschaft beim Gesellschafter als ein ganzes Objekt, nicht als ein Zehntel. Die Finanzverwaltung rechnet hingegen Objektveräußerungen durch die Gesellschaft dem Gesellschafter nur zu, wenn dieser zu mindestens 10% beteiligt ist oder sein Anteil einen Verkehrwert von EUR 250.000 hat[743].

c) Zurechnung von Anteilsverkäufen auf Gesellschafterebene

Noch immer umstritten ist die Frage der Zurechnung beim Verkauf von Gesellschaftsanteilen durch den Gesellschafter. Die Finanzverwaltung geht von der grundsätzlichen Zurechenbarkeit von Anteilsverkäufen aus, da die Veräußerung einer Beteiligung einer anteiligen Grundstücksveräußerung gemäß § 39 Abs. 2 Nr. 2 AO gleichzustellen sei[744]. Dem wird entgegengehalten, der von der Finanzverwaltung als Grundlage für die Zurechnung genannte § 39 Abs. 2 Nr. 2 AO sei nicht einschlägig, da er nur die Zurechnung von Wirtschaftsgütern regle[745]. Allerdings ist der Wortlaut des § 39 Abs. 2 Nr. 2 AO gerade bei der Zurechnung von Objekten i.S. der Drei-Objekt-Regel kein schlagendes Argument, da hier gerade Wirtschaftsgüter in Form von Objekten zugerechnet werden[746]. Zwar wird betont, dass nicht das Objekt selbst, sondern der Veräußerungsvorgang zugerechnet würde[747], dies erscheint jedoch übertrieben technisch. Treffender ist die Kritik insofern, als die gedankliche Auflösung der Gesamthandsgemeinschaft für die Einkommensbesteuerung als nicht erforderlich im Sinne von § 39 Abs. 2 Nr. 2 AO angesehen wird, da eine ordnungsgemäße Besteuerung auch ohne dies möglich sei[748]. Der BFH hat sich demgegenüber der Sicht der Finanzverwaltung angeschlossen[749] und hat keine Bedenken, die Veräuße-

---

[743] Vgl. BMF v. 26.03.2004, BStBl. I 2004, 434, Tz. 17; zur Kritik daran vgl. den nächsten Gliederungspunkt.

[744] Vgl. BMF v. 26.03.2004, BStBl. I 2004, 434, Tz. 18.

[745] Vgl. *Hoffmann*, in: Koch/Scholtz, AO, § 39 Rz. 13.

[746] Ebenso wohl auch *Söffing*, DStR 2004, 793 (797), der allerdings die Tauglichkeit als Zählobjekt im Sinne der Drei-Objekt-Grenze anzweifelt.

[747] Vgl. *Hoffmann*, in: Koch/Scholtz, AO, § 39 Rz. 13; *Schulze zur Wische*, DB 1991, 1088 (1089); *Gast-de Haan*, DStZ 1992, 289 (292).

[748] Vgl. *Gast-de Haan*, DStZ 1992, 289 (292).

[749] Der III. und der IV. Senat haben die Einbeziehung von veräußerten Anteilen an Grundstücksgesellschaften in mehreren Entscheidungen bejaht, vgl. BFH v. 07.03.1996, BStBl. II 1996, 396; BFH v. 10.12.1998, BStBl. II 1999, 390; zuletzt BFH v. 28.11.2002, DStRE 2003, 266 – früher verneint durch BFH v. 04.10.1990, BStBl. II 1992, 212 im analogen Fall der Zurechnung im Rahmen von Anteilsverkäufen zur Besteuerung als Spekulationsgewinn gemäß §

rung von Beteiligungen nach § 39 Abs. 2 Nr. 2 AO einer anteiligen Grundstücksveräußerung gleichzustellen und sogar die im Eigentum der Gesamthand stehenden Grundstücke dem Gesellschafter einzeln zuzurechnen[750]. Veräußerung und Erwerb von Gesellschaftsanteilen stellen danach eine Übertragung ideeller Anteile des Veräußernden an den einzelnen gesamthänderisch gebundenen Wirtschaftsgütern des Gesellschaftsvermögens dar. Der III. Senat des BFH begründet dies mit dem Beschluss des Großen Senats des BFH vom 03.07.1995, wonach im Interesse einer sachlich zutreffenden Besteuerung des Gesellschafters alle ihm zuzurechnenden Tätigkeiten auf dem Gebiet des Grundstückshandels in eine Gesamtwürdigung einzubeziehen sind[751], übersieht dabei aber, dass der Große Senat in dieser Entscheidung nicht den Wege einer Zurechnung über § 39 Abs. 2 Nr. 2 AO gegangen ist[752].

Gegen die Ausweitung der Drei-Objekt-Grenze werden aus Gründen der fehlenden Abgrenzungsklarheit durchgreifende Bedenken erhoben. Die Drei-Objekt-Grenze ist ein von der Rechtsprechung entwickeltes Instrument zur typisierenden Abgrenzung, ob ein gewerblicher Grundstückshandel vorliegt oder lediglich Vermögensverwaltung. Durch die Grenze soll dem Steuerpflichtigen eine sichere Planung seiner Engagements und eine klare Differenzierung möglich sein[753]. Das erscheint angesichts der fortlaufenden Aufweichung der Kriterien durch die Rechtsprechung nicht mehr in ausreichendem Maße gesichert[754]. Zudem ist es nach der neueren Rechtsprechung des BFH möglich, dass ein Gesellschafter eines Fonds mit vier Objekten beim Verkauf seines Anteils als gewerblicher Grundstückshändler angesehen wird[755]. Allerdings kann in diesem speziellen Fall angesichts der lediglich indiziellen Wirkung der Drei-Objekt-

---

23 Abs. 1 Nr. 1 Buchst. a EStG a.F, die jedoch durch die Einführung des § 23 Abs. 1 Nr. 1 Satz 2 EStG, durch den die Zurechenbarkeit per Gesetz geregelt wurde, überholt wurde.

750 Vgl. BFH v. 10.12.1998, BStBl. II 1999, 390 (395).

751 Vgl. BFH GrS v. 03.07.1995, BStBl. II 1995, 617.

752 Vgl. BFH v. 28.11.2002, BStBl. II 2003, 250.

753 Vgl. *Kobor*, FR 1999, 1155 (1159). So auch der X. Senat des BFH in seiner Entscheidung vom 18.01.1989, BFHE 156, 115 (117), der hervorhebt, dass gerade bei der Veräußerung von nur wenigen Objekten häufig objektive Anhaltspunkte fehlten, welche eine zweifelsfreie Beurteilung ermöglichten, dass Grundbesitz "zur Ausnutzung substantieller Vermögenswerte" angeschafft und veräußert werde. Andererseits könne der Steuerpflichtige darauf vertrauen, innerhalb eines genau bestimmten Rahmens mit seiner Tätigkeit in der Regel nicht wegen gewerblichen Grundstückshandels zur Einkommensteuer und zur Gewerbesteuer herangezogen zu werden. Die Rechtsprechung des BFH fördere somit nicht nur die Einfachheit des Gesetzesvollzugs, sondern auch die Rechtssicherheit.

754 Als Beispiel dafür sei hier die Entscheidung BFH v. 28.11.2002, DStRE 2003, 266 genannt, die 5-Jahres-Grenze aufweicht, indem sie Abweichungen von einigen Tagen zulässt.

755 Vgl. *Schmidt-Liebig*, NWB Fach 3, 10833 (10836).

Grenze an der Nachhaltigkeit der Tätigkeit im Sinne von § 15 Abs. 2 EStG gezweifelt werden[756]. Auch der IV. Senat des BFH sieht die Nachhaltigkeit nicht als gegeben an, wenn lediglich ein einziger Verkaufsentschluss vorliegt, auch wenn mehr als drei Objekte mit einem Kaufvertrag veräußert werden[757]. Die Überschreitung der Drei-Objekt-Grenze durch einen einzigen Kaufentschluss indiziert nicht eine Wiederholungsabsicht, wie sie zur Annahme der Nachhaltigkeit erforderlich ist.

Die Frage nach der Zurechnung von Objekten hatte bislang im Bereich der geschlossenen Immobilienfonds weniger Brisanz, da die Finanzverwaltung die Zurechnung für Beteiligungen unter 10% am Gesellschaftsvermögen ausschloss[758]. Von der Ausnahmeregelung war – jedenfalls vor Ergehen der jüngsten Verwaltungsanweisung[759] - die Hauptzahl der Fälle betroffen, weil angesichts der zumeist hohen Investitionssummen der Fonds nur selten mehr als 10% der Anteile gehalten werden[760]. Die 10%-Grenze war jedoch bisher schon kritisch, da die Oberfinanzdirektionen Düsseldorf und Münster Verfügungen erlassen haben, in denen die Ansicht vertreten wird, die Grenze beziehe sich nicht auf Großobjekte[761]. Für Anleger von geschlossenen Immobilienfonds bedeutet dies in besonderem Maße Rechtsunsicherheit, da die Fonds zumeist in Großobjekte investieren. Die 10%-Grenze hat in der Literatur kaum Anerkennung gefunden, da vor allem die gesetzliche Grundlage vermisst wird[762]. Allenfalls eine Entscheidung des III. Senats des BFH[763], die die Veräußerung eines 50%igen KG-Anteils in Zahl jedes einzelnen Objekts den Gesellschaftern - ohne jedoch auf die 10%-Grenze der Finanzverwaltung einzugehen - zurechnet, lässt den Schluss zu, dass jedenfalls eine hälftige Beteiligung durch den BFH als beachtlich angesehen wird[764].

Eine Verschärfung der Situation bei geschlossenen Immobilienfonds tritt durch die jüngste Verwaltungsanweisung ein, die neben der quotalen 10%-Grenze einen Verkehrswert von über EUR 250.000 pro Anteil als wesentliche Beteili-

---

756 Vgl. *Kobor*, FR 1999, 1155 (1159).
757 Vgl. BFH v. 07.10.2004, DStR 2005, 21.
758 Vgl. BMF v. 26.03.2004, BStBl. I 2004, 434, Tz. 18.
759 Vgl. BMF v. 26.03.2004, BStBl. I 2004, 434; vgl. nächster Absatz.
760 Vgl. *Schmidt-Liebig*, BB 1998, 563.
761 Vgl. OFD Düsseldorf v. 09.07.1997, DStR 1997, 1208; OFD Münster v. 30.06.1997, S 2240-91-St13-31.
762 Vgl. z.B. *Zacharias/Rinnewitz/Jung*, DStR 1991, 861; *Jehner*, DStR 1991, 565 (570); *Schmidt-Liebig*, BB 1998, 563 m.w.N.
763 Vgl. BFH v. 28.11.2002, DStRE 2003, 266 (269).
764 Ebenso *Söffing*, DStR 2004, 793.

gung ansieht[765]. Ebenso wie die quotale Grenze ist diese willkürlich gesetzt und entbehrt jedweder gesetzlichen Grundlage. Weder das Gesetz noch die Auslegung durch die Rechtsprechung kennt eine solche Schwelle. Sie steht auch in keinem relativen Zusammenhang zur quotalen Grenze[766]. Problematisch ist ferner, dass die Verwaltungsanweisung offen lässt, welcher Zeitpunkt für die Wertermittlung maßgebend ist. Dies ist besonders kritisch zu sehen, da der Wert eines Anteils durch vielerlei Umstände Schwankungen unterworfen ist[767]. So ist es möglich, dass die Schwelle allein durch Wertschwankungen der Immobilie mehrmals während der Haltedauer unter- und überschritten wird. Mit der Einführung der wertmäßigen Anknüpfung zur Ermittlung der Wesentlichkeit der Beteiligung wird auch die Frage der Zurechnung von Fondsanteilen bei der Drei-Objekt-Grenze zunehmend Bedeutung zukommen. Die Einführung der Grenze ist ein weiteres Beispiel für die Versuche der Finanzverwaltung durch Erlasse und darin enthaltenen Regelungen, die keinen Rückhalt im Gesetz finden, steuerorientierte Kapitalanlagemodelle zu beschränken[768]. Bei aller dogmatischen Kritik ist jedoch anzumerken, dass die Grenze mit EUR 250.000 so hoch angesetzt ist, dass sie in der Praxis eine Minderzahl von Privatanlegern betreffen wird.

3. Umqualifizierung bei Zebragesellschaften

Wird die Beteiligung an einer Personengesellschaft mit Einkünften aus VuV von einem der Gesellschafter im Betriebsvermögen gehalten, so sind die ihm zuzurechnenden Einkünfte in solche aus Gewerbebetrieb umzuqualifizieren (§ 15 Abs. 1 Nr. 1 Satz 1 EStG). In Fällen dieser Art spricht man wegen der unterschiedlichen Einkünftequalifikation auf Ebene des Gesellschafters und der Gesellschaft von sog. Zebragesellschaften. Durch die Umqualifizierung ändert sich in der Regel nicht nur die Art der Einkünfte, sondern auch die Höhe der Einkünfte, da beispielsweise Gewinne aus der Veräußerung von Grundstücken bei diesem Gesellschafter anteilig als steuerpflichtig zu erfassen sind. Im Rahmen der Umqualifizierung war lange umstritten, wie die verfahrensrechtliche Behandlung zu erfolgen habe. Klarheit hat erst kürzlich eine Entscheidung des Großen Senats des BFH auf eine Vorlage des IX. Senats gebracht[769].

---

[765] Vgl. BMF v. 26.03.2004, BStBl. I 2004, 434, Tz. 18.
[766] Vgl. *Söffing*, DStR 2004, 793 (796) weist in einem Beispiel nach, dass mit dieser Regelung bereits durch eine einprozentige Beteiligung an einem zu 50% fremdfinanzierten Fonds mit EUR 25 Mio. Eigenkapital ein gewerblicher Grundstückshandel begründet würde.
[767] Vgl. *Söffing*, DStR 2004, 793 (796).
[768] Ähnlich auch Loritz, WM 1998, 685 (689).
[769] Vgl. BFH GrS v. 11.04.2005, DStR 2005, 1274.

Die Rechtsprechung der verschiedenen Senate des BFH war vor der Entscheidung des Großen Senats uneinheitlich. Nach Auffassung des I. und des IV. Senats des BFH waren die Einkünfte des betrieblich an einer vermögensverwaltenden Gesellschaft beteiligten Gesellschafters im Rahmen der gesonderten Feststellung der Einkünfte der Personengesellschaft anteilig in Einkünfte aus Gewerbebetrieb umzuqualifizieren[770]. Nach Auffassung des III. Senats des BFH war in einem mehrstufigen Verfahren zunächst über den Grund der Umqualifizierung vom Gesellschafter-Finanzamt im Steuerbescheid für den Gesellschafter zu entscheiden und sodann über die Höhe der umzuqualifizierenden Einkünfte vom Gesellschafts-Finanzamt im Feststellungsbescheid für die Gesellschaft. Eine verbindliche Entscheidung über die Einkünftezuordnung nach Maßgabe des § 2 Abs. 1 EStG aufgrund von einem Gesellschafter außerhalb der Gesellschaft verwirklichter Besteuerungsmerkmale hätte danach nicht das Gesellschafts-Finanzamt im Feststellungsverfahren nach § 180 Abs. 1 Nr. 2 lit. a AO, sondern das für die persönliche Besteuerung des Gesellschafters zuständige Wohnsitz-Finanzamt zu treffen. Der Bescheid wäre insoweit Grundlagenbescheid für die vom Gesellschafts-Finanzamt verbindlich vorzunehmende Einkünfteermittlung. Die Einkünftefeststellung des Gesellschafts-Finanzamts als solche ist ihrerseits ebenfalls Grundlagenbescheid. Beide Bescheide stünden zueinander in wechselseitiger Abhängigkeit als jeweilige Grundlagen- und Folgebescheide (sog. Ping-Pong-Lösung)[771]. Dieser Ansicht hatten sich der XI. Senat[772] und auch der X. Senat[773] des BFH angeschlossen. Unterschiede der beiden Lösungen ergeben sich vor allem dann, wenn die Umqualifizierung erst nachträglich erfolgt, der Feststellungsbescheid bereits bestandskräftig ist und auch eine Änderung gemäß § 173 Abs. 1 Nr. 1 AO nicht in Betracht kommt.

Nach der Auffassung der Finanzverwaltung waren die Einkünfte regelmäßig erst auf Ebene des Gesellschafters umzuqualifizieren[774]. Wegen mangelnder Praktikabilität wurde entgegenstehende Rechtsprechung des BFH mit Nichtanwendungserlassen belegt und bislang weiterhin nach der ursprünglichen Auf-

---

[770] Vgl. für den I. Senat z.B. BFH v. 31.07.1990, BFH/NV 1991, 285; BFH v. 28.01.1975, BStBl. II 1975, 516; BFH v. 04.10.2001, BFH/NV 2002, 308, sowie BFH v. 17.04.1985, BStBl. II 1985, 291; für den IV. Senat z.B. BFH v. 07.02.1985, BStBl. II 1985, 372; BFH v. 18.05.1995, BStBl. II 1996, 5; BFH v. 11.07.1996, BStBl. II 1997, 39; BFH v. 08.06.2000, BStBl. II 2001, 162 und BFH v. 21.09.2000, DStR 2001, 21.

[771] Vgl. BFH v. 11.12.1997, BStBl. II 1999, 401; BFH v. 10.12.1998, BStBl. II 1999, 390; BFH v. 13.12.1999, BFH/NV 2000, 827.

[772] Vgl. BFH v. 04.11.1999, DStRE 2000, 323.

[773] Vgl. BFH v. 18.09.2002, BFH/NV 2003, 457.

[774] Vgl. BMF v. 29.04.1994, BStBl. I 1994, 282; *Knobbe-Keuk*, Bilanz- und Unternehmenssteuerrecht, S. 535 ff.

fassung verfahren[775]. Die sog. Ping-Pong-Lösung hat für sich, dass sich möglicherweise die Verfahrensziele (insbesondere wegen der größeren Sachnähe der jeweiligen Finanzämter) besser durch wechselbezügliche verbindliche Feststellungen erreichen lassen[776]. Sie beruht auf der Erwägung, dass bei Einkünften aus der Beteiligung an einer Personengesellschaft grundsätzlich der Anteil am einheitlich ermittelten Gewinn der Besteuerung zugrunde zu legen ist, was auch dann gilt, wenn die einzelnen Gesellschafter Einkünfte aus unterschiedlichen Einkunftsarten erzielen. Entscheidend gegen die sog. Ping-Pong-Lösung spricht jedoch, dass es für derartige korrespondierende Feststellungen an den dafür unerlässlichen Rechtsgrundlagen fehlt.

Dies betont auch der Große Senat des BFH in seiner Entscheidung, in der er für die verbindliche Entscheidung über die Einkünfte eines Gesellschafters im Falle einer sog. Zebragesellschaft ihrer Art und ihrer Höhe nach das für die persönliche Besteuerung des Gesellschafters zuständige Wohnsitz-Finanzamt für zuständig erklärt[777]. Die Lösung des Großen Senats erscheint auch aus anderen Gründen vorzugswürdig. Auf der Ebene der vermögensverwaltenden Personengesellschaft ist eine Umqualifizierung nicht möglich, da die Art der Einkünfte durch die Tätigkeit der Gesellschaft bestimmt wird und die Gesellschafter insoweit lediglich Einkünfte aus einer bestimmten Überschusseinkunftsart erzielen[778]. Die verfahrensrechtliche Reichweite der Feststellungswirkung des Feststellungsbescheids des Gesellschafts-Finanzamts gemäß § 180 Abs. 1 Nr. 2a AO bezieht sich stets nur auf die gemeinschaftlich verwirklichten Tatbestandsmerkmale, nicht aber auf solche außerhalb der Beteiligung im Bereich der persönlichen Einkünfteerzielung[779]. Die erforderliche Umqualifizierung im Einkommensteuerbescheid des Gesellschafters berührt nicht die Grundlagenentscheidung, da die dazu erforderlichen Tatbestandsmerkmale auf in den Regelungsbereich des Folgebescheid gehören. Durch die Zuständigkeit des Wohnsitz-Finanzamts für die Entscheidung über Art und Höhe der betreffenden Einkünfte des Gesellschafters wird auch das Steuergeheimnis besser geschützt, da auf diese Weise Umstände, die außerhalb der Gesellschaft liegen, den übrigen

---

[775] Vgl. BMF v. 27.12.21996, BStBl. I 1996, 1521 und BMF v. 08.06.1999, BStBl. I 1999, 592; vgl. dazu auch *Wagner/Loritz*, Steuerorientierte Kapitalanlage, Bd. 1 Rz. 1333 ff.
[776] Vgl. *Groh*, DB 1984, 2373; DB 1987, 1006 (1012); *Schulze-Osterloh*, DStZ 1985, 315 (319); *Herzig/Kessler*, DB 1985, 2476 (2479); *Woerner*, BB 1985, 1053; *Coen*, WPg 1985, 380; *Herrmann*, StuW 1989, 97 (101).
[777] Vgl. BFH GrS v. 11.04.2005, DStR 2005, 1274 (1277).
[778] Ebenso *Carlé/Bauschatz*, in: Korn, EStG, § 15 Rz. 502 ff., 509 ff.; *Zähle*, DStR 2003, 1328; *Kohlhaas*, DStR 1999, 1722; *Söffing*, DB 1998, 896; *Paus*, FR 1998, 696.
[779] So BFH GrS v. 11.04.2005, DStR 2005, 1274 (1276).

Gesellschaftern nicht offenbart werden[780]. Zudem ist der Auffassung des Großen Senats der Vorzug zu geben, da sie eine unnötige Verkomplizierung des Besteuerungsverfahrens verhindert, insbesondere in Fällen, in denen hunderte Gesellschafter an einer Publikumsgesellschaft beteiligt sind.

III. Einkünfteerzielungsabsicht

Die Prüfung der Einkünfteerzielungsabsicht ist einer der Schwerpunkte, die bei Investition in einen geschlossenen Immobilienfonds zu berücksichtigen sind[781]. Die Einkünfteerzielungsabsicht ist im Rahmen der aus dem Fonds erzielten Einkünfte aus Vermietung und Verpachtung ein entscheidendes Kriterium für die steuerliche Anerkennung insbesondere der Anlaufverluste[782]. Wird die Einkünfteerzielungsabsicht insgesamt verneint, so sind sämtliche Einkünfte (aber vor allem auch die Verluste) steuerlich nicht anzuerkennen. Die Aberkennung der Einkünfteerzielungsabsicht stellt ein schlagkräftiges Mittel der Finanzverwaltung dar, weil es insbesondere hinsichtlich der Anerkennung der renditesteigernden steuerlichen Verluste um „alles oder nichts" geht. Eine Rendite aus Steuereinsparungen aufgrund von Verlustzuweisungen, wie sie stets Ziel von steuerorientierten Kapitalanlagen ist, wird im Falle der Aberkennung zunichte gemacht. Für die Grundsätze zur Prüfung der Einkünfteerzielungsabsicht sei hier zur Vermeidung von Wiederholungen auf die Ausführungen im 2. Kapitel verwiesen[783]. Nachfolgend werden nur Besonderheiten bei geschlossenen Immobilienfonds dargestellt.

1. Prüfung auf zwei Ebenen

Die Einkünfteerzielungsabsicht muss bei geschlossenen Immobilienfonds sowohl auf Ebene der Gesellschaft als auch auf Ebene des Gesellschafters vorliegen, wobei die Beurteilung im Regelfall nicht getrennt erfolgt[784]. Die Prüfung auf zwei Ebenen ergibt sich nach Auffassung der Rechtsprechung zwangsläufig aus der zweistufigen Ermittlung der Einkünfte zunächst auf Ebene der Gesell-

---

[780] Vgl. BFH GrS v. 11.04.2005, DStR 2005, 1274 (1276).

[781] Hinsichtlich der grundsätzlichen Ausführungen zur Einkünfteerzielungsabsicht wird auf die Ausführungen auf S. 119 ff. verwiesen. Diese haben bei Investition in Einzelimmobilien ebenso Geltung wie bei Investition in Gesellschaftsform.

[782] Vgl. BFH v. 08.12.1998, BStBl. II 1999, 468.

[783] Vgl. S. 119 ff.

[784] BFH v. 08.12.1998, BStBl. II 1999, 468; BFH v. 05.09.2000, BStBl. II 2000, 676 (681); so auch BMF v. 08.10.2004, BStBl. I 2004, 933 Tz. 31.

schaft und dann auf Ebene des Gesellschafters[785]. Zwar ist danach eine Personengesellschaft nicht selbst Subjekt der Einkommensteuer, jedoch sind die Einkünfte zunächst auf der Ebene der Gesellschaft zu ermitteln und in einem zweiten Schritt den Gesellschaftern zuzurechnen. Entsprechend ist die Einkünfteerzielungsabsicht auf Ebene der Gesellschaft Voraussetzung für die Einkünfteerzielungsabsicht der Gesellschafter. Im Falle der Verneinung der Einkünfteerzielungsabsicht auf Ebene der Gesellschaft ist davon auszugehen, dass aufgrund der Kenntnis der Konzeption durch den Anleger auf dessen Ebene kein anderes Ergebnis möglich ist[786]. Ist auf der Ebene der Gesellschaft die Einkünfteerzielungsabsicht gegeben, kann gleichwohl die Überschusserzielungsabsicht eines Gesellschafters fehlen, wenn er sich z.B. nur kurzfristig zur Verlustmitnahme an einer Gesellschaft beteiligt hat[787].

2. Einkünfteerzielungsabsicht bei Verlustzuweisungsgesellschaften

Bei einer auf Dauer angelegten Vermietungstätigkeit wird von Rechtsprechung und Verwaltung grundsätzlich vom Vorliegen der Einkünfteerzielungsabsicht ausgegangen[788]. Die Einkünfteerzielungsabsicht wird durch normgemäßes Verhalten des Steuerpflichtigen unwiderlegbar indiziert. Nur in Fällen nicht normgemäßen Verhaltens wird die Einkünfteerzielungsabsicht geprüft. Das gilt – auch nach ausdrücklicher Ansicht der Finanzverwaltung – grundsätzlich gleichermaßen für geschlossene Immobilienfonds[789]. Bei einer Personengesellschaft muss die Gewinnerzielungsabsicht auf eine Mehrung des Betriebsvermögens der Gesellschaft (einschließlich der Sonderbetriebsvermögen der Gesellschafter) gerichtet sein. Ein Tätigwerden der Gesellschaft lediglich in der Absicht, ihren Gesellschaftern eine Minderung der Steuern vom Einkommen dergestalt zu vermitteln, dass durch Zuweisung von Verlustanteilen andere an sich tariflich zu versteuernde Einkünfte nicht versteuert werden, reicht nicht aus[790]. Ein objektives Beweisanzeichen für das Fehlen der Gewinnerzielungsabsicht bei der gewerblichen tätigen Personengesellschaft ist, wenn die Gesellschaft nach Art ihrer Betriebsführung keine Mehrung ihres Gesellschaftsvermögens in Gestalt

---

[785] Vgl. zuletzt BFH v. 21.11.2000, DB 2001, 512 (514); st. Rspr; a.A. *Jakob/Hörmann*, FR 1990, 32 (37).

[786] Vgl. BFH v. 08.12.1998, BStBl. II 1999, 468 (472).

[787] Vgl. BFH v. 07.04.1987,BStBl. II 1987, 707.

[788] Vgl. BFH v. 30.09.1997, BStBl. II 1998, 771; BMF v. 08.10.12004, BStBl. I 2004, 933 Tz. 1.

[789] Vgl. BMF v. 08.10.2004, BStBl. I 2004, 933 Tz. 30.

[790] Vgl. BFH v. 21.08.1990, BStBl. II 1991, 564. Vgl. auch § 15 Abs. 2 Nr. 2 EStG für gewerbliche Einkünfte, dessen Aussage jedoch auf alle Einkunftsarten verallgemeinert werden kann.

eines positiven Totalergebnisses erreichen kann und ihre Tätigkeit nach der Gestaltung des Gesellschaftsvertrags darauf angelegt ist, ihren Gesellschaftern persönliche Steuervorteile dergestalt zu verschaffen, dass durch die Verlustzuweisungen andere an sich zu versteuernde Einkünfte des Gesellschafters nicht und die Verlustanteile letztlich nur in Form buchmäßiger Veräußerungsgewinne versteuert werden müssen[791].

Der BFH hat in seiner Rechtsprechung Fallgruppen entwickelt, bei denen Steuerpflichtige ihr Verhalten nicht auf Dauer oder nicht marktgerecht ausrichten und sich damit nicht normgemäß verhalten[792]. Eine widerlegbare Vermutung, der Beweis des ersten Anscheins oder Beweisanzeichen können bei diesen Fallgruppen gegen das Vorliegen normgemäßen Verhaltens und damit eine Prüfung Einkünfteerzielungsabsicht erforderlich machen[793]. Allein das Erzielen von Werbungskostenüberschüssen über einen längeren Zeitraum reicht als Indiz noch nicht aus, um die Absicht der Totalüberschusserzielung zu verneinen. Vielmehr muss auch bei längeren Verlustperioden aus weiteren objektiven Umständen die Feststellung möglich sein, dass der Steuerpflichtige die verlustbringende Tätigkeit nur aus im Bereich seiner Lebensführung liegenden persönlichen Gründen oder Neigungen ausübt[794]. Dies gilt zum Beispiel in Fällen, in denen sich der Steuerpflichtige nicht zu einer langfristigen Vermietung entschlossen hat, wie bei der Beteiligung an einem Mietkaufmodell[795] oder einem Bauherrenmodell mit Rückkaufangebot oder Verkaufsgarantie[796]. Der BFH und geht von einer (widerlegbaren) Vermutung für das Fehlen der Einkünfteerzielungsabsicht insbesondere bei sog. Verlustzuweisungsgesellschaften aus[797]. Verlustzuweisungsgesellschaften sind Gesellschaften, deren Initiatoren selbst oder durch Dritte - meist durch Prospekte - interessierte Kapitalanleger mit dem Versprechen von Einkommensteuerminderungen durch Verlustzuweisungen werben und nach deren Ergebnisvorschau die Kapitaleinlagen regelmäßig ganz oder teilweise durch Steuerersparnisse finanziert werden, wobei das Streben nach einem Totalüberschuss von persönlichen Gründen, nämlich der Erzielung von Einkommensteuerersparnissen, verdrängt wird[798]. Verlustzuweisungsge-

---

[791] Vgl. BFH GrS v. 25.06.1984, BStBl. II 1984, 751 (767).

[792] Vgl. *Heuermann*, StuW 2003, 101 (106).

[793] Vgl. *Heuermann*, StuW 2003, 101 (106).

[794] Vgl. BFH v. 21.11.2000, BStBl. II 2001, 789.

[795] Vgl. BFH v. 09.02.1993, BStBl. II 1993, 658.

[796] Vgl. BFH v. 14.09.1994 BStBl. II 1995, 116; BFH v. 22.04.1997, DStR 1997, 1160.

[797] Vgl. BFH v. 21.08.1990 BStBl. II 1991, 564; BFH v. 10.09.1991, BStBl. II 1992, 328; BFH v. 12.12.1995, BStBl. II 1996, 219.

[798] Vgl. BFH v. 21.08.1990, BStBl. II 1991, 564, BFH v. 12.12.1995, BStBl. II 1996, 219; vgl. auch die Definition in BMF v. 13.07.1992, BStBl. I 1992, 404. *Jakob/Jakob*, StuW 2004, 24 (27) gehen im Zusammenhang mit § 2b EStG davon aus, dass das Merkmal „Werbung mit

sellschaften nähmen lediglich die Möglichkeit einer Gewinnerzielung in Kauf, daher könne bei ihnen in der Regel eine Gewinnerzielungsabsicht erst angenommen werden, wenn nach dem Urteil eines ordentlichen Kaufmanns die Erzielung eines Totalgewinns wahrscheinlich ist[799]. Typische Merkmale einer Verlustzuweisungsgesellschaft sind dem BFH zufolge die Gesellschaftsform der GmbH & Co. KG bzw. der atypisch stillen Gesellschaft, geringes Eigenkapital und ein außergewöhnliches Geschäftsrisiko, das nur deshalb eingegangen wird, weil die Einlage durch Steuerersparnis finanziert werden soll[800].

Aber auch ein geschlossener Immobilienfonds, der nach den vorstehenden Kriterien als Verlustzuweisungsgesellschaft zu qualifizieren ist, kann die Vermutung durch den Nachweis entkräften, dass Einkünfteerzielungsabsicht gegeben ist. Praktisch schwierig ist dieser Nachweis allerdings, wenn der Fonds so konstruiert ist, dass er aller Voraussicht nach über die verlustträchtige Anfangsphase hinaus nicht überlebensfähig ist - etwa weil die Kommanditisten vermutlich von einem Verkaufsrecht Gebrauch machen werden[801]. Bestehen für den Fonds aber realistische Überlebenschancen und ist aufgrund der auf Dauer angelegten Nutzung ein Totalgewinn prognostizierbar, so besitzt der Fonds jedenfalls auf Ebene der Gesellschaft Einkünfteerzielungsabsicht. Da in der Regel die Einkünfteerzielungsabsicht von Gesellschaft und Gesellschafter nicht getrennt beurteilt werden, kann bei normaler Haltedauer auch auf Ebene des Gesellschafters vom Vorliegen einer Einkünfteerzielungsabsicht ausgegangen werden.

3. Einkünfteerzielungsabsicht bei Verkaufsoptionen

Die Einkünfteerzielungsabsicht wird regelmäßig in Fällen verneint, in denen der Steuerpflichtige sich vertraglich bindet, das Grundstück innerhalb einer bestimmten Frist, in der ein Totalüberschuss schlechterdings nicht erzielbar ist, zu verkaufen[802]. Ebenso verhält es sich, wenn sich aus den Umständen im Einzelfall ergibt, dass der Steuerpflichtige sich noch nicht endgültig entschieden hat, ob er sein Grundstück kurzfristig verkaufen oder langfristig vermieten will[803]. Bei einem Angebot des Initiators zur Rückübertragung der Anteile zu einem bestimmten Zeitpunkt und zu einem bestimmten Preis wird vermutet, dass eine

---

Verlusten" nicht erfüllt sein kann, wenn im Prospekt neben Angaben zu Verlustzuweisungen ein Totalgewinn prognostiziert wird.

[799] Vgl. BFH v. 21.08.1990, BStBl. II 1991, 564; BFH v. 10.09.1991, BStBl. II 1992, 328.

[800] Vgl. BFH v. 12.12.1995, BStBl. II 1996, 219 (223).

[801] Vgl. BFH v. 21.11.2000, DB 2001, 512 (516).

[802] St. Rspr., vgl. z.B. BFH v. 31.03.1987, BStBl. II 1987, 668.

[803] Vgl. BFH v. 09.02.1993, BStBl. II 1993, 658; BFH v. 15.09.1992, BFH/NV 1994, 301.

Vermietung nur bis zu diesem Zeitpunkt gewollt ist, wenn eine Gesamtschau ergibt, dass die Anleger fest mit der Gebrauchmachung von der Option gerechnet haben, beispielsweise weil das Vertragswerk des Fonds auf das Datum der Option abgestimmt ist. Dann ist zu vermuten, dass die Anleger das Recht nicht nur kennen, sondern auch von seiner Ausübung bereits bei Zeichnung ausgehen, bzw. davon dass sie sich noch nicht zur längerfristigen und damit überschussträchtigen Anlage entschieden haben[804]. Eine Einkünfteerzielungsabsicht wird in diesem Fall vom BFH grundsätzlich verneint, da die vorwiegende Absicht der Anleger, Steuern zu sparen und nicht Überschüsse zu erzielen, vermutet wird. Die Sicht des BFH bei Vorliegen von Verkaufsoptionen ist als zu einseitig zu kritisieren. Verkaufsoptionen sind allein und ohne weitere Anhaltspunkte nicht stets ein Grund, dem Anleger Liebhaberei zu attestieren. Im Gegenteil ermöglichten sie im Krisenfall dem ernsthaft nach wirtschaftlichem Erfolg strebenden Anleger, sich gemäß den Anforderungen des BFH zu verhalten und aus einem verlustträchtigen Engagement zu lösen[805]. Diese Art der „Notfalloptionen" ist allerdings auch nach hiesiger Ansicht abzugrenzen von faktischen „Zwangsoptionen", die häufig in den Gesellschaftsverträgen der Fonds anzutreffen sind. Nur wenn der Anleger im Zeitpunkt des Erwerbs bereits erkennbar in Betracht gezogen hat, sich durch Ausübung einer Option zu einem bestimmten Zeitpunkt wieder zu trennen, ist die Einkünfteerzielungsabsicht zu verneinen.

IV. Sofortabzug von Werbungskosten als Mittel zur Renditesteigerung

Bei Immobilienfonds in der Rechtsform der KG oder der GbR mit Einkünften aus VuV, die in der gesellschaftsrechtlichen Verbundenheit ihrer Gesellschafter den Tatbestand der Einkunftserzielung erfüllen, ist auf der Ebene der Gesellschaft zu entscheiden, ob Aufwendungen, die die Gesellschaft trägt Anschaffungskosten bzw. Herstellungskosten (kurz: AK/HK) oder Werbungskosten sind[806]. Diese Unterscheidung ist von großer Bedeutung, da Werbungskosten sofort im Veranlagungszeitraum des Abflusses abziehbar sind (§§ 9 und 11 EStG), wohingegen AK/HK nur mit den AfA-Beträgen über den Nutzungszeitraum verteilt (pro rata temporis) angesetzt werden können. Steuerorientierte Immobilienfonds erzielen einen erheblichen Teil der Rendite durch Steuerersparnisse der Anleger. Die Steuerersparnis wird in erster Linie durch hohe Verlustzuweisungen in der Anfangsphase mit der Folge eines Progressions- und Barwertvorteils erreicht. Es liegt daher im Interesse von Initiatoren und Anle-

---

[804] Vgl. BFH v. 05.09.2000, BStBl. II 2000, 676 (682).
[805] Ebenso *Jakob/Hörmann*, FR 1989, 665 (678).
[806] Vgl. BFH v. 19.08.1986, BStBl. II 1987, 212.

gern, eine Qualifizierung möglichst vieler Kosten als Werbungskosten zu ermöglichen. Bei der Konzeption wurde daher in der Vergangenheit versucht, durch Vertragsgestaltungen möglichst hohe sog. weiche Kosten (soft costs) zu produzieren, die als Werbungskosten sofort abzugsfähig sind, um möglichst hohe Anfangsverluste ausweisen zu können. Von grundlegender Bedeutung für die Abgrenzung zwischen sofort abzugsfähigen Werbungskosten und im Rahmen der AfA auf die Nutzungsdauer zu verteilenden AK/HK ist bei geschlossenen Immobilienfonds die Frage, ob der Fonds als Bauherr oder als Erwerber anzusehen ist. Ist ein Fonds als Erwerber zu anzusehen, sind alle Kosten als Anschaffungskosten zu qualifizieren, mit Ausnahme von Kosten für die Finanzierung, Vermietung und steuerliche Beratung für die Zeit nach der Bezugsfertigkeit.

1. Vierter Bauherrenerlass

Bis Ende 2003 bildete der sog. 4. Bauherrenerlass[807] die Grundlage für die steuerliche Beurteilung von Kostenpositionen bei geschlossenen Immobilienfonds durch die Finanzverwaltung. Die Bauherreneigenschaft wurde darin für Einzelerwerber und geschlossene Immobilienfonds unterschiedlich geregelt. Bei Einzelerwerbern (insbesondere Anlegern von Bauherrenmodellen) wurde die Bauherreneigenschaft schon dann verneint, wenn der Anleger sich auf Grund eines vorformulierten Vertragswerks an einem Projekt beteiligte und sich bei den damit zusammenhängenden durch den Projektanbieter oder mit ihm zusammenhängenden Personen umfassend vertreten ließ[808]. Ferner wurde die Bauherreneigenschaft abgesprochen, wenn der Anleger das Baugeschehen nicht beherrschte oder das Bauherrenwagnis nicht trug[809]. Auch die Vereinbarung eines Höchstpreises konnte unter den Voraussetzungen der Tz. 1.4 schädlich sein.

Anders wurden geschlossene Immobilienfonds behandelt, denen ein vorformuliertes Vertragswerks zugrunde lag. Sie wurden trotzdem als Bauherr angesehen, wenn das Vertragswerk vom Initiator in seiner Eigenschaft als Gesellschafter entwickelt worden war[810]. Dazu wurde verlangt, dass der Initiator dieselbe gesellschaftsrechtliche Stellung innehatte wie die Anleger, also Gesellschafter des Immobilienfonds war. Die Behandlung der einzelnen Kosten richtete sich nach Tz. 7 ff. des Bauherrenerlasses. War der Fonds als Erwerber zu qualifizie-

---

[807] Vgl. BMF v. 31.08.1990, BStBl. I 1990, 366.

[808] Vgl. BMF v. 31.08.1990, BStBl. I 1990, 366, Tz. 1.1 basierend auf der Entscheidung des IX. Senats, BFH v. 14.11.1989, BStBl. II 1990, 299 zu einem Bauherrenmodell.

[809] Vgl. BMF v. 31.08.1990, BStBl. I 1990, 366, Tz. 1.2.

[810] Vgl. BMF v. 31.08.1990, BStBl. I 1990, 366, Tz. 6.

ren, so konnten nur Finanzierungskosten, Vermietungskosten und Steuerberatungskosten für die Zeit nach Bezugsfertigkeit als Werbungskosten sofort abgezogen werden[811]. War der Fonds dagegen als Bauherr anzusehen, sah der 4. Bauherrenerlass vor, dass Eigenkapitalvermittlungsprovisionen (die zumeist an die Initiatorengesellschaft zu zahlen sind) bis zur Höhe von 6% des vermittelten Eigenkapitals als Werbungskosten sofort abgezogen werden konnten[812].

2. Rechtsprechung des BFH zur Eigenkapitalvermittlungsprovision

Die wohl herrschende Meinung in der Literatur sieht Kosten, die für die Einwerbung von Eigenkapital anfallen auch bei geschlossenen Immobilienfonds als sofort abziehbare Werbungskosten an[813]. Dieser Ansicht war auch die Finanzverwaltung lange gefolgt. Trotz Ergehen einer gegenteiligen BFH-Rechtsprechung hielt sie lange an der 6-prozentigen Abzugsmöglichkeit gemäß Tz. 7 des 4. Bauherrenerlasses fest. Bereits 1989 hatte der IX. Senat entschieden, dass die Anleger in einem Bauherrenmodell als Erwerber anzusehen sind, wenn sie dem Projekt aufgrund eines vorformulierten Vertragswerks beitreten und sich bei den damit zusammenhängenden Rechtsgeschäften umfassend vertreten lassen[814]. Die Entscheidung vom 07.08.1990 (ebenfalls des IX. Senats) wendete diese Grundsätze auf einen Fall an, bei dem sich die Anleger zu einem Bauherrenmodell in Form einer GbR zusammengeschlossen hatten[815]. Im Jahr 1994 erging dann eine Entscheidung, die diese Grundsätze auch auf geschlossene Immobilienfonds in der Rechtsform der GbR übertrug[816]. Das Urteil des BFH wurde von der Finanzverwaltung zunächst mit einem Nichtanwendungserlass belegt. Die Nichtanwendung der Entscheidung wurde richtigerweise damit begründet, dass die Prüfung, ob Werbungskosten vorliegen oder Anschaffungskosten auf der Ebene der Gesellschaft zu erfolgen habe, worin der entscheidende Unterschied zu den Bauherrenmodellen läge[817]. Provisionen für die Vermittlung von Eigenkapital stellten der Finanzverwaltung zufolge auf der Fondsebene nach dem wirtschaftlichen Gehalt als Kosten für die Beschaffung von Fremdkapital keine Anschaffungskosten sondern Werbungskosten dar.

---

[811] Vgl. BMF v. 31.08.1990, BStBl. I 1990, 366, Tz. 3.3.
[812] Vgl. BMF v. 31.08.1990, BStBl. I 1990, 366, Tz. 7.
[813] Vgl. *Fleischmann/Meyer-Scharenberg*, DStR 1992, 939; DStR 1995, 479; *Tewes*, Praxishandbuch Immobilienkapitalanlagen, Teil 7/ 2.2.2; *Mellinghoff*, in: Kirchhof, EStG, § 21 Rz. 116.
[814] Vgl. BFH v. 14.11.1989, BStBl. II 1990, 299.
[815] Vgl. BFH v. 07.08.1990, BStBl. II 1990, 1024.
[816] Vgl. BFH v. 11.01.1994, BStBl. II 1995, 166.
[817] Vgl. BMF v. 01.03.1995, BStBl. I 1995, 167.

Schließlich entschied der IX. Senat des BFH im Jahre 2001 in Fortentwicklung seiner Rechtsprechung zur Eigenkapitalvermittlungsprovision bei einem geschlossenen Immobilienfonds, dass Aufwendungen, die ein Anleger als Gebühren für in gesonderten Verträgen vereinbarte Dienstleistungen (z.B. Mietgarantie, Treuhänderleistungen) entrichtet, nicht als Werbungskosten, sondern als Anschaffungskosten zu beurteilen sind, wenn aufgrund der modellhaften Verknüpfung aller Verträge diese Aufwendungen in wirtschaftlichem Zusammenhang mit der Erlangung des Eigentums an einer bezugsfertigen Immobilie stehen[818]. Dem Sofortabzug steht dem BFH zufolge § 42 AO entgegen, weil die gesondert vereinbarten Gebühren die wirtschaftliche Veranlassung nicht zutreffend wiedergeben, sondern sich nur aus der gewünschten Schaffung sofort abziehbarer Ausgaben erklären lassen.

Auch der IV. Senat des BFH entschied kurz darauf[819] in Abkehr von seiner bisherigen Auffassung[820] und unter Zurücknahme seines Vorlagebeschlusses an den Großen Senat[821], dass von einem in der Rechtsform einer gewerblich geprägten KG geführten Immobilienfonds gezahlte Eigenkapitalvermittlungsprovisionen in voller Höhe als Anschaffungs- bzw. Herstellungskosten der Fondsimmobilie(n) zu behandeln sind, wenn sich die Kommanditisten aufgrund eines vom Projektanbieter vorformulierten Vertragswerks an dem Fonds beteiligen[822].

Auf die nunmehr einhellige Rechtsprechung des IV. und IX. Senats hatte die Finanzverwaltung zunächst mit einem Schreiben reagiert, das die Anwendung der beiden Urteile erst nach einer Übergangsfrist garantierte und so vorerst Rechtssicherheit schaffte[823]. Erst zwei Jahre nach den BFH-Urteilen zur Eigenkapitalvermittlungsprovision erging der sog. 5. Bauherrenerlass, der die Rechtsprechung des BFH nunmehr übernommen hat, aber teilweise zu Lasten der Steuerpflichtigen darüber hinausgeht. Erst seit diesem Zeitpunkt ist damit die seltene Situation beendet worden, dass eine für den Steuerpflichtigen nachteilige Rechtsprechung von der Finanzverwaltung über fast zehn Jahre nicht angewendet wurde.

Die Rechtsprechung des BFH zu den Eigenkapitalvermittlungsprovisionen ist zu Recht in der Literatur auf Kritik gestoßen. Ein geschlossener Immobilien-

---

[818] Vgl. BFH v. 08.05.2001, BStBl. II 2001, 720.
[819] Vgl. BFH v. 28.06.2001, BStBl. II 2001, 717.
[820] Vgl. BFH v. 13.10.1983, BStBl. II 1984, 101 und BFH v. 23.10.1986, BStBl. II 1988, 128.
[821] Vgl. BFH v. 29.04.1999, BStBl. II 1999, 828.
[822] Vgl. BFH v. 28.06.2001, BStBl. II 2001, 717.
[823] Vgl. BMF v. 24.10.2001, BStBl. I 2001, 780.

fonds ist eine Personengesellschaft, die anerkanntermaßen zwar kein selbständiges Steuersubjekt ist, jedoch als Einkünfteermittlungssubjekt eine gewichtige Rolle bei der Einkünfteermittlung der Gesellschafter spielt[824]. Nach der richtigen früheren Anschauung wurde die Herstellereigenschaft der Gesellschaft, aus deren Mitte das Konzept entwickelt wurde (die Initiatoren waren stets auch Gesellschafter), den Anlegern zugerechnet[825]. Es kam also lediglich auf die Herstellereigenschaft auf Fondsebene an. Dieses Prinzip der selbständigen Tatbestandsverwirklichung auf Fondsebene wurde durch den BFH nun durchbrochen und der Anleger so behandelt, als habe er einen Anteil an dem fertigen Investitionsgut gekauft.

Verfechter dieser Ansicht führen den Vergleich zur Rechtsprechung des für Grunderwerbsteuer zuständigen II. Senats des BFH zum „Erwerb aus einer Hand" zur Begründung an[826]. Nach dieser Rechtsprechung ist insbesondere bei Kaufverträgen mit Bauträgern über Grundstücke bei anschließender Beauftragung des Bauträgers oder nahe stehenden Personen mit der Errichtung eines Gebäudes von einem einheitlichen Kaufvertrag über ein bebautes Grundstück auszugehen. Es wird jedoch übersehen, dass diese Rechtsprechung nur für Einzelerwerber bzw. Bauherrenmodelle passt[827]. Bei Immobilienfonds kann sie keine entsprechende Anwendung finden, ohne dass der Grundsatz der Prüfung auf Fondsebene und damit die Grundsätze des Großen Senats zur Einkünfteermittlung bei Personengesellschaften[828] durchbrochen werden.

Eine Rechtfertigung für eine solche Durchbrechung der Steuersystematik sieht der IX. Senat des BFH im allgemeinen Missbrauchsverbot gemäß § 42 AO[829]. Er begründet das von ihm geschaffene „Sonderrecht für Immobilienfonds"[830] mit der Zielsetzung der Anleger, über eine Vielzahl vorformulierter Verträge letztlich eine bezugsfertige, vermietete und verwaltete Immobilien zu erwerben. Zu Recht hatte bereits der IV. Senat in seinem Vorlagebeschluss festgestellt, dass mit dieser Argumentation allenfalls die Zahlungen der Anleger als Gegenleistung zur Erlangung der Fonds-Anteile beurteilt werden können. Die Sicht des XI. Senats hat „jedoch keine Bedeutung für die wirtschaftliche Veranlas-

---

[824] Vgl. S. 166 ff.

[825] Vgl. *Beck*, FR 2002, 446 (447).

[826] Vgl. *Weber-Grellet*, FR 2001, 888.

[827] So auch *Fleischmann*, DB 2001, 2115.

[828] Vgl. BFH v. 25.06.1984, BStBl. II 1984, 751.

[829] Vgl. BFH v. 08.05.2001, BStBl. II 2001, 720.

[830] Vgl. dazu *Fleischmann*, DB 2001, 2115, der zu Recht die Auffassung von *MK*, DStR 2001, 1384 kritisiert, welcher die Heranziehung von § 42 AO speziell für Fondsgestaltungen ob des Ausnahmecharakters sogar begrüßt.

sung der von der Fonds-Gesellschaft selbst zu tragenden Aufwendungen"[831]. Sind demnach Aufwendungen für die Eigenkapitalbeschaffung auf Ebene der Gesellschaft angefallen, kann entgegen der neueren Rechtsprechung des BFH auf der Ebene der Gesellschafter keine Umqualifizierung in Anschaffungskosten erfolgen.

3. Fünfter Bauherrenerlass

Der sog. 5. Bauherrenerlass[832] bringt große Veränderungen vor allem für die Frage der Bauherreneigenschaft. Zwar bleibt es dabei, dass die Bauherreneigenschaft grundsätzlich auf der Ebene der Gesellschaft zu beurteilen ist, jedoch sind die Anforderungen für Einzelerwerber und Fondsmodelle nicht mehr unterschiedlich zu beurteilen. Die Grundsätze, die der BFH für den Einzelerwerber entwickelt hatte, werden durch den Erlass nun auch auf geschlossene Fonds (und zwar sämtlicher Art, nicht nur Immobilienfonds) angewendet.

a) Gesteigerte Anforderungen an Beteiligung der Anleger

Von den Anlegern wird im 5. Bauherrenerlass ein über die Mitunternehmerinitiative hinausgehendes Engagement erwartet, um den Fonds als Bauherrn zu qualifizieren[833]. Der Fonds wird nur als Bauherr eingestuft, wenn die Gesellschafter sich zwar an einem vorgefertigten Vertragswerk beteiligen, jedoch in ihrer gesellschaftlichen Verbundenheit die Möglichkeit haben, auf dieses Einfluss zu nehmen. Dies soll der Fall sein, wenn der Fonds rechtlich und tatsächlich in der Lage ist, über „wesentliche Teile des Konzepts"[834] zu bestimmen. Gemäß Tz. 35 letzter Satz ist erforderlich, dass nicht der Fonds, sondern die Gesellschafter über „**die** wesentlichen Vertragsgestaltungen und deren Umsetzung tatsächlich selbst bestimmen" (Hervorhebung durch den Verfasser). Im Zusammenhang mit den folgenden Sätzen der Tz. 35 ist davon auszugehen, dass damit alle wesentlichen Konzeptbestandteile gemeint sind und nicht nur ein Teil davon. Auf diese Weise findet eine faktische Verschiebung der Prüfung der Bauherreneigenschaft auf die Ebene der Gesellschafter statt. Die damit verbundene Anhebung der Anforderungen an die Mitwirkung der Gesellschafter bei der Vertragsgestaltung wird mit der „besonderen Konzeption geschlossener

---

[831] Siehe BFH v. 29.04.1999, BStBl. II 1999, 828.
[832] Vgl. BMF v. 20.10.2003, BStBl. I 2003, 546.
[833] Vgl. BMF v. 20.10.2003, BStBl. I 2003, 546 Tz. 34.
[834] Siehe BMF v. 20.10.2003, BStBl. I 2003, 546 Tz. 35.

Fonds“ begründet[835]. Mit dieser unpräzisen Begründung setzt die Finanzverwaltung eigenes Recht, für das keine gesetzliche Grundlage besteht. Die Finanzverwaltung fordert, dass die Mitwirkungsrechte der Gesellschafter über die zur Anerkennung als Mitunternehmer gemäß § 15 Abs. 1 Satz 1 Nr. 2 EStG geforderte Initiative hinausgeht. Die Mitunternehmerinitiative ist regelmäßig gegeben, wenn ein Gesellschafter nach dem Gesellschaftsvertrag die gesetzlichen Rechte eines Kommanditisten hat. Der Grundsatz des § 164 HGB, dass der oder die Komplementäre die Geschäfte einer KG führen und die Kommanditisten von der Geschäftsführung ausgeschlossen sind, wird damit ins Gegenteil verkehrt. Es ist überdenkenswert, dass gerade bei solch komplexen Anlageformen, bei denen die Anleger regelmäßig wenig Sachkunde besitzen, die Anleger in einem Maße an der Geschäftsführung zu beteiligen sind, wie es vom Gesellschaftsrecht und auch vom Steuerrecht im Bereich der Mitunternehmerinitiative in keiner Weise vorgesehen ist.

Um die erforderliche Einflussnahmemöglichkeit der Anleger auch bei Publikumsfonds mit mehreren hundert Gesellschaftern praktisch zu verwirklichen, sieht der Erlass die Möglichkeit vor, einen Beirat zu wählen. Dieser soll von den Gesellschaftern selbst aus ihrer Mitte bestimmt werden. Es wird angesichts des Wortlauts „aus ihrer Mitte bestimmt“ und nicht „aus ihrer Mitte gewählt“ davon ausgegangen, dass nicht nur Gesellschafter zu Beiräten gewählt werden können, sondern auch außen stehende Dritte, allerdings weder der Initiator selbst noch Personen aus seinem Umfeld[836]. Die Wahl darf erst stattfinden, wenn bereits 50% des prospektierten Kapitals eingezahlt sind, was für die Praxis angesichts der erst nach der Einzahlung möglichen Entscheidung über das Konzept eine große Hürde darstellen wird.

b) Vergleich mit Medienfonds

Auch Film- und Fernsehfonds (nachfolgend Medienfonds) basieren in besonderem Maße auf der Zuweisung anfänglicher Verluste an ihre Anleger. Gemäß § 248 Abs. 2 HGB und § 5 Abs. 2 EStG sind Kosten für die Herstellung immaterieller Wirtschaftsgüter nicht zu aktivieren, sondern müssen sofort als Aufwand abgezogen werden. Daher ist es für diese Fonds von grundsätzlicher Bedeutung, dass sie als Hersteller und nicht als Erwerber angesehen werden. Ansonsten erfolgt die Aktivierung und Abschreibung der Kosten über die voraussichtliche

---

[835] Siehe BMF v. 20.10.2003, BStBl. I 2003, 546 Tz. 34.

[836] Siehe BMF v. 20.10.2003, BStBl. I 2003, 546 Tz. 34. Ebenso *Beck*, Der Bauträger, 2003, 286 (287).

Nutzungsdauer, die nach Ansicht der Finanzverwaltung bei Filmrechten regelmäßig 50 Jahre beträgt.

Der 5. Bauherrenerlass regelt anders als sein Vorgänger den Bereich sämtlicher geschlossener Fonds, so dass die bisher übliche Übertragung der Grundsätze des 4. Bauherrenerlasses auf andere Fondsgestaltungen entfällt[837]. Eine Ausnahme gilt jedoch für Medienfonds, für die eine eigene Verwaltungsanweisung existiert[838]. Durch das zuletzt ergangene Schreiben vom 05.08.2003 werden die Tz. 9 bis 11 des Medienerlasses vom 23.02.2001 geändert[839]. Die geänderten Passagen sind fast wortgleich mit den Tz. 33 bis 37 des 5. Bauherrenerlasses. Entscheidender Unterschied ist jedoch die unverändert gebliebene Tz. 12e des Medienerlasses. Dort wird geregelt, dass einem Fonds dann die Herstellereigenschaft nicht abgesprochen wird, wenn zwar ein bereits begonnenes Projekt übernommen wird, jedoch dem Fonds wesentliche Einflussnahmemöglichkeiten verbleiben[840]. Typisierend wird dies dann angenommen, wenn mit den Dreharbeiten noch nicht begonnen wurde. Es reicht allein die Möglichkeit zur Einflussnahme aus. Nicht erforderlich ist also die tatsächliche Einflussnahme nach diesem Zeitpunkt. Die neue Tz. 11 nimmt ausdrücklich auf diese Tz. 12e Bezug und bringt damit zum Ausdruck, dass das BMF diese nicht ändern wollte. Daraus ergibt sich die Möglichkeit von Medienfonds, die Anleger erst kurz vor Beginn der Dreharbeiten beitreten zu lassen und zuvor im Kreise der Initiatoren über das wesentliche Konzept der Gesellschaft, an der die Initiatoren ebenfalls beteiligt sind, zu entscheiden[841]. Ausreichend ist dann, dass den Gesellschaftern die tatsächliche und rechtliche Möglichkeit verbleibt auf spätere Änderungen Einfluss zu nehmen. Dadurch läuft die Tz. 9 in der Fassung vom 05.08.2003 regelmäßig leer. Die wesentliche Änderung für Medienfonds besteht faktisch nur in den erhöhten Anforderungen an die Mitwirkungsmöglichkeit der Gesellschafter gegenüber den früher ausreichenden Einflussnahmemöglichkeiten der Geschäftsführung der Gesellschaft, von der die Anleger regelmäßig ausgeschlossen waren.

Im 5. Bauherrenerlass besteht keine der Tz. 12e des Medienerlasses vergleichbare Vorschrift. Das bedeutet, dass ein nachträglicher Beitritt bei anderen als

---

[837] Vgl. *Beck*, Der Bauträger, 2003, 286.

[838] Vgl. BMF v. 23.02.2001, BStBl. I 2001, 175 (Medienerlass), geändert durch BMF v. 05.08.2003, BStBl. I 2003, 406.

[839] Vgl. ausführlich zu den Änderungen *Radau/Dümichen*, BB 2003, 2261.

[840] So auch *von Wallis/Schumacher*, DStR 2003, 1857 (1860), die ebenfalls von der Möglichkeit ausgehen, Medienfonds beizutreten, bei denen bereits erhebliche Vorarbeiten gemacht wurden, ohne dass dies Auswirkungen auf die Herstellereigenschaft hätte.

[841] Vgl. *Beck*, Fondszeitung v. 30.10.2003.

Medienfonds stets zur Erwerbereigenschaft führt, wohingegen bei Medienfonds auch in Zukunft eine Blind-Pool-Konstruktion, bei der die Anleger erst nach Beitritt und Leistung der Einlage über das Konzept entscheiden, vermieden werden kann. Eine solche Ungleichbehandlung ist sachlich nicht gerechtfertigt. Vor allem volkswirtschaftlich macht eine steuerliche Bevorzugung der Medienfonds gegenüber Immobilienfonds keinen Sinn. Ein Großteil der in Medienfonds investierten Gelder fließt in Filmproduktionen im Ausland - insbesondere Hollywood - ab und wird auf diese Weise der deutschen Volkswirtschaft entzogen. Dadurch entsteht die oft kritisierte Situation, dass der Abfluss von Kapital in die USA durch das deutsche Steuersystem „subventioniert" und das Bruttosozialprodukt der USA mit deutschen Steuervorteilen gesteigert wird[842].

c) Mögliche Konstruktionen in der Zukunft

Mit den stark gestiegenen Anforderungen an die Bauherreneigenschaft wird in Zukunft die Konzeption eines Publikumsimmobilienfonds mit Herstellereigenschaft praktisch unmöglich gemacht. Nach den Vorgaben des BMF sind Anleger eventuell auch nicht mehr als Hersteller anzusehen, die dem Fonds zwar vor der Entscheidung über das Konzept aber erst nach der Wahl des Beirats beitreten. Sicher ist, dass Anleger, die erst nach der Entscheidung des Beirats über das Konzept beitreten als Erwerber behandelt werden. Es verbleibt die Möglichkeit der Konstruktion von Erwerbermodellen, die im Gegensatz zu den Herstellerfonds mangels steuerlicher Abzugsmöglichkeiten nicht mehr steuer- sondern renditeorientiert sein werden[843]. Denn nach Tz. 38 gehören grundsätzlich alle Aufwendungen der Investitionsphase zu Anschaffungskosten. Dazu zählen auch Vergütungen für Komplementäre, Geschäftsführer und Treuhänder, soweit sie auf die Investitionsphase entfallen. Nach Tz. 39 f. können lediglich solche Kosten Werbungskosten sein, die auch ein Einzelerwerber als Werbungskosten abziehen könnte. Voraussetzung bei Leistungen durch die Anbieterseite ist zudem eine vertraglich vereinbarte, rechtliche und tatsächliche Abwahlmöglichkeit der Leistungen durch die Gesellschafter in ihrer gesellschaftlichen Verbundenheit (vgl. Tz. 11).

Bei den geschlossenen Fonds mit ausreichender Einflussnahmemöglichkeit der Anleger differenziert der 5. Bauherrenerlass zwischen Hersteller, Modernisierungs- und Sanierungsmodellen einerseits und den Erwerbermodellen anderer-

---

842 In den USA wird angesichts dessen von deutschem „Stupid Money" gesprochen, siehe *Koberstein/Stoll*, Filmfonds für Reiche, http://www.zdf.de/ZDFde/inhalt/24/0,1872,2089880,00.html.

843 Ebenso *Beck*, Der Bauträger 2003, 286 (287).

seits. Erstere haben die Möglichkeit zahlreiche Kosten als Werbungskosten abzuziehen, da sich bei ihnen die Abgrenzung zwischen Erwerber und Herstellereigenschaft nach den allgemeinen Grundsätzen des § 6 Abs. 1 Nr. 1 EStG vollzieht[844]. So bleibt ihnen die Möglichkeit des Sofortabzugs der Eigenkapitalvermittlungsprovision bis zur Höhe von 6% des vermittelten Eigenkapitals[845], was wirtschaftlich einen besonders großen Posten auf der Seite des Werbungskostenabzugs ausmacht. Es gelten die allgemeinen Tz. 5 bis 7 und speziell die Tz. 21 bis 29. Des Weiteren besteht die Möglichkeit, Haftungs- und Geschäftsführungsgebühren, soweit sie auf Treuhandleistungen im Zusammenhang mit Werbungskosten und den wirtschaftlichen Baubetreuungsbereich entfallen, als Werbungskosten abzuziehen. Bei den Erwerbermodellen mit ausreichender Einflussnahmemöglichkeit, also Fonds die investorenbestimmt über den Erwerb eines Wirtschaftsgutes entscheiden, ist ebenfalls der Abzug einer sechsprozentigen Eigenkapitalvermittlungsprovision möglich.

Durch die Anforderungen an die „Anlegerinitiative“ werden die klassischen steuerorientierten Immobilienfonds mit hohen Verlustzuweisungen in der Anfangsphase mit großer Wahrscheinlichkeit vom Markt verschwinden. Nach dem 5. Bauherrenerlass darf die Entscheidung über die Investitionen nur durch die Anleger als Gesellschafter erfolgen, wenn der Fonds die Bauherreneigenschaft haben soll, was eine in der Praxis beinahe unmögliche Voraussetzung ist[846].

Es ergeben sich allerdings Möglichkeiten für andere Konzepte, wobei insbesondere Modernisierungsmodelle für Initiatoren und Anleger interessant werden könnten[847]. Bei ihnen erwirbt der Fonds ein mit einem Altbau bebautes Grundstück. Nach dem Beitritt der Anleger wird der Altbau saniert und anschließend vermietet. Nach der Rechtsprechung des IX. Senats werden die Kosten der Sanierung bei modellhaften Verträgen als Anschaffungskosten für die fertig modernisierte Immobilie gewertet[848]. Da die Kosten für den Kauf des Altbaus in jedem Fall Anschaffungskosten darstellen, gilt es die Modellhaftigkeit lediglich bei der Modernisierung zu vermeiden. D.h. über Art und Ausmaß der Modernisierung dürfte erst nach dem Beitritt der Gesellschafter durch diese bzw. den Beirat entschieden werden, dann wäre der Fonds diesbezüglich als Bauherr an-

---

[844] Vgl. BMF v. 20.10.2003, BStBl. I 2003, 546 Tz. 41.
[845] Vgl. BMF v. 20.10.2003, BStBl. I 2003, 546 Tz. 43.
[846] So auch die Prognose von *Beck*, Der Bauträger, 2003, 286, der die Vertriebsfähigkeit von solchen Blind-Pool-Fonds anzweifelt. Ebenso *Fleischmann*, DStR 2002, 1293 (1294 f.), der eine Realisierungsmöglichkeit in Form von Blind-Pool-Fonds nur noch für kleinere Projekte mit wenigen Anlegern - v.a. sog. Private Placements - sieht.
[847] Ebenso *Scharwies*, BB 2004, 295 (296).
[848] Vgl. z.B. BFH v. 04.02.1992, BStBl. II 1992, 883.

zusehen. Für die Modernisierung wären auch bei einem Blind-Pool-Fonds die Kosten und damit das Risiko überschaubar, da zumindest die Immobilie bei dem Beitritt ja schon feststehen würde. Würde die Konstruktion eines solchen Blind-Pool-Modernisierungsfonds mit ausreichender Einflussnahmemöglichkeit durch die Gesellschafter gelingen, so wären die Modernisierungskosten als Werbungskosten sofort abziehbar, wenn sie nicht eine Verbesserung des Standards bewirken. Verschleißbedingte Mängel und ein Reparaturstau führen weder zur Funktionsuntüchtigkeit noch zu einer Herabstufung des Standards, so dass stark modernisierungsbedürftige Objekte, die früher jedoch einen hohen Standard aufwiesen, die idealen Objekte für solche Fonds wären, da durch die hohen Modernisierungskosten hohe Anfangsverluste mit entsprechenden Verlustzuweisungen an die Anleger entstehen würden[849].

Es zeigt sich, dass auch noch so rigide Gesetze oder Verwaltungsregelungen Gestaltungen eine Inanspruchnahme steuerlicher Begünstigungen in Form von Kapitalanlagemodellen nicht verhindern können. Das „Hase-und-Igel-Rennen“ geht hier zumeist zugunsten der Initiatoren aus, die bei der Entwicklung von Gestaltungen große Kreativität zeigen. Einen deutlich größeren Erfolg bei der Eindämmung von Steuersparmodellen könnte durch eine umfassende Streichung von steuerlichen Subventionsnormen erzielt werden.

V. Anschaffungs- und Herstellungskosten, anschaffungsnaher Aufwand und AfA – die AfA als Subventionsmittel

Die Bedeutung der Qualifizierung von Kosten als Werbungskosten oder Anschaffungs- bzw. Herstellungskosten wurde bereits im 2. Kapitel erörtert. Hierzu wird vollumfänglich auf die entsprechenden Ausführungen zu Einzelimmobilien verwiesen[850]. Dabei ist bei geschlossenen Immobilienfonds ebenso wie bei Einzelimmobilien auch der sog. anschaffungsnahe Aufwand von Bedeutung. Bei Kosten, die sich nicht als sofort abziehbare Werbungskosten qualifizieren

---

[849] Keinen Nutzen können Modernisierungsmodelle aus der Rechtsprechungsänderung des IX. Senats des BFH zu anschaffungsnahen Herstellungskosten ziehen. Die frühere Verwaltungsregelung R 157 Abs. 4 EStR, hatte einen anschaffungsnahen Herstellungsaufwand angenommen, wenn der Aufwand im zeitlichen Zusammenhang mit dem Erwerb stand (i.d.R. drei Jahre) und mehr als 15% der Anschaffungskosten betrug. Die beiden BFH-Urteile v. 12.09.2001, BStBl. II 2003, 569 und 574 hatten es für unzulässig erklärt, allein von der Höhe der Aufwendungen auf Herstellungskosten zu schließen. Daraufhin wurde die Verwaltungsregelung durch das StÄndG 2003 – in verschärfter Form – durch Einfügung des § 6 Abs. 1a EStG zum Gesetz gemacht. Vgl. dazu auch S. 138 ff.

[850] Vgl. S. 142 ff.

lassen, spielte und spielt die Inanspruchnahme von Sonderabschreibungen und Sonder-AfA eine erhebliche Rolle. Insbesondere die Sonderabschreibungen zur Förderung des „Aufbau Ost" führten in den neunziger Jahren zu Boomzahlen bei geschlossenen Immobilienfonds, da diese gegenüber Einzelimmobilien den Vorteil boten, auch Beteiligungen mit kleineren Anlagebeträgen zu ermöglichen[851].

VI. Verlustabzugsbeschränkungen – Reaktion des Gesetzgebers auf die Nutzung von Steuersubventionen

Mehrmals wurde im Verlauf dieser Arbeit auf die restriktive steuerliche Behandlung von Verlusten durch Finanzverwaltung und Rechtsprechung vor allem im Rahmen der Prüfung der Einkünfteerzielungsabsicht hingewiesen. Auch der Gesetzgeber wurde in immer wieder tätig, insbesondere wurden Verlustabzugsbeschränkungen eingeführt, die die Geltendmachung von Verlusten in bestimmten Konstellationen verhindern sollen. Während anfänglich der Verlustabzug in relativ allgemeiner Form beschränkt wurde, richtet sich § 2b EStG nunmehr direkt an die Anleger von sog. Verlustzuweisungsgesellschaften und schafft damit ein gesetzliches Sonderrecht für diese Anlageformen. Zwar existierte bereits seit längerem eine Sonderbehandlung dieser Anlagemodelle durch die Rechtsprechung, jedoch ist das Anknüpfen der Steuergesetzgebung daran ein Novum.

1. § 2b EStG

§ 2b EStG beschränkt die Verlustverrechnung aus der Beteiligung an sog. Verlustzuweisungsgesellschaften und ähnlichen Modellen auf positive Einkünfte aus solchen Modellen, wenn bei dem Erwerb oder der Begründung der Einkunftsquelle die Erzielung eines steuerlichen Vorteils im Vordergrund steht (§ 2b Satz 1 Halbsatz 2 EStG)[852]. Ein Verlustabzug bei anderen Einkünften nach § 10d EStG ist bei Anwendbarkeit der Vorschrift ebenfalls nicht möglich (§ 2b Satz 2 EStG). Hauptzweck der Vorschrift ist die Zurückdrängung von unerwünschten Steuersparmodellen[853]. Sie ist Teil einer Gesetzgebungstendenz, die auf die Gewährleistung einer Mindestbesteuerung abzielen soll und Vertragsgestaltungen verhindern will, die dem ökonomischen Prinzip scheinbar zuwiderlaufen und nur durch die Vermeidung von steuerlicher Belastung anderwei-

---

[851] Vgl. *Loritz*, WM 1998, 685.
[852] § 2b EStG wurde mit dem Steuerentlastungsgesetz 1999/2000/2002 eingeführt.
[853] Vgl. Gesetzesbegründung des Finanzausschusses, BT-Drucks. 14/443, S. 46.

tig erzielter Einkünfte wirtschaftlich Sinn machen[854]. Der Gesetzgeber versagt dem Steuerpflichtigen auf diese Weise indirekt die Inanspruchnahme von Steueranreizen, die er zuvor selbst geschaffen hat. Dies führt zu dem bereits oben angesprochenen konzeptionellen Widerspruch mit vorhandenen steuerlichen Lenkungsnormen[855].

Die steuerliche Literatur kritisiert die Vorschrift des § 2b EStG außerdem wegen fehlender Normenklarheit und daraus folgender Rechtsunsicherheit[856]. Darauf hat die Finanzverwaltung mit einem sehr ausführlichen Anwendungsschreiben[857] reagiert, das die wichtigsten Zweifelsfragen des § 2b EStG regelt und so der Praxis ermöglicht die Risiken abzuschätzen, die § 2b EStG bietet. In Tz. 2 des Anwendungsschreibens wird klargestellt, dass in § 2b EStG die Einkünfteerzielungsabsicht vorausgesetzt wird. Während nach der BFH Rechtsprechung eine Verlustzuweisungsgesellschaft dann vorlag, wenn die Einkünfteerzielungsabsicht fehlte[858], verwendet § 2b EStG diesen Begriff für Fälle, bei denen in den Anfangsjahren vorübergehend Verluste generiert werden, insgesamt aber ein Totalgewinn erstrebt wird. Ein Verlustzuweisungsmodell liegt regelmäßig nicht vor, wenn das Verhältnis des in der Verlustphase kumulierten Verlusts zur Höhe des gezeichneten, nach dem Betriebskonzept aufzubringenden Kapitals 50% nicht übersteigt. Die Anwendung des § 2b EStG setzt zudem voraus, dass im Zeitpunkt des Erwerbs oder der Begründung der Einkunftsquelle die Erzielung eines steuerlichen Vorteils im Vordergrund stand[859]. Dies ist insbesondere gegeben bei Erfüllung der Regelbeispiele in § 2b Satz 3 EStG. Danach darf nach dem Betriebskonzept der Gesellschaft/ Gemeinschaft die Rendite auf das einzusetzende Kapital nach Steuern nicht mehr als das Doppelte der Rendite vor Steuern betragen bzw. die Betriebsführung nicht überwiegend auf diesem Umstand beruhen. Auch dürfen dem Kapitalanleger keine Steuerminderungen durch Verlustzuweisungen in Aussicht gestellt werden, sonst steht bereits hierdurch die Erzielung eines steuerlichen Vorteils im Vordergrund.

Auch die Finanzverwaltung scheint sich der Probleme, die die Anwendung des § 2b EStG macht, bewusst zu sein. So könnte jedenfalls die Entwicklung der Anforderungen verstanden werden, die nunmehr durch den 5. Bauherrenerlass

---

[854] Ebenso *Seeger*, in: Schmidt, EStG, § 2b Rz. 1.

[855] Vgl. *Seeger*, in: Schmidt, EStG, § 2b Rz. 1 und die Kritik daran auf S. 103 ff.

[856] Teilweise wird deswegen sogar Verfassungswidrigkeit angenommen: vgl. *Seeger*, in: Schmidt, § 2b Rz. 1; *Seer/Schneider*, BB 1999, 872, *Birk/Kulosa*, FR 1999, 433 (436); *Söffing*, DB 2000, 2340.

[857] Vgl. BMF v. 05.07.2000, BStBl. I 2000, 1148.

[858] Vgl. BFH v. 12.12.1995, BStBl. II 1996, 219.

[859] Vgl. BMF v. 05.07.2000, BStBl. I 2000, 1148 Tz. 14.

an die „Anlegerinitiative“ gestellt werden. Durch die Voraussetzung der Entscheidung der Gesellschafter über die wesentlichen Teile des Konzepts wird die Prüfung des § 2b EStG ausgeschaltet. Entscheiden die Gesellschafter selbst erst nach Beitritt zur Gesellschaft über das Konzept, so liegt nämlich keine Modellhaftigkeit vor. Die Modellhaftigkeit würde sich gerade aus einem vorgefertigten – also vor dem Beitritt ausgearbeiteten - Konzept ergeben[860]. Damit ist § 2b EStG für geschlossene Fonds, die nach dem 5. Bauherrenerlass konstruiert werden, bedeutungslos geworden[861].

2. § 15a EStG

Die Vorschrift des § 15a EStG regelt die steuerliche Behandlung von Verlusten durch beschränkt haftende Mitunternehmer[862]. Seit der Einfügung von § 21 Abs. 1 Satz 2 EStG ist die Regelung sinngemäß auch auf Einkünfte aus VuV anzuwenden. Seither fallen auch vermögensverwaltende Personengesellschaften mit Einkünften aus VuV in den Anwendungsbereich. Unter bestimmten Voraussetzungen ist gemäß § 15a EStG eine Verrechnung des einem Kommanditisten zuzurechnenden Anteils am Verlust einer Kommanditgesellschaft nicht erlaubt. Gemäß § 15a Abs. 1 Satz 1 EStG ist weder ein Ausgleich mit anderen Einkünften aus Gewerbebetrieb noch mit Einkünften aus anderen Einkunftsarten möglich, soweit bei dem Kommanditisten ein negatives Kapitalkonto entsteht. Bei der Ermittlung des Kapitalkontos ist zu beachten, dass jegliches Sonderbetriebsvermögen des Kommanditisten unberücksichtigt bleibt[863]. Im Ergebnis wird ein Verlustanteil nur berücksichtigt, indem er den Gesellschafter bei wieder anfallenden Gewinnen tatsächlich wirtschaftlich belastet[864].

Dies gilt gemäß § 15a Abs. 5 EStG entsprechend auch für Gesellschafter anderer Gesellschaftsformen, die von der persönlichen Haftung befreit sind. So ist auch der Gesellschafter einer GbR, dessen Inanspruchnahme durch Vertrag ausgeschlossen oder sonst unwahrscheinlich ist gem. § 15a Abs. 5 Nr. 2 EStG von dem Verlustausgleichsverbot betroffen. Allerdings ist zu beachten, dass der

---

[860] Vgl. BMF v. 22.08.2001, BStBl. I 2001, 588, Tz. 17 ff.
[861] So auch *Beck*, FR 2002, 446 (449).
[862] Die Einführung beruhte auf der damals herrschenden Ansicht, dass Verlustanteile steuerlich auch bei negativem Kapitalkonto anzuerkennen wären, wenn nicht bei Bilanzerstellung schon feststehe, dass ein Ausgleich des negativen Kapitalkontos mit künftigen Gewinnanteilen des Kommanditisten nicht mehr in Betracht käme, vgl. BFH GrS, BStBl. II 1981, 164 m.w.N.
[863] Vgl. *Wagner/Loritz,* Steuerorientierte Kapitalanlage, Bd. 1, Rz. 1347.
[864] Vgl. *Herrmann*, StuW 1989, 97.

BGH es abgelehnt hat, eine Haftungsbeschränkung allein durch einen Namenszusatz „mbH" anzuerkennen[865]. Eine Haftungsbeschränkung nach außen entfaltet infolgedessen nur Wirkung, wenn die beschränkte Haftung für jeden Einzelvertrag individuell vereinbart wird[866]. Fällt ein Gesellschafter nicht unter die Alt. 1, so ist die Alt. 2 zu prüfen, deren Voraussetzungen weiter gefasst sind. Notwendig ist dafür lediglich, dass die Inanspruchnahme des Gesellschafters unwahrscheinlich ist. Dies ist jedoch nicht schon dann erfüllt, wenn ein Fonds einen Finanzplan hat, der keinen Nachschuss vorsieht. Letztendlich erfasst § 15a EStG jedweden Mitunternehmer, dessen Haftung beschränkt ist.

3. § 2 Abs. 3 Sätze 2 ff. EStG a.F.

In § 2 Abs. 3 EStG wurden durch das Steuerentlastungsgesetz 1999/2000/2002 die Sätze 2 bis 8 angefügt. Diese regeln unbeschadet des horizontalen Verlustausgleichs (Ausgleich innerhalb einer Einkunftsart) eine Beschränkung des vertikalen Verlustausgleichs (Ausgleich zwischen verschiedenen Einkunftsarten). Nach § 2 Abs. 3 Satz 3 EStG a.F. war die Summe der positiven Einkünfte, soweit sie den Sockelbetrag von EUR 51.500 überstieg, durch negative Summen der Einkünfte aus anderen Einkunftsarten nur bis zur Hälfte zu mindern. Ferner regelte § 2 Abs. 3 EStG a.F. in den Sätzen 6 bis 8 die Beschränkung für zusammenveranlagte Ehegatten. Im Ergebnis wurde mit § 2 Abs. 3 EStG a.F. durch die Beschränkung der innerperiodischen Verlustausgleichsmöglichkeiten zwischen den Einkunftsarten eine Mindestbesteuerung erreicht. § 2 Abs. 3 Sätze 2 ff. EStG a.F. stellte einen Versuch des Gesetzgebers dar, die Möglichkeiten zur Steuerlastreduzierung durch Abschreibungsmodelle zu beschränken. Trotz der allgemeinen Fassung sollte die Vorschrift laut der Gesetzesbegründung vornehmlich auf die Beschränkung der Verrechnung von Verlusten aus solchen Modellen zielen[867].

Jedoch ist es gerade die undifferenzierte Beschränkung des Verlustabzugs, die die Vorschrift in den Verdacht der Verfassungswidrigkeit brachte. Gerade weil sich die Vorschrift nicht speziell auf Einkünfte bezieht, die der gezielten Verlustnutzung dienen sollen, sondern alle die Leistungsfähigkeit indizierenden Einkünfte in ihrer Gesamtheit erfasst, ist die Regelung als verfassungswidrig anzusehen[868]. In mehreren Aussetzungsverfahren hat auch der BFH ernstliche

---

[865] Vgl. BGH v. 27.09.1999, DStR 1999, 1704.

[866] Zu den Folgen im Steuerrecht vgl. BMF v. 18.07.2000, BStBl. I 2000, 1198.

[867] Vgl. BT-Drucks. 14/23, S. 167. Danach soll die Vorschrift sowohl vermögensverwaltende als auch gewerblich geprägte Abschreibungsmodelle erfassen.

[868] Ebenso *Raupach/Böckstiegel*, FR 1999, 617 (621); *Birk/Kulosa*, FR 1999, 433 (438 f.);

Zweifel an der Verfassungsmäßigkeit dieser Vorschrift angemeldet[869], so dass sie schließlich mit Wirkung zum 01.01.2004 aufgehoben wurde, ohne dass die Entscheidung des BVerfG abgewartet wurde[870]. Dabei rügt der XI. Senat des BFH bei sog. „echten Verlusten" die Nichtberücksichtigung des Existenzminimums, wenn die Ausgaben und die festgesetzte Einkommensteuer die Einnahmen übersteigen[871]. Dagegen betont der XI. Senat in einer anderen Aussetzungsentscheidung, dass speziell bei negativen Einkünften aus VuV, die auch durch nach dem FördG begünstigte Investitionen entstanden sind, keine ernstlichen Zweifel an der Verfassungsmäßigkeit der Vorschrift bestünden:

> „Gerade in den Fällen, in denen der Steuerpflichtige neben hohen Verlusten auch hohe positive Einkünfte erzielt hat, kann der Gesetzgeber eine differenzierende Lösung vorsehen, die trotz der Verluste den begrenzten steuerlichen Zugriff auf die positiven Einkünfte erlaubt. Der Gesetzgeber kann dabei berücksichtigen, dass Steuerpflichtige, die über hohe positive Einkünfte verfügen, häufig durch gezielte Maßnahmen, die - wie z.B. Investitionen nach dem FördG - steuerrechtlich zu Verlusten führen, ihre Einkommensteuerschuld herabzusetzen versuchen."[872]

Diese Begründung zeigt beispielhaft eine Tendenz, die Nutzung von steuermindernden Effekten vor allem im Bereich der Immobilieninvestitionen zu stigmatisieren und zu beschränken. Der XI. Senat bleibt eine Erörterung der Problematik der Widersprüchlichkeit der Rechtsordnung[873], die durch die Schaffung von steuerlichen Anreizen durch den Gesetzgeber einerseits und die Verhinderung ihrer Nutzung durch andere gesetzliche Vorschriften andererseits ausgelöst wird, weitgehend schuldig.

Mit der Sonderbehandlung von Verlusten aus Immobilieninvestitionen – gerade unter Inanspruchnahme von Sonderabschreibungen – wird eine Zweiteilung von Verlusten in echte und unechte Verluste vorgenommen. „Echte Verluste" sollen dem IX. Senat bei Berücksichtigung von Normal-AfA vorliegen und nur diese seien bei der Bestimmung des Existenzminimums maßgeblich[874]. Unechte,

---

Tipke/Lang, Steuerrecht, § 9 Rz. 67.

869 Vgl. BFH v. 06.03.2003, BStBl. II 2003, 516 und 523; BFH v. 07.07.2004, DStR 2004, 2139.

870 Vgl. § 52 Abs. 2a EStG.

871 Siehe BFH v. 07.07.2004, DStR 2004, 2139 .

872 Vgl. BFH v. 09.05.2001, BStBl. II 2001, 552 (553).

873 Siehe dazu S. 103.

874 Vgl. BFH v. 07.07.2004, DStR 2004, 2139.

durch Sonderabschreibungen entstandene Verluste könnten demzufolge dazu führen, dass trotz tatsächlich negativer Einkünfte Einkommensteuer erhoben wird. Diese Auffassung des XI. Senats widerspricht dem vom IX. Senat oft betonten Prinzip der Widerspruchsfreiheit der Rechtsordnung. Bei der Frage der Berücksichtigung von steuerlichen Subventions- und Lenkungsnormen bei Prüfung der Einkünfteerzielungsabsicht ist nach Ansicht des IX. Senats die Intention des Gesetzgebers entscheidend, durch das Angebot von Steuersubventionen bestimmte Investitionen anzureizen[875]. Eine Berücksichtigung die zur Aberkennung der Steuerbarkeit führt, stellt danach einen Verstoß gegen das Gebot der Widerspruchsfreiheit und Folgerichtigkeit der Rechtsordnung dar. Gleiches muss auch für die Bestimmung des Existenzminimums gelten. Eine Differenzierung in echte und unechte Verluste erscheint künstlich und widerspricht der Förderungsabsicht des Gesetzgebers. Infolgedessen verstößt die Differenzierung auch gegen das subjektive Nettoprinzip, da das Existenzminimum durch die Differenzierung nicht vor der Besteuerung geschützt ist.

Der Verstoß ist nicht gerechtfertigt durch den Zweck, den Abzug von unerwünschten „fiktiven" Verlusten zu beschränken. Zum einen war eine solche Differenzierung im Wortlaut von § 2 Abs. 3 Sätze 2 ff. EStG a.F. nicht angelegt. Aber auch eine verfassungskonforme Auslegung in Richtung einer Beschränkung auf unerwünschte Verluste kann nicht erfolgen, da im Einkommensteuerrecht bereits zahlreiche Vorschriften existieren, die diese Aufgabe erfüllen (z.B. § 2a, § 2b, § 15 Abs. 4, § 15a, § 22 Nr. 3 Satz 3, § 23 Abs. 3 Sätze 6 und 7 EStG)[876]. § 2b EStG wurde beispielsweise gleichzeitig mit der Änderung des § 2 Abs. 3 EStG durch das Steuerentlastungsgesetz 1999/2000/2002 eingeführt und soll eben solche Verluste erfassen. Die Regelungen in § 2 Abs. 3 Sätze 2 ff. EStG a.F. waren insofern zur Zweckerreichung nicht erforderlich.

4. § 10d EStG

Durch das Steuerentlastungsgesetz 1999/2000/2002 wurde mit § 10d Abs. 2 EStG eine Beschränkung des überperiodischen Verlustabzugs durch Beschränkung des Verlustvortrags eingeführt, die im Zusammenwirken mit § 2 Abs. 3 Sätze 2 ff. EStG a.F. eine einkunftsartspezifische Mindestbesteuerung gewährleisten sollte. Im Rahmen der Streichung von § 2 Abs. 3 Sätze 2 ff. EStG a.F. wurde auch § 10d EStG geändert. Gemäß § 10d Abs. 1 Satz 1 EStG in der Fas-

---

[875] Vgl. BFH v. 30.09.1997, BStBl. II 1998, 771; BFH v. 06.11.2001, DStR 2002, 253 unter Punkt II. 1. e) ff).

[876] Ebenso *Palm*, DStR 2002, 152 (159); *Holdorf*, BB 2001, 2085 (2089).

sung des Gesetzes vom 22. Dezember 2003[877] ist ein Verlustrücktrag auf einen Betrag von EUR 511.500,- bei Ledigen und EUR 1.023.000,- bei Ehegatten beschränkt. Nicht ausgeglichene, im Rahmen des Verlustabzugs nicht berücksichtigte negative Einkünfte können in den folgenden Veranlagungszeiträumen vom Gesamtbetrag der Einkünfte nur noch beschränkt abgezogen werden (Verlustvortrag). Ein Verlustvortrag ist bis zur Höhe von EUR 1.000.000,- unbeschränkt, darüber hinaus in Höhe von 60% des EUR 1.000.000,- übersteigenden Gesamtbetrags möglich. Bei zusammenveranlagten Ehegatten liegt der Sockelbetrag bei EUR 2.000.000,- (§ 10d Abs. 2 Satz 2 EStG).

Die Beschränkung des Verlustvortrags in Kombination mit dem beschränkten Verlustrücktrag, die anders als § 2 Abs. 3 i.V.m. § 10d Abs. 2 EStG in der Fassung des Steuerentlastungsgesetzes 1999/2000/2002 nicht nur einkunftsartspezifisch wirkt, führt zu einer globalen einkünfteübergreifenden Mindestbesteuerung oberhalb der Sockelbeträge. § 10d EStG in der aktuellen Fassung soll damit anders als nach der alten Fassung nicht so sehr der Beschränkung von durch Sonderabschreibungen bewirkten Verlusten dienen[878], sondern ist vor dem Hintergrund hoher Verlustvorträge von Unternehmen zum einen durch die augenblickliche Konjunkturlage und zum anderen durch den Übergang vom Anrechnungs- zum Halbeinkünfteverfahren im Körperschaftsteuerrecht zu sehen. Auch durch die aktuelle einkünfteübergreifende Mindestbesteuerung wird m.E. das Leistungsfähigkeitsprinzip durchbrochen. Mit der herrschenden Meinung ist das Lebenseinkommen als idealer Indikator der Leistungsfähigkeit anzusehen[879]. Entgegen der Ansicht des XI. Senat des BFH genügt es nicht, dass Verluste in diesem Rahmen überhaupt irgendwann berücksichtigt werden[880]. Gerade dies ist durch die aktuelle Rechtslage auch nicht sichergestellt, da bei einem Ableben vor vollständiger Verlustkompensation eine Übermaß- oder sogar Substanzbesteuerung droht. Dasselbe gilt für vor vollständiger Verlustkompensation aufgelöste Körperschaften. Relativ offensichtlich ist die fiskalische Zwecksetzung der Verlustabzugsbeschränkungen des § 10d Abs. 2 EStG in der aktuellen Fassung[881]. Indes lässt sich eine Durchbrechung des Leistungsfähigkeitsprinzips in

[877] BGBl. I 2003, S. 2840.
[878] Vgl. zur gesetzgeberischen Intention den Fraktionsentwurf des Steuerentlastungsgesetzes 1999/2000/2002, BT-Drucks. 14/23, S. 167.
[879] So auch *Ruppe*, in: H/H/R, Einf. ESt, Rz. 33 m.w.N. sowie die Rechtsprechung des BFH in den Entscheidungen v. 11.02.1998, BStBl. II 1998, 485 (486) und v. 06.03.2003, BStBl. II 2003, 523 (524).
[880] So aber BFH v. 09.05.2001, BStBl. II 2001, 552 (554) und BFH v. 06.03.2003, BStBl. II 2003, 523 (524).
[881] Vgl. nur die Begründung zum Regierungsentwurf, BT-Drucks. 15/1518, S. 13.

Gestalt einer Einschränkung der Verlustverrechnung nicht mit rein fiskalischen Zielen rechtfertigen[882].

F. Fazit

Gegenüber Immobilienstandorten im Ausland werden häufig hohe Baukosten und Grundstückspreise sowie erhebliche Lohnkosten für die geringere Attraktivität Deutschlands für Investoren verantwortlich gemacht. Trotz dieser vermeintlichen Standortnachteile wurden in Deutschland insbesondere in den neunziger Jahren im Immobilienbereich Investitionen in beachtlichem Ausmaß getätigt, vor allem aufgrund der Förderungen durch Subventionen, insbesondere durch Steuersubventionen (v.a. im Bereich des Fördergebietsgesetzes).

In überdurchschnittlichem Maß hat die Politik die Immobilienwirtschaft in der Vergangenheit durch Steuersubventionen unterstützt. Oftmals wurde den Steuerpflichtigen nach getätigter Investition die Geltendmachung der Steuervorteile versagt, die sie aufgrund der vorherigen staatlichen Förderungsentscheidung nutzen zu können glaubten[883]. Dies gilt für Mietkaufmodelle ebenso wie für Bauherrenmodelle und Abschreibungsmodelle. Nicht immer ist es der Gesetzgeber, sondern oftmals ist es eine restriktive Handhabung durch die Finanzverwaltung oder die Finanzrechtsprechung, die der modellhaften Nutzung von Steuervorteilen gewissermaßen durch die politische Hintertür ein Ende bereitet. Dabei ist jedoch ein Zeitvorsprung der Investoren gegenüber dem Fiskus zu verzeichnen, dem durch oftmals rückwirkende Änderungen der gesetzlichen Vorschriften zu begegnen versucht wird. Die staatlichen Institutionen können immer nur auf neue Gestaltungen mit angepassten und strengeren Anwendungsvorschriften reagieren, wenn bereits eine gewisse Anzahl von Produkten auf dem Markt ist und die Modellhaftigkeit offenbar wird. Dabei ist davon auszugehen, dass zumeist eine bestimmte Anzahl von Steuerpflichtigen die Steuervorteile zunächst in Anspruch nehmen kann, während nach entsprechender Anpassung der Verwaltungsübung bzw. Rechtsprechung eine Inanspruchnahme nicht mehr möglich ist und Investoren neue Wege suchen, um steuerliche Renditeerhöhungen zu nutzen. Es kommt so zu einem Kreislauf, der auf Kosten der Rechtssicherheit, aber auch der Rechtsklarheit geht. Eine weitere negative Auswirkung der zunehmend komplexer werdenden Vorschriften von Gesetzge-

---

[882] Vgl. BVerfG v. 29.05.1990, BVerfGE 82, 60 (89) unter Verweis auf BVerfG v. 17.01.1957, BVerfGE 6, 55 (80).

[883] Vgl. *Loritz*, Beilage Nr. 11 zu BB 2000, Heft 49, 2.

bung und Verwaltung auf immer komplexere Gestaltungen ist die zusehends Verkomplizierung des Steuerrechts[884].

Auch die Einführung von Verlustabzugsbeschränkungen richtet rechtlich mehr Schaden an, als sie Nutzen bringt. Insbesondere ist hier als Beispiel der misslungene Versuch einer einkunftsartspezifischen Verlustabzugsbeschränkung durch die §§ 2 Abs. 3 Sätze 2 ff. und 10d EStG in der Fassung des Steuerentlastungsgesetzes 1999/2000/2002 zu nennen, die unter dem – m.E. begründeten – Verdacht der Verfassungswidrigkeit wegen Verstoßes gegen das Leistungsfähigkeitsprinzip standen.

Das Verhältnis von Aktion und Reaktion zwischen den Steuerpflichtigen und den Staatsgewalten erzeugt erhebliche Probleme im Bereich des Rechtsstaatsprinzips. Durch den fiskalischen Zwang zu Gesetzesänderungen – zur Vermeidung hoher Steuerausfälle häufig auch mit Wirkung für die Vergangenheit – stellt sich häufig das Problem der Rückwirkung. Dies bietet Anlass zu Rechtstreitigkeiten, da sich Steuerpflichtige durch rückwirkende Gesetzesänderungen zunehmend in ihren (Grund-)Rechten verletzt sehen. Bei der Rückwirkungsproblematik könnte die Rechtsprechung, insbesondere das Bundesverfassungsgericht, durch Übergang von dem bisherigen formalistischen, am Zeitpunkt der Steuerentstehung orientierten Rückwirkungsbegriff zu einem handlungsorientierten Rückwirkungsbegriff Abhilfe schaffen.

Es wäre vorzugswürdig, im Rahmen einer Korrektur des jetzigen Subventionssystems einen Großteil der bestehenden Subventionen, insbesondere aber die steuerlichen Subventionen für Immobilieninvestitionen ganz zu streichen. Anstatt über die Schaffung neuer Investitionsanreize nachzudenken und so in der Zwischenzeit weiterhin wirtschaftlich sowie ökologisch fragwürdige Investitionen zu unterstützen und Investitionen in Kauf zu nehmen, die an der Nachfrage des Marktes und dem volkswirtschaftlich und politisch Gewollten vorbei gehen. Die Flexibilität eines liberalisierten Marktes ist deutlich höher und wird ohne große Verzögerungen dort zu Investitionen führen, wo tatsächlich eine Nachfrage besteht[885]. Die Geschwindigkeit der Immobilienbranche in der Reaktion auf Änderungen der Förderungsmöglichkeiten ist beachtlich. Würden dieselben Kräfte und Ressourcen in die Entwicklung von Projekten investiert, die per se wirtschaftlich sinnvoll sind, wäre sowohl den Anlegern als auch der Immobilienbranche geholfen. Alle Marktteilnehmer wären gezwungen, sich auf ein

---

[884] Vgl. *Kirchhof*, EStG, Einl. Rz. 12 ff.
[885] Vgl. *Kiesewetter*, StuW 1997, 24.

marktgerechtes Angebot zu konzentrieren, was auch für Verbraucher den Vorteil einer von Subventionen unbeeinflussten freien Preisbildung am Markt hätte.

Um eventuell verteilungspolitisch oder volkswirtschaftlich gewünschte Investitionen (z.B. den sozialen Wohnungsbau) anzureizen, sollte auf das Mittel der Direktsubvention zurückgegriffen werden, welches eine Prüfung im Einzelfall und damit eine Feinsteuerung zulässt. Auf diese Weise kann zudem das Subventionsvolumen im Voraus genau bestimmt und unsinnige Investitionen mit der Folge von Fehlallokationen vermieden werden. Auf den Einsatz von steuerlichen Lenkungsnormen sollte wegen der damit verbundenen Nachteile, insbesondere im Immobilienbereich, künftig gänzlich verzichtet werden.

FSC
www.fsc.org
MIX
Papier | Fördert
gute Waldnutzung
FSC® C083411

Kolibri 360 GmbH
Ferdinand-Jühlke-Straße 7
99095 Erfurt, Deutschland
produktsicherheit@kolibri360.de

Druck:
CPI Druckdienstleistungen GmbH
im Auftrag der
Kolibri 360 GmbH
Ferdinand-Jühlke-Str. 7
99095 Erfurt